W0191933

Wir sind besser, als wir glauben

Peter Bofinger

Wir sind besser, als wir glauben

PEARSON
Studium

ein Imprint von Pearson Education
München • Boston • San Francisco • Harlow, England
Don Mills, Ontario • Sydney • Mexico City
Madrid • Amsterdam

Bibliografische Information Der Deutschen Bibliothek

Die Deutsche Bibliothek verzeichnet diese Publikation in der Deutschen Nationalbibliografie;
detaillierte bibliografische Daten sind im Internet über *http://dnb.ddb.de* abrufbar.

Umwelthinweis:
Dieses Produkt wurde auf chlorfrei gebleichtem Papier gedruckt.
Die Einschrumpffolie – zum Schutz vor Verschmutzung – ist aus
umweltverträglichem und recyclingfähigem PE-Material.

10 9 8 7 6 5 4 3 2 1

07 06 05

ISBN 3-8273-7138-4

© 2005 Pearson Studium
ein Imprint der Pearson Education Deutschland GmbH,
Martin-Kollar-Straße 10-12, D-81829 München/Germany
Alle Rechte vorbehalten
www.pearson-studium.de
Lektorat: Dennis Brunotte, dbrunotte@pearson.de; Christian Schneider, cschneider@pearson.de
Korrektorat: Barbara Decker, München
Einbandgestaltung: Jarzina Kommunikations-Design, Köln
Titelbild: Wieslaw Smetek/stern/PicturePress
Herstellung: Elisabeth Prümm, epruemm@pearson.de
Satz: mediaService, Siegen (www.media-service.tv)
Druck und Verarbeitung: Bercker, Kevelaer

Printed in Germany

Inhaltsübersicht

Teil 4 Nach der Reform ist vor der Reform 135

Teil 5 „Wende zum Weniger" oder „dynamischer Durchbruch nach vorne" 195

Inhaltsverzeichnis

Einleitung
„Wohlstand für alle": Das Erfolgsrezept für die deutsche Wirtschaftspolitik

„Wohlstand für alle" war das Leitmotiv von Ludwig Erhard, dem Vater unserer Sozialen Markwirtschaft. Was war das Erfolgsrezept seiner Wirtschaftspolitik? Erhard strebte eine Wirtschaftsordnung an, „die immer weitere und breitere Schichten unseres Volkes zu Wohlstand zu führen vermag."[1] Mit dem Wirtschaftswunder der fünfziger Jahre ist ihm dies in überzeugender Weise gelungen. Die deutsche Wirtschaft konnte sich so wie ein Phönix aus der Asche des Zweiten Weltkriegs erheben. Ihre Währung, die D-Mark, konnte ebenso schnell aus der Rolle des „Besatzungskindes" herauswachsen und wurde bald zum „Weltstar" – stabil im Innern und stark nach außen.

Von der Wachstumsdynamik und dem Optimismus der fünfziger Jahre ist in Deutschland heute nichts mehr zu verspüren. Seit nun mehr vier Jahren geht die Binnennachfrage zurück, netto sind die Realeinkommen heute nicht höher als im Jahr 1988. Die Arbeitslosigkeit wird bald die Fünf-Millionen-Marke überschreiten, die Neuverschuldung wird in diesem Jahr zum dritten Mal über der 3%-Grenze des Stabilitäts- und Wachstumspaktes liegen und die Staatsverschuldung bewegt sich mit 65% ebenfalls über dem Limit von 60%, das im Vertrag von Maastricht festgelegt worden war.

Wie soll der Patient wieder auf die Beine gebracht werden? Die meisten Ökonomen, Politiker und Journalisten glauben schon längst die richtige Diagnose gefunden zu haben. Der ehemalige Bundespräsident Roman Herzog hat dies in seiner berühmten „Adlon-Rede" bereits im Jahr 1997 wie folgt auf den Punkt gebracht:

> *„Wir haben kein Erkenntnisproblem, sondern ein Umsetzungsproblem."[2]*

Worin besteht nun diese Erkenntnis? Natürlich kennen wir alle die Antwort, denn wir hören und lesen sie seit Jahren in allen Medien: Der Sozialstaat ist zu fett geworden. Und so gibt es für den Juristen Roman Herzog keinen Zweifel:

> *„Von jeder Mark, die heute in Deutschland erwirtschaftet wird, geht fast die Hälfte in die öffentlichen Kassen. Das ist zu viel."[3]*

---

1. Ludwig Erhard (1964), S. 7
2. Roman Herzog (1997), S. 15
3. Themenheft Nr. 4, Chancen für Alle, Initiative Neue Soziale Marktwirtschaft, S. 3

Diese Diagnose wird nicht nur von den vielen Hobby-Ökonomen geteilt, die jeden Abend die Talkshows bestreiten, sondern auch von der Mehrzahl der Volkswirte, die in Deutschland Politikberatung betreiben. Nach diesem Credo geht es bei uns nicht voran, weil der übergewichtige Sozialstaat nur mit überhöhten Steuern und Sozialabgaben am Leben gehalten werden kann. All das zerstöre die Leistungsanreize. Arbeit lohne sich nicht mehr. Mit auf der Anklagebank sitzen die Gewerkschaften. Sie werden verantwortlich gemacht für überhöhte Löhne, zu kurze Arbeitszeiten und einen beschäftigungsfeindlichen Kündigungsschutz. Und schließlich gibt es auch noch die schrecklichen Regulierungen und die deutsche Bürokratie, die jede unternehmerische Initiative im Kern ersticken. Wie oft haben wir in den letzten Jahren schon die Geschichte von Bill Gates hören müssen, der mit seinem anfänglichen Garagen-Unternehmen schon an der deutschen Gewerbeaufsicht gescheitert wäre.[4]

Bei der scheinbar so klaren Diagnose gibt es heute kaum noch einen Zweifel darüber, wie der Patient zu kurieren ist. „Reformen" und „Sparen" lauten die Zauberworte, die nun schon seit Jahren die Debatte bestimmen. Dabei haben wir uns schon so daran gewöhnt, eine „Reform" als etwas grundsätzlich Gutes anzusehen, dass es bereits ausreicht, wenn sich Politiker zu möglichst umfassenden und möglichst tief greifenden „Reformen" bekennen. Um welche Veränderungen es dabei ganz konkret gehen soll, ist in der Regel nicht so wichtig, Hauptsache es wird reformiert.

Ganz im Sinne der Diagnose des zu fetten Sozialstaates denken die meisten Politiker und Journalisten bei „Reformen" an Maßnahmen, mit denen die soziale Absicherung der Menschen in Deutschland reduziert werden sollen. Und da „Sozialabbau" nicht besonders gut klingt, spricht man heute gerne davon, dass die „Eigenverantwortung" gestärkt werden muss. Das sieht auch der neue Bundespräsident Horst Köhler so:

> *„Wir werden nicht darum kommen, die Eigenverantwortung und auch die Risikobereitschaft der Deutschen zu stärken."* [5]

Was heißt das konkret? Meint Herr Köhler damit, dass ein kranker Mensch, der heute Zuzahlungen für Arztbesuche, Krankenhausaufenthalte und Medikamente leisten muss, nicht mehr durch die Krankenkasse bevormundet wird, weil er nun sein eigenes Geld für seine Krankheit ausgeben muss? Was würde unser neuer Bundespräsident einem Fünfzigjährigen raten, der arbeitslos wurde und nach einem Jahr keinen Arbeitsplatz gefunden hat? Würde er ihm sagen, dass er seine „Risikobereitschaft" stärken muss und

---

4. Diese fehlt natürlich nicht im Statement von Herzog, das im Themenheft Nr. 4 der Initiative Neue Soziale Marktwirtschaft abgedruckt ist.
5. Interview in DIE ZEIT vom 18. März 2004, S. 8

deshalb ruhig seine – über den Freibetrag von 10.000 Euro hinausgehenden – Altersersparnisse für den laufenden Lebensunterhalt aufbrauchen soll?

Eng verbunden mit dem Abbau des Sozialstaats hat sich eine allgemeine Wachstumsfeindlichkeit[6] und mit ihr ein Kult des Sparens und Sich-Beschränkens entwickelt, der von Bernd Ulrich als „Wende zum Weniger" gepriesen wurde:

> *„Die Wende zum Weniger ist gewiss ein Zwang, jedoch ein besonderer: der Zwang zur Freiheit."* [7]

Als Musterschüler in dieser Disziplin hat sich Edmund Stoiber profiliert, der sich nach seiner gewonnen Landtagswahl im Herbst 2003 dazu berufen fühlte, die Staatsausgaben in Bayern im Jahr 2004 um 10% zu reduzieren und bis zum Jahr 2008 sogar eine Einschränkung der öffentlichen Leistungen um ein Fünftel anzustreben. Auch die Grünen haben sich bei dieser „Ästhetik des Sparens"[8] besonders hervorgetan. Katrin Göring-Eckart, die Fraktionsvorsitzende der Grünen im Bundestag, hat die „Blut, Schweiß und Tränen"-Ideologie wie folgt auf den Punkt gebracht:

> *„Dabei sollten wir uns nichts vormachen. Der Weg, den wir vor uns haben, ist ein schwieriger. Wir haben weniger zu verteilen, denn je."* [9]

Wie tief die daraus resultierende Zukunftsangst geht, wurde in einem Interview mit Franz Müntefering (DIE ZEIT vom 10. Juli 2003) deutlich, in dem er es für die Jahre 2010, 2020 und selbst 2030 keinesfalls für selbstverständlich hielt, dass dann der Wohlstand noch so hoch sei wie heute. Immerhin räumte er ein, dass es „möglich" sei. Von der Idee, dass es in den nächsten Jahrzehnten auch ein kräftiges Wachstum geben könnte, ist weit und breit nichts mehr zu sehen.

Aber neben dem allgemeinen Prinzip des „Geiz ist geil" gibt es natürlich auch recht konkrete Vorstellungen, wie der „kranke Mann" wieder auf die Beine gebracht werden könnte. Sie bilden ein echtes Kontrastprogramm zu

---

6. Diese skeptische Grundhaltung gegenüber dem Wachstum findet man auch im Papier der katholischen Bischöfe (S. 21): „Im Rahmen der Sozialen Marktwirtschaft haben das Wachstum von Wirtschaft und Sozialstaat Wohlstand und Wohlfahrt für viele gemehrt. Es herrschte ein quantitatives Fortschrittsdenken, beruhend auf der Auffassung: Je mehr materielle Güter die Menschen haben, um-so besser wird es ihnen gehen. Dieses Paradigma stößt nun an seine Grenzen und war eigentlich immer falsch." Die deutschen Bischöfe, Kommission für gesellschaftliche und soziale Fragen, Nr. 28, Das Soziale neu denken (dbk.de/Schriften/DBK16.Kommissionen/ Ko_28.pdf)
7. Die Vertreibung aus dem Paradies, in DIE ZEIT vom 3. Juli 2003, S. 3
8. Dieser Ausdruck wurde von Georg Diez (Frankfurter Allgemeine Sonntagszeitung vom 6. Juli 2003) geprägt.
9. Rede zur Agenda 2010 auf dem Sonderparteitag in Cottbus

Ludwig Erhard. Statt „Wohlstand für alle" lautet das Leitmotiv jetzt: „Armut für viele". Besonders klar formuliert findet man diese neue Linie in Hans-Werner Sinns Bestseller „Ist Deutschland noch zu retten?"[10]. Die Kernpunkte seines als „Rettung für Deutschland" konzipierten Programms lauten wie folgt:

- **Die Löhne müssen um 10% - 15 % gesenkt werden, „wobei bei den Geringqualifizierten sicherlich eine Lohnsenkung um ein Drittel benötigt würde." (S. 94)**

- **„Arbeitslosen- und Sozialhilfe werden auf einem Niveau vereint, das im Durchschnitt um etwa ein Drittel unter dem heutigen Sozialhilfeniveau liegt." (S. 202)**

- **„Der gesetzliche Kündigungsschutz muss fallen, und zwar genauso für Großbetriebe wie für Kleinbetriebe." (S. 141)**

- **„Weg mit den starren Flächentarifen, mehr Tarifautonomie für die Betriebe." (S. 457)**

- **„Länger arbeiten, mindestens 42 Stunden." (S. 455)**

- **Die Steuern müssen „dramatisch" gesenkt werden. (S. 299)**

Was für ein genialer „Rettungsversuch"! Weniger Geld, länger arbeiten und das alles bei einer drastisch verminderten sozialen Absicherung? Die „dramatische" Steuersenkung klingt noch ganz gut, aber viele Familien mit geringen Einkommen zahlen schon heute ohnehin kaum Steuern, und bei einem Drittel weniger Lohn wäre dort erst recht nicht mehr viel zu holen.

Und da wir täglich von den Medien mit diesem Reform-Mantra berieselt werden, haben wir uns im Grunde mit diesem Schicksal schon abgefunden: Die guten Zeiten sind vorbei, ohne schmerzhafte Reformen werden wir nicht über die Runden kommen.

Aber gibt es wirklich keinen anderen Ausweg? Was zumindest zu denken geben sollte, ist die Tatsache, dass die Bundesrepublik Deutschland in den letzten Jahrzehnten weder von Oskar Lafontaine noch von Erich Honecker regiert wurde. Vielmehr war es im Westen bereits im Jahr 1982 zur politischen „Wende" gekommen. Ihr Manifest war das „Lambsdorff-Papier", das „eine Politik zur Überwindung der Wachstumsschwäche und zur Bekämpfung der Arbeitslosigkeit" gefordert hatte und der Bundesrepublik Deutschland bis zum Jahr 1998 eine konservativ-liberale Regierung beschert hatte. Helmut Kohl wurde abgewählt, weil seine Wirtschaftspolitik versagte. Aber es war wohl kaum eine unternehmer*feindliche* Politik, was er zusammen mit seinen FDP-Partner in jenen 16 Jahren betrieben hatte. So wurde die Vermögensteuer ebenso abgeschafft wie die Gewerbekapitalsteuer, das Renteneintrittsalter wurde angehoben und die Anrechnungszeiten für die Rentenansprüche verkürzt. Die Zumutbarkeitsbestimmungen für Arbeitslose wurden deutlich verschärft. Auch die Deregulierung kam nicht zu kurz: Die Telekommunikation, die Bahn und die Briefpost verwandelten sich in Wirtschafts-

---

10. Hans-Werner Sinn (2003)

unternehmen und wurden zumindest teilweise privatisiert. Bei der Stromversorgung wurde erstmals Wettbewerb zugelassen und die öffentlichrechtlichen Rundfunk- und Fernsehanstalten verloren ihre Monopolstellung.

Eine mangelnde Reformbereitschaft kann man auch der Wirtschaftspolitik der rot-grünen Regierung nicht vorwerfen. Am Anfang stand eine große Steuerreform, die als „größtes Steuersenkungsprogramm der deutschen Nachkriegszeit" propagiert wurde. Davon profitierten vor allem die großen Unternehmen, die dadurch zeitweise völlig von der Körperschaftsteuer freigestellt wurden. Mit der im Jahr 2001 beschlossenen „Riester-Rente", die vom zuständigen Ministerium ganz unbescheiden als „eine der größten Sozialreformen Deutschlands" bezeichnet wurde, sollte dafür gesorgt werden, dass die Alterssicherung in Deutschland „bezahlbar" bleibt und „Zukunft hat". Schließlich gab es im Jahr 2002 einen gewissen Peter Hartz, der ein Konzept vorlegte, von dem er eine Reduzierung der Arbeitslosigkeit um 2 Millionen in nur drei Jahren erwartete. Gerhard Schröder war damals überzeugt, „dass mit Mut und Fantasie erreicht werden kann, was viele für undenkbar halten und deshalb nicht riskieren. Es ist möglich, die mehr als eine Million offenen Stellen zu besetzen und durch kluge Politik die Schwarzarbeit in legale Beschäftigungsverhältnisse umzuwandeln."[11]

Natürlich sind die Maßnahmen des Hartz-Pakets noch nicht vollständig umgesetzt und bei der Steuerreform fehlt noch der Ausbau der letzten Stufe, der erst nächstes Jahr in Kraft treten wird. Aber alles was noch aussteht, ist genau bekannt, und trotzdem gibt es heute keinen Konjunkturforscher, der für das Jahr 2005 ein kräftiges Wachstum der Binnennachfrage und eine nennenswerte Zunahme der Beschäftigung in Deutschland erwarten würde. Damit werden wir abermals das Schlusslicht in Europa sein.

Das anhaltende Ausbleiben der Reformerfolge lässt zwei Alternativen zu. Für die meisten Ökonomen und Politiker heißt die Lösung „Noch mehr Reformen". So behauptet das Institut der Deutschen Wirtschaft, dass bisher erst ein Fünftel des „mindestens erforderlichen Reformpakets" umgesetzt sei.[12]

Aber könnte es nicht auch sein, dass wir die ganze Zeit in eine falsche Richtung gelaufen sind und mit „mehr Reformen" immer tiefer in die Krise geraten? Gibt es also vielleicht doch ein Erkenntnisproblem? Ist es denkbar, dass Helmut Kohl aus den gleichen Gründen gescheitert ist, die Gerhard Schröder heute das Leben so schwer machen? Liegt es vielleicht gar nicht am Patienten, dass er nicht mehr richtig gesund wird, sondern an seinen Ärzten? Wenn man bei einem kranken Menschen feststellt, dass eine Therapie nicht anschlägt und sich seine Situation sogar noch verschlechtert, kann das daran liegen, dass die Dosis nicht stark genug war. Aber der ausbleibende Heilungserfolg kann auch

---

11. Beitrag im Vorwärts (*www.Bundesregierung.de/Dokumente/Artikel/ix_86868.htm*)
12. iwd – Informationsdienst des Instituts der deutschen Wirtschaft Köln, Nr. 13 vom 25. März 2004

darauf beruhen, dass die ganze Diagnose nicht stimmt. In diesem Fall führt die stärkere Dosierung nur dazu, dass man den Patienten zu Tode therapiert.

Deshalb setzt sich dieses Buch in Teil I intensiv mit der gängigen Diagnose des „kranken Mannes in Europa" auseinander. Es lohnt sich wirklich, hier noch einmal genauer hinzusehen. Vieles von dem, was in Sabine Christiansens sonntäglichen Reform-Messen als Fakten präsentiert wird, hat oft nur wenig mit der Realität zu tun.

- So ist die Steuerbelastung in Deutschland niedriger als in den meisten anderen Ländern. Nur in Japan und in den Vereinigten Staaten erzielt der Staat noch geringere Steuereinnahmen in Relation zum Bruttoinlandsprodukt als bei uns.

- Der Anteil des Staates an unserer Wirtschaft ist heute nicht höher als vor drei Jahrzehnten und er ist auch im europäischen Vergleich nicht als übertrieben übergewichtig anzusehen.

- Falsch ist auch die gängige Vorstellung, dass wir als Volkswirtschaft über unsere Verhältnisse leben und uns deshalb in jeder Hinsicht einschränken müssen.

- Verfehlt sind Diagnosen, wonach Deutschland ein Problem mit seiner internationalen Wettbewerbsfähigkeit hat und deshalb drastische Lohnsenkungen benötigt.

Das heißt nun nicht, dass wir keine Problem in Deutschland haben und dass deshalb alles so bleiben kann und soll wie es ist. Wenn man die wirklichen Ursachen einer Erkrankung erkennen will, muss man wie ein guter Arzt erst einmal die Vorgeschichte etwas genauer studieren. Das geschieht in Teil II, der sich mit den wirtschaftspolitischen Hypotheken auseinandersetzt, unter denen die deutsche Wirtschaft bis heute noch leidet.

- Nach wie vor stellt die *Deutsche Einheit* eine große wirtschaftliche Belastung dar, die man vor allem bei Vergleichen mit anderen Ländern nicht aus den Augen verlieren darf. Es spricht für die enorme Leistungsfähigkeit der westdeutschen Länder, dass sie Jahr für Jahr Transfers in den Osten leisten können, die höher sind als das Bruttoinlandsprodukt von Tschechien oder Ungarn.

- Besonders problematisch war es, die deutsche Einheit in hohem Maße über die *Sozialen Sicherungssysteme* zu finanzieren. Wenn heute allenthalben darüber geklagt wird, dass diese Systeme nicht mehr finanzierbar seien, dann liegt das nicht an einem Mangel an Eigenverantwortung der Versicherten. Die Ursache ist vielmehr darin zu sehen, dass Helmut Kohl die Sozialkassen schamlos für die Finanzierung der deutschen Einheit missbrauchte.

- Durch eine von der Bundesbank betriebene *Politik der starken D-Mark* kam es in den neunziger Jahren zu einer massiven Aufwertung der D-Mark gegenüber den Währungen jener EU-Länder, die sich ohnedies als Standorte mit niedrigen Lohnkosten auszeichneten. Für die ost-deutsche Wirtschaft war dies besonders nachteilig.

Aber es sind nicht nur die Fehler der neunziger Jahre, die uns heute das Leben schwer machen. Deutschland leidet seit einigen Jahren unter einem Kult des Sparens, der mittlerweile alle Bereiche des Wirtschaftslebens erfasst hat. In Teil III wird gezeigt, wie gefährlich es ist, wenn man sich in der Wirtschafts- und Finanzpolitik von der Vorstellung leiten lässt, dass Sparen stets eine Tugend sei. Dazu muss man wissen, dass es in der Volkswirtschaft immer wieder zu Konstellationen kommen kann, in denen sich das, was der *Einzelne* für richtig hält, sich für das Gesamtsystem nachteilig auswirkt, wenn sich *alle* Beteiligten in dieser Weise verhalten. Konkret: Wenn sich die privaten Haushalte, die Unternehmen, Bund, Länder und Gemeinden am Prinzip des „Geiz ist geil" orientieren, muss man sich nicht wundern, dass die Binnennachfrage seit Jahren nicht mehr von der Stelle kommt. Dieses „Sparparadoxon" ist dann auch eine Erklärung dafür, wieso der so auf das Sparen versessene Hans Eichel ständig die von ihm selbst gesetzten Konsolidierungsziele verfehlt.

Ein unzureichendes Denken in gesamtwirtschaftlichen Zusammenhängen ist auch für die geringen Erfolge der Reformpolitik der letzten Jahre verantwortlich zu machen. Im Grunde ging es dabei vor allem darum, die Unternehmen durch geringere Steuern und niedrigere Lohnkosten zu entlasten. Im festen Glauben an das Dogma der Angebotspolitiker, wonach sich das Angebot seine Nachfrage ganz von selbst schaffe, wurde nach und nach alles reformiert: das Steuersystem, die Gesetzliche Rentenversicherung, der Arbeitsmarkt und zuletzt die Gesundheitspolitik. Doch nie stellten sich die Politiker dabei die Frage, wie sich diese Reformen auf die gesamtwirtschaftliche Nachfrage auswirken. Dies gilt auch für die Lohnpolitik der letzten Jahre, die sich im internationalen Vergleich durch eine sehr zurückhaltende Linie auszeichnete, ohne dass dies den Arbeitnehmern von den Arbeitgebern gedankt wurde. Im Gegenteil: Immer mehr Unternehmen versuchen auf betrieblicher Ebene die Lohnkosten noch weiter zu drücken, insbesondere durch eine unbezahlte längere Arbeitszeit. Die Situation, in die sich die deutsche Wirtschaft auf diese Weise hineinmanövriert hat, lässt sich an einem kleinen Beispiel gut verdeutlichen:

Stellen Sie sich vor, Ihr Kind wird in der Schule schlechter. Sie sind der Meinung, das liege an seiner körperlichen Verfassung. Also gibt es zum Frühstück Müsli und der Junge wird im Sportverein angemeldet, wo er nun drei Nachmittage in der Woche verbringt. Aber leider zeigen die schulischen Leistungen keine Besserung, im Gegenteil. Doch Sie beharren auf Ihrer Diagnose: Wenn das zusätzliche Sportangebot zu keinem Erfolg geführt hat, dann war es eben noch nicht ausreichend. Also werden jetzt noch Stunden im Fitness-Studio dazu gebucht und der Vater übt zusammen mit dem Sohn für einen Marathon-Lauf. Während sich der Sohn so allmählich zum Kraftprotz entwickelt, gehen seine Noten immer mehr in den Keller.

Bei diesem einfachen Beispiel erkennt man leicht, worin der Fehler besteht. Erfolg in der Schule basiert auf zwei Säulen: Körperlicher Leistungsfähigkeit und Fitness auf der einen, und geistige Leistungsfähigkeit auf der anderen Seite, wobei letzteres nun einmal ausreichend Zeit zum Lernen voraussetzt. Was hat das mit den Problemen eines großen Landes wie Deutschlands zu tun? Hier gilt analog: Wirtschaftlicher Erfolg basiert ebenfalls auf zwei Säulen: der internationalen Wettbewerbsfähigkeit auf der einen Seite, und einer dynamischen Entwicklung des Binnenmarktes auf der anderen Seite. Durch die einseitige Förderung der Angebotsbedingungen ist Deutschland zum Kraftprotz in puncto Wettbewerbsfähigkeit geworden, doch die Binnendynamik ist völlig unterentwickelt.

Doch gibt es überhaupt noch eine alternative Therapie für Deutschland? Ich habe die Grundphilosophie hierfür bei Ludwig Erhard gefunden. Schon sein Leitmotiv „Wohlstand für alle" hebt sich wohltuend von den heutigen Negativszenarien ab, die man wohl am ehesten unter das Motto „Rückschritt für viele" stellen könnte. Lesen wir also nach, wie sich Ludwig Erhard eine erfolgreiche Wirtschaftspolitik vorstellt:

> *„Nein es bleibt dabei: Der Erfolg unserer Wirtschaftspolitik bestand immer darin, dass wir vor Spannungen niemals zurückgewichen sind, sondern die Lösung immer im dynamischen Durchbruch nach vorne, d.h. in der Expansion gesucht und gefunden haben. An dieser Grundauffassung wird auch für die Zukunft nicht gerüttelt. Man möge sich einmal klarmachen, wieviel an Kraft, Energie und gutem Willen zerstört werden müßte, wenn sich die Wirtschaftspolitik von der Absicht leiten lassen wollte, das Volk wieder zu einer bereits überwundenen Bescheidenheit zurückzuführen."* [13]

Schade, dass Frau Göring-Eckart und Herr Sinn das nicht gelesen haben. Was war für Erhard das Rezept für Wirtschaftswachstum? Unter der Überschrift „Der Wille zum Verbrauch" schrieb er:

> *„Der Zustand einer in Permanenz optimal ausgelasteten Wirtschaft, die zugleich auch die Wachstumskräfte lebendig halten und im Fortschritt bleiben will, setzt allerdings eine dynamische und im Grunde konsumfreudige Bevölkerung voraus. Erst dieser von mir oft angeschnittene Wille zum Verbrauch gestattet es, dass sich die Produktion ohne Störungen fortentwickeln kann und dass das Streben nach Rationalisierung und Leistungsverbesserung lebendig bleibt."* [14]

Was Erhard vorschwebte, ist also alles andere als Einschränkung, als eine „Wende zum Weniger". Als professioneller Ökonom wusste er, dass Unternehmen nur dann investieren und Arbeitnehmer einstellen, wenn es genügend Nachfrage für ihre Produkte gibt.

---

13. Ludwig Erhard (1964), S. 224f.
14. Ludwig Erhard (1964), S. 222

Und wenn Kardinal Lehmann in seiner „Ludwig Erhard Lecture" davon spricht, dass die sozialpolitische Unterstützung bei einem steigenden allgemeinen Wohlstand zurückgenommen werden muss,[15] hätte er vorher vielleicht einmal einen Blick in die Schriften von Erhard werfen sollen, wo zu dieser Frage etwas ganz anderes zu lesen ist:

„Bis auf weiteres bin ich daher der Meinung, dass es bei uns nach wie vor gilt, Millionen von Menschen, die noch immer mit den Sorgen des Alltags belastet sind, endgültig von diesen Kümmernissen zu befreien."[16]

„Freiheit" ist für Erhard also ziemlich genau das Gegenteil dessen, was den Initiatoren der Initiative Neue Soziale Marktwirtschaft vorschwebt. Nicht die Freiheit, immer mehr Lebensrisiken aus eigener Kraft abdecken zu müssen, sondern die Freiheit vor der täglichen Angst des sozialen Abstiegs und damit vor allem der Angst um die Zukunft der eigenen Kinder.

Nun ist Ludwig Erhard schon lange tot und man kann sich natürlich fragen, ob seine Vorstellungen heute wirklich noch aktuell sind. Es ist das zentrale Anliegen dieses Buches, die Aktualität dieses Denkens zu verdeutlichen. Es beruht im Grunde auf drei Eckpfeilern:

■ Eine Marktwirtschaft lebt vom Wachstum, das von der *gesamtwirtschaftlichen Nachfrage* getrieben werden muss. So wichtig es ist, für gute Angebotsbedingungen zu sorgen, die Unternehmen orientieren sich bei ihren Investitions- und Einstellungsentscheidungen in erster Linie an ihrem Absatz. Seit Jahren ist dieser Aspekt von der Wirtschaftspolitik sträflich vernachlässigt worden. So muss man sich heute nicht wundern, dass Deutschland unter einer zu schwachen Binnennachfrage leidet.

■ Der Staat trägt zudem eine wichtige Verantwortung für die Zukunft seiner Bürger. Er muss durch hohe Investitionen in die Bildung und die Infrastruktur unseres Landes dafür sorgen, dass wir auch in den nächsten Jahrzehnten international wettbewerbsfähig bleiben.

■ Ein marktwirtschaftliches System bedarf des Ausgleichs durch eine staatliche Sozialpolitik. Dies gilt in besonderem Maße unter den Bedingungen einer zunehmenden Globalisierung. Um die damit verbundenen Störungen des Marktprozesses möglichst gering zu halten, ist es von entscheidender Bedeutung, dass die sozialpolitischen Maßnahmen einem in sich stimmigen Gesamtkonzept folgen. Hierfür wird häufig der Begriff der *„Ordnungspolitik"* verwendet. Bei den heutigen Reformen an den sozialen Sicherungssystemen ist ein solches ordnungspolitisches Denken weitgehend abhanden gekommen. Niemand weiß derzeit, worauf die Vielzahl der Einzelreformen am Ende hinauslaufen soll. Ja, es stört offensichtlich überhaupt nicht, dass die Ansätze eines solchen Gesamtkonzeptes nicht einmal in Umrissen erkennbar sind.

---

15. Karl Lehmann (2002), S. 19
16. Ludwig Erhard (1964), S. 234

Wenn sich die Wirtschaftspolitik an diesen Eckpfeilern orientiert, muss es ihr auch vor den großen Herausforderungen der nächsten Jahrzehnte, der Globalisierung und der Überalterung, nicht bange sein. Wie gut wir als Rentner in zwanzig, dreißig oder vierzig Jahren leben werden, hängt vor allem davon ab, wie hoch dann der allgemeine Wohlstand sein wird. Gelingt es uns, im Jahr 2030 ein um 50% höheres Volkseinkommen zu erzeugen als heute, was nicht unrealistisch ist, lebt man mit einem Rentenniveau von 40% deutlich besser als bei einer bis dahin stagnierenden Wirtschaft und einem Rentenniveau von 46%.

Die Globalisierung wird von den meisten Ökonomen in erster Linie als Chance für eine Volkswirtschaft betrachtet. In der Tat hat die deutsche Wirtschaft in den letzten Jahren erheblich vom Außenhandel profitiert. Ohne die massiven Impulse vom Export wären bei uns die Lichter schon ausgegangen. Dabei gilt es aber hinzuzufügen, dass die Vorteile der Globalisierung ungleich verteilt sind. Wer gut ausgebildet ist, fährt auf der Gewinnerstraße. Wer aufgrund seiner persönlichen Voraussetzungen nur einfachere Tätigkeiten ausüben kann, hat von der Globalisierung wenig Gutes zu erwarten. Wenn sich Deutschland nicht in eine Zwei-Klassengesellschaft mit allen damit verbundenen Spannungen entwickeln soll, brauchen wir mehr Investitionen in Bildung, aber eben auch mehr Umverteilung von den Starken an die Schwachen. Wer heute stattdessen für immer größere Steuerentlastungen plädiert, muss sich der Tatsache bewusst sein, dass er damit für Deutschland eine Zukunft programmiert, die mit unseren bisherigen Wertvorstellungen nichts mehr gemeinsam haben wird.

Teil 1

Warum wir besser sind, als wir glauben

Eine gute Therapie setzt voraus, dass der Arzt die richtige Diagnose stellt. Wenn man die deutsche Wirtschaft wieder in Schwung bringen möchte, lohnt es sich also, die vorhandenen Daten sorgfältig auszuwerten und sich nicht vorschnell den gängigen Vorurteilen anzuschließen. Besonders wichtig ist dabei der Blick über den nationalen Tellerrand. Der Vergleich mit dynamischeren Volkswirtschaften bietet die Möglichkeit, die eigene Situation besser einzuschätzen und er schützt auch davor, im Reformrausch jene Dinge ändern zu wollen, die sich bei uns durchaus bewährt haben.

In diesem Diagnoseteil sollen vor allem jene Befunde überprüft werden, die heute als die zentralen Problembereiche unserer Wirtschaft gelten. Konkret:

- Trifft es zu, dass wir insgesamt über unsere Verhältnisse leben, so dass Sparen, wo immer es nur möglich ist, als Therapie der Wahl anzusehen ist?

- Stimmt es, dass unsere internationale Wettbewerbsfähigkeit so schlecht ist, dass wir unsere Löhne direkt oder in Form unbezahlter Mehrarbeit senken müssen?

- Ist unser Staat tatsächlich so übergewichtig, dass mehr Wachstum nur möglich sein wird, wenn wir ihm eine drastische Abmagerungskur verpassen?

- Ist der deutsche Michel wirklich so faul und unflexibel, dass man ihm durch eine drastische Reduktion der Sozialhilfe und das Abschaffen des Kündigungsschutzes Beine machen muss?

1

Die deutsche Jammer-depression, oder: Ist das Glas halb leer oder halb voll?

Man kann ein Glas als halb leer ansehen oder als halb voll. Genauso ist es mit der derzeitigen wirtschaftlichen Verfassung unseres Landes. Es fällt wirklich nicht schwer, unsere ökonomischen Probleme aufzulisten: In den letzten drei Jahren kam die deutsche Wirtschaft kaum noch von der Stelle. In diesem Winter werden rund fünf Millionen Menschen als arbeitslos gemeldet sein. In unseren Innenstädten verabschieden sich immer mehr Einzelhandelsgeschäfte und hinterlassen leere Schaufenster. Und als wäre das noch nicht genug, drohen in den nächsten Jahrzehnten zusätzliche Belastungen durch die Demographie. Deutschland wird ein Land mit vielen alten und wenig jungen Menschen. Aus der Perspektive des halb leeren Glases ist es dann nicht mehr weit bis zu Untergangsszenarien, die der ehemalige Bundespräsident Rau in seiner letzten Berliner Rede wie folgt beschrieben hat:

> *„Seit Jahren schon wird uns ein Bild immer wieder vor Augen gestellt: Wir stehen vor einem riesigen Berg von Aufgaben und Problemen. Wenn wir nicht alles anders machen als bisher, so drohen uns, heißt es, Niedergang, Zusammenbruch, Abstieg oder andere Katastrophen."* [1]

Der prominenteste Prophet dieser Apokalypse ist Hans-Werner Sinn, für den Deutschland nur noch durch eine „Kulturrevolution" zu retten ist.

> *„Jedes Land braucht eine Kulturrevolution, wenn der Filz über 50 Jahre akkumuliert wurde. Jetzt ist Deutschland so weit."* [2]

Wenn es nach meinem Kollegen Sinn geht, darf in unserem Lande nichts mehr so bleiben, wie es ist:

> *„Wir müssen unsere Institutionen an Haupt und Gliedern erneuern, unbequeme Fragen stellen und radikal umdenken."* [3]

---

1. Johannes Rau (2004)
2. Hans-Werner Sinn (2003), S. 14
3. Hans-Werner Sinn (2003), S. 14

Die Welt des halb leeren Glases ist eine Welt, die den Menschen Angst macht. Auch das hat Johannes Rau sehr gut beschrieben:

> *„Wo Vertrauen fehlt, regiert Unsicherheit, ja Angst. Angst vor der Zukunft ist der sicherste Weg, sie nicht zu gewinnen. Angst lähmt die Handlungsfähigkeit und trübt den Blick für das, was in Staat und Gesellschaft tatsächlich grundlegend verändert werden muss, was neuen Bedingungen angepasst werden soll und was auf jeden Fall bleiben muss."* [4]

Diese Zukunftsangst ist überall mit Händen zu greifen. In Deutschland hat sich nach der Jahrtausendwende eine kollektive Depression breit gemacht, die man – medizinisch korrekt – durchaus auch als „Jammerdepression" bezeichnen kann.

Eine wichtige Rolle spielen dabei die Medien. Schlechte Nachrichten versprechen in der Regel die höhere Auflage oder die bessere Einschaltquote. Zu der allgemeinen Verunsicherung tragen aber auch Vertreter von Unternehmensverbänden bei, die selbst vor ausländischem Publikum nicht zurückschrecken, das eigene Land zu kritisieren. Jürgen Weber, der Vorsitzende des Aufsichtsrats der Lufthansa, sagte kürzlich dazu: „Die Miesmacherei ist manchen so in Fleisch und Blut übergegangen, die merken das gar nicht mehr."[5]

Auch wenn es eine Binsenweisheit ist: „Ökonomie besteht zu 50% aus Psychologie". Und so ist es bei der heute vorherrschenden schlechten Stimmung kein Wunder, dass überall das Vertrauen in die Zukunft fehlt, das das wichtigste Schmiermittel für eine Marktwirtschaft darstellt. Wo dieses Grundvertrauen fehlt, muss man sich nicht wundern, wenn

■ von Unternehmen kaum noch investiert wird,

■ von den Banken keine Kredite mehr vergeben werden und

■ bei den Verbrauchern das Prinzip des „Geiz ist geil" dominiert.

Doch wie können wir uns aus dieser kollektiven Depression wieder befreien? Es ist hierbei wahrscheinlich nicht viel anders als im Fall der Depression, die einen Menschen befallen hat. Man muss sich erst einmal wieder der eigenen Fähigkeiten und Stärken bewusst machen. Man muss also von der Perspektive des halb leeren in die des halb vollen Glases übergehen. Aber gibt es denn heute überhaupt noch etwas Gutes über Deutschland zu berichten?

Fangen wir mit einem ganz simplen Befund an. Wer kennt nicht die stereotype Feststellung, dass wir über unsere Verhältnisse leben. Das wirkt für jeden einzelnen enorm demotivierend. Wenn man über seine Verhältnisse lebt, muss man sich einschränken. Man muss weniger ausgeben, wenn man sich nicht

---

4. Johannes Rau (2004)
5. Financial Times Deutschland vom 23. April 2004

finanziell in den Ruin treiben will. Und so ist es nicht überraschend, dass wir in den letzten Jahren eigentlich nur noch über das Verzichten nachdenken.

Wie sehr wir kollektiv in der Sichtweise der halb leeren Flasche befangen sind, zeigt sich daran, dass der Befund des „Über-die-Verhältnisse-Lebens" zwar suggestiv, aber trotzdem einfach falsch ist. Schauen wir uns das einmal etwas näher an: Woran kann man ablesen, ob die Familie Müller über ihren Verhältnissen lebt? Ganz einfach, man findet heraus, wie hoch die monatlichen Einnahmen der Müllers sind, und wie viel sie jeden Monat ausgeben. Sind die Ausgaben höher als die Einnahmen, dann müssen sich die Müllers dafür verschulden oder ihre Ersparnisse aufbrauchen. Sie leben also *über* ihren Verhältnissen. Wenn die Einnahmen höher sind als die Ausgaben, steigt das Geldvermögen der Müllers (oder ihre Schulden nehmen ab). Sie leben dann also *unter* ihren Verhältnissen.

Wie ist das nun bei einer Volkswirtschaft insgesamt? Im Grunde kann man die Frage ganz ähnlich angehen. Man muss dazu alle Einnahmen aufsummieren, die die Bürger, die Unternehmen und die öffentlichen Haushalte eines Landes während eines Monats oder eines Jahres erhalten haben, und davon die Summe all ihrer Ausgaben abziehen. Bei dieser Berechnung muss man allerdings daran denken, dass es sehr viele Ausgaben gibt, die im Inland getätigt wurden und deshalb dort auch als Einnahmen verzeichnet werden. Beim Aufsummieren über die ganze Volkswirtschaft fallen also alle Transaktionen weg, die zwischen den Inländern stattfinden. Was bleibt, sind die Einnahmen, die die Inländer aus dem Ausland erhalten haben und die Ausgaben, die sie für Güter und Dienstleistungen aus dem Ausland getätigt haben. Diese Transaktionen werden in der so genannten *Leistungsbilanz* eines Landes verzeichnet.

■ Länder, die einen *Überschuss* in der Leistungsbilanz aufweisen, nehmen mehr Geld aus dem Ausland ein als sie dort ausgeben. Solche Länder leben damit *unter* ihren Verhältnissen.

■ Länder, die ein *Defizit* in der Leistungsbilanz aufweisen, geben im Ausland mehr Geld aus als sie von dort an Einnahmen erzielen. Sie leben also *über* ihren Verhältnissen.

Eine ganze Volkswirtschaft kann also immer nur gegenüber dem Rest der Welt über oder unter ihren Verhältnissen leben. Das prominenteste Beispiel für ein Land, das über seinen Verhältnissen lebt, sind die Vereinigten Staaten, die derzeit rund 500 Mrd. Dollar mehr im Ausland ausgeben, als sie von dort an Einnahmen bekommen (Schaubild 1.1). Und wie steht es mit Deutschland? Wir waren in der Nachkriegszeit traditionell ein Land mit einem Überschuss in der Leistungsbilanz, wir haben also überwiegend unter unseren Verhältnissen gelebt

Defizit in der Leistungsbilanz auf. Doch seit 2001 ist alles wieder wie früher, wir erwirtschaften wieder einen hohen Überschuss in unseren Transaktionen mit dem Ausland. Damit gilt also für Deutschland seit 2001 wieder:

„Wir leben nicht über, sondern unter unseren Verhältnissen."

Warum ist diese Fehldiagnose so gefährlich? Wenn man glaubt, über seine Verhältnisse zu leben, wird man versuchen sich einzuschränken. Und so überrascht es nicht, dass Sparen in allen Bereichen heute als wichtigste Lösung für alle unsere Probleme angesehen wird. Das Leitmotiv lautet: „Geiz ist geil". Der Staat spart, um die Abgabenbelastung senken zu können. Die Unternehmen sparen, um ihre Kostensituation zu verbessern und die Haushalte sparen, weil sie sich um ihre Alterssicherung sorgen machen. Sie erhalten dafür vom Staat sogar sehr üppige Subventionen, wenn sie in der Form der Riester-Rente oder der betrieblichen Altervorsorge sparen (siehe dazu ausführlicher Kapitel 15). Und bei einem so kollektiven Spareifer überrascht es nicht, dass es seit Jahren im Inland an der Nachfrage hapert.

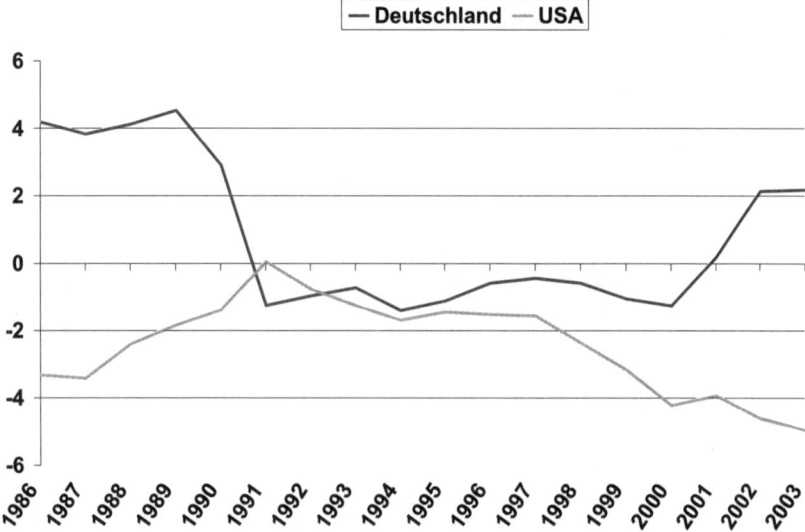

Schaubild 1.1: Der deutsche und der US-amerikanische Leistungsbilanzsaldo (in % des Bruttoinlandsprodukts)
Quelle: IWF, World Economic Outlook, September 2004

bilanz ist – bezogen auf das Bruttoinlandsprodukt – mit 4,4 % deutlich höher als im Durchschnitt der Eurozone (0,9%). Wie ist dieser überraschende Befund zu erklären? Ganz einfach: Während es in Deutschland seit Jahren an der Binnendynamik fehlt, wird im Ausland das Geld mit vollen Händen ausgegeben. Aufgrund ihrer Qualität und ihres Preises sind dabei Produkte mit dem Label „Made in Germany" besonders stark gefragt.

Damit sind wir bei einem zweiten, wichtigen Punkt, wo die Sichtweise des halb leeren Glases zu einer völlig verzerrten Wahrnehmung der Realität geführt hat. Hören wir nicht ständig, dass immer mehr Unternehmen ins Ausland abwandern, weil der Standort Deutschland nicht mehr wettbewerbsfähig sei? Auch hier hat sich Hans-Werner Sinn als Prophet des Niedergangs besonders profiliert. Doch wie passt diese Diagnose mit einem Exportboom und einem Rekordüberschuss in der deutschen Handelsbilanz zusammen? Wir werden uns damit im nächsten Kapitel auseinandersetzen.

2
Deutschland muss sich vor der Globalisierung nicht fürchten

2.1 Deutschland ist wieder Exportweltmeister geworden

In den letzten fünf Jahren haben unsere Exporte preisbereinigt um 48% zugenommen. Mit dieser dynamischen Ausfuhrentwicklung konnte Deutschland im Jahr 2003 erstmals wieder den Titel des „Exportweltmeisters" von den Vereinigten Staaten zurückerobern. Wie das Schaubild 2.1 verdeutlicht, liegt unser Anteil an den Weltexporten jetzt höher als der aller anderen Exportnationen.

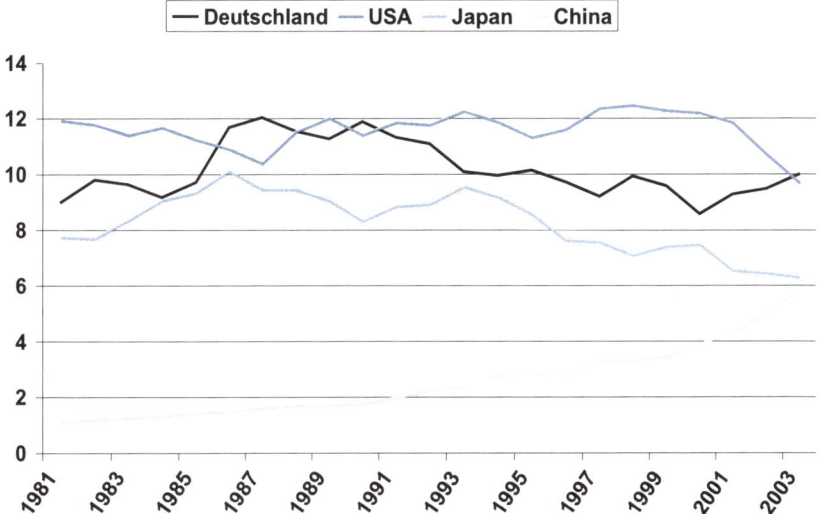

Schaubild 2.1: Anteile von Deutschland, Japan, China und den Vereinigten Staaten an den Weltexporten (in Prozent)
Quelle: Internationaler Währungsfonds

Was das bedeutet, wird einem erst richtig bewusst, wenn man weiß, dass die amerikanische Wirtschaft rund fünfmal so groß ist wie die deutsche. Wie sehr Deutschland von der Globalisierung profitieren konnte, zeigt sich daran, dass wir durch den Außenhandel seit dem Jahr 2000 einen ungewöhnlich hohen Wachstumsimpuls von 1,2 Prozentpunkten pro Jahr erhalten haben. Ohne das Ausland wäre unser Bruttoinlandsprodukt in den Jahren 2000 bis 2004 also nicht um jährlich 1,1% gewachsen, sondern um 0,1% geschrumpft.

Für die Untergangspropheten passt diese Erfolgsstory überhaupt nicht ins Bild. In Hans-Werner Sinns Buch „Ist Deutschland noch zu retten" findet man ein längeres Kapitel mit der Überschrift „Wie wir unsere Wettbewerbs-fähigkeit verloren haben". In der ersten Auflage des Buchs wird dieser Befund anhand einer einzigen Grafik auf S. 71 belegt, bei der man einen sin-kenden Exportanteil von Deutschland und einen deutlich höheren und stei-genden Exportanteil der Vereinigten Staaten abgebildet sieht. Sinn (2003, S. 69) schrieb dazu:

> *„Sehr deutlich wird der Verlust der Wettbewerbsfähigkeit auch beim Rückgang des deutschen Exportanteils auf den Weltmärkten. "*

Das kommt einem ziemlich merkwürdig vor, wenn man die Daten kennt, mit denen das Schaubild 2.1 erstellt wurde. Was ist passiert? Der Star-Ökonom hat Importe und Exporte verwechselt. Was er als Beweis für annehmende deutsche Exportanteile abbildete, waren in Wirklichkeit abnehmende Anteile an den Welt*importen.*

2.2   Die Mär von der Basarökonomie

In den Folgeauflagen ist dieser Fehler aus dem Buch verschwunden. Jetzt will Hans-Werner Sinn vom Indikator „Exportanteil an den Weltmärkten" nichts mehr wissen. Stattdessen argumentiert er mit dem Konstrukt der „Basar-Ökonomie".

> *„Wir verkaufen überall in der Welt unsere preisgünstigen und hochwertigen Waren. Die Exporte florieren. Doch leider produzieren wir einen immer kleineren Wertanteil dieser Waren in Deutschland. Das ist die bittere Realität. "* [1]

Das kommt am Stammtisch gut an, aber es gibt wiederum ein völlig falsches Bild von der deutschen Wettbewerbsfähigkeit. Da ist zunächst einmal das Phänomen, dass unsere Importe in den letzten Jahren erheblich weniger zugenommen haben als die Exporte, so dass Deutschland im Jahr 2004 mit 160 Mrd. Euro einen Rekordüberschuss in der Außenhandelsbilanz aufwei-

---

1. Interview im Handelsblatt vom 26. Februar 2004

sen wird. Wenn man unsere Exporterfolge mit den Importen aus Osteuropa relativieren will, stellt sich zudem das Problem, dass die Importe aus dieser Region dafür viel zu gering sind: Von 1999 bis 2003 erhöhten sich die Ausfuhren Deutschlands um 151 Mrd. Euro. Doch der Anstieg der Einfuhren aus Osteuropa belief sich auf lediglich 29 Mrd. Euro. Rechnet man zusätzlich die Zunahme der Einfuhren aus Ostasien und China dazu, erhält man einen Wert von 45 Mrd. Euro. Selbst wenn man unterstellen würde, dass alle aus diesen Regionen seit 1999 zusätzlich importierten Güter unmittelbar weiterexportiert worden sind, könnte man damit nur 30% des deutschen Exportanstiegs erklären. Gegen das Argument der Basarökonomie spricht auch, dass sich die Exporte und Importe Deutschlands in die osteuropäischen Länder bisher stets im Gleichschritt erhöht haben. Wenn die deutsche Wirtschaft ihren Exportüberschuss im Wesentlichen durch Importe aus dieser Region erzielte, müsste zumindest im Verhältnis zu Osteuropa ein Defizit in der Handelsbilanz bestehen.

Auch das Statistische Bundesamt hat sich mit dem Argument der Basarökonomie befasst.[2] Die Berechnungen der Statistiker zeigen, dass heute in der Tat ein geringerer Anteil der deutschen Exportgüter als früher aus inländischer Wertschöpfung stammt. Im Jahr 1995 belief sich der Inlandsanteil der Exporte noch auf 70,3%, im Jahr 2002 waren es 61,2%. Doch darin spiegelt sich vor allem die zunehmende Globalisierung der Produktionsprozesse. Der Inlandsanteil von drei Fünfteln zeigt jedoch, wie falsch das von Sinn geprägte Bild eines „Basars" ist, das den Eindruck erwecken soll, bei unseren Exporten handele es sich überwiegend um im Ausland produzierte Güter, die gerade noch mit dem Etikett „Made in Germany" versehen werden. Außerdem stellt das Bundesamt fest, dass der Anteil der Wertschöpfung, die für Exportgüter erbracht wurde, an der gesamten Wirtschaftsleistung von 16,2% im Jahr 1995 auf 20,8% im Jahr 2002 gestiegen ist. Und es kommt zu dem Gesamtbefund:

> *„Auch wenn man davon ausgeht, dass sich der gestiegene Importanteil der Exporte im Zeitraum 1995 bis 2002 dämpfend auf das Bruttoinlandsprodukt ausgewirkt hat, wurde dies überkompensiert von der positiven Wirkung der stark gestiegenen Exportnachfrage nach inländischen Produkten."[3]*

Falsch ist deshalb auch der Eindruck, dass die Exporterfolge unserer Industrie zwangsläufig mit Arbeitsplatzverlusten in Deutschland einhergehen. Die Bundesbank hat in ihrem Monatsbericht vom Mai 2004 darauf hingewiesen, dass es gerade in Branchen mit stark steigenden Importen aus Osteuropa zu einer zunehmenden Inlandsbeschäftigung gekommen ist. So erhöhte sich bei der Automobilbranche der Anteil der aus dieser Region bezogenen Produkte an unserer Inlandsversorgung von 3% im Jahr 1997 auf 8% im Jahr 2002.

---

2. Statistisches Bundesamt (2004)
3. Statistisches Bundesamt (2004), S. 1

Gleichzeitig ist die inländische Beschäftigung der Automobilindustrie um 2,6% pro Jahr gestiegen.

Damit ist also auch der zweite Versuch von Hans-Werner Sinn gescheitert, eine kerngesunde deutsche Wettbewerbsfähigkeit schwarz zu malen. Es bleibt abzuwarten, was dem „Großhändler auf dem Markt für Ideen",[4] nun einfallen wird.

2.3   Deutschland ist für ausländische Investoren attraktiv

Wenn man den Berichten in den Medien Glauben schenken will, ist Deutschland als Investitionsstandort hoffnungslos unattraktiv geworden. Auch hier führt ein Blick in die Statistik zu überraschenden Ergebnissen. Sehen wir uns zunächst einmal an, welche Länder von den internationalen Investoren besonders als Standorte bevorzugt werden. Nach der Statistik der OECD lag Deutschland im Durchschnitt der Jahre 2002/2003 bei den Zuflüssen von Investitionsmitteln auf dem fünften Platz.[5]

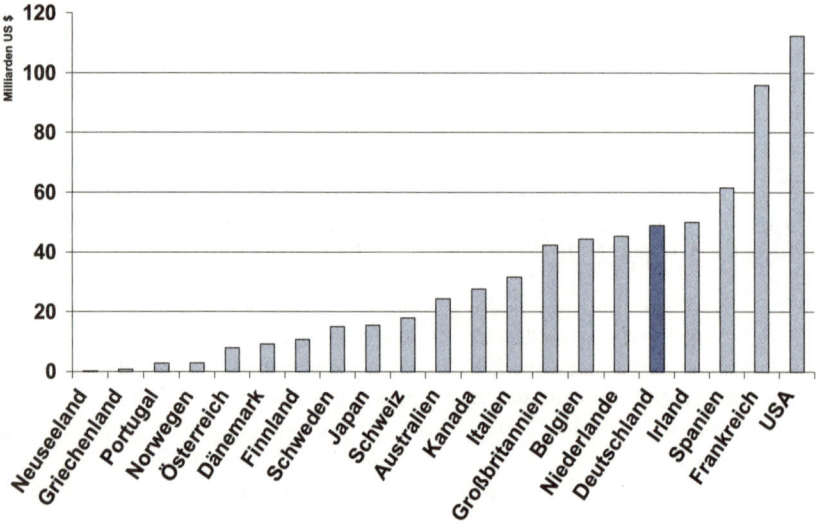

Schaubild 2.2: Direktinvestitionen in OECD-Länder in den Jahren 2002/2003 (in Mrd. US-Dollar)
Quelle: OECD

4.   Financial Times Deutschland vom 24. Mai 2002
5.   In der Statistik der OECD werden die meisten Direktinvestitionen für Luxemburg verzeichnet. Da es sich dabei aber um reine Transfer-Gelder handelt, werden diese in Schaubild 2.2 nicht abgebildet.

Bemerkenswert ist dabei auch, dass die Niedriglohnländer Tschechien, Polen und Ungarn in der unteren Hälfte der Tabelle zu finden sind.

Ein noch günstigeres Bild zeigt sich, wenn man für Deutschland den Saldo der Direktinvestitionen, d.h. also die Differenz zwischen Zuflüssen und Abflüssen, betrachtet. Wer hätte das gedacht: In den Jahren 2002 und 2003 wurde von Ausländern mehr in Deutschland investiert als von unseren Unternehmen im Ausland investiert wurde. Und noch überraschender: Wir liegen damit nach Irland auf dem zweiten Platz aller OECD-Länder.

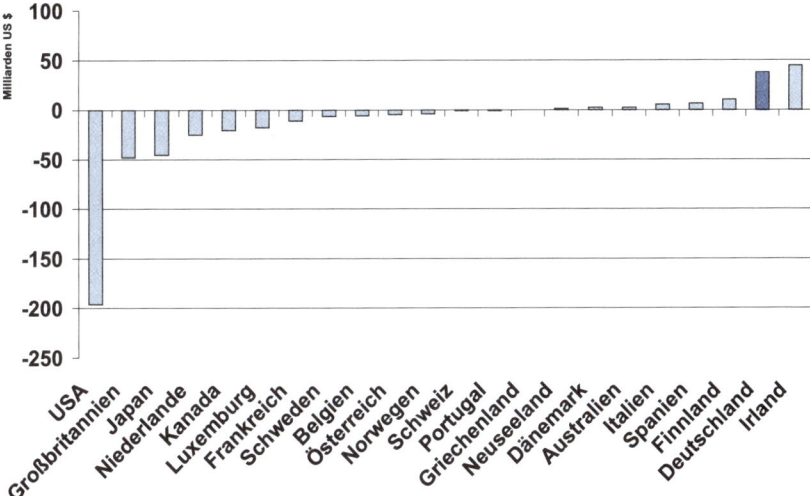

Schaubild 2.3: Saldo der Direktinvestitionen in den Jahren 2002/2003 (Investitionen von Ausländern im Inland abzüglich Investitionen von Inländern im Ausland in Mrd. US-Dollar)
Quelle: OECD

Dieses hohe Interesse ausländischer Anleger am Standort Deutschland zeigt besonders deutlich, wie groß der Abstand zwischen dem in den Medien gezeichneten Bild und den tatsächlichen Angebots- und Wettbewerbsbedingungen unserer Wirtschaft geworden ist. Zu erwähnen ist dabei übrigens auch, dass von den deutschen Direktinvestitionen im Ausland in den Jahren 1998 bis 2001 nur 3,5% auf die Reformländer Polen, Tschechien und Ungarn entfiel; der Großteil ging in die USA sowie nach Großbritannien, Frankreich und die Niederlande. Auch das widerspricht der These von der Basarökonomie.

2.4 Wir sind einer der wettbewerbsfähigsten Standorte Europas

Dass Deutschland ein guter Standort für Unternehmen ist, kann man schließlich auch an den Rankings erkennen, die von verschiedenen Institutionen zur Wettbewerbsfähigkeit von Volkswirtschaften aufgelistet werden. Besonders prominent ist dabei der „World Competitiveness Report", der einmal jährlich vom World Economic Forum erstellt wird.

Tabelle 2.1

Position der EU-Länder im Global Competitiveness Report 2003-04
Quelle: World Economic Forum, Global Competitiveness Report 2003-04

Rang	Land	Rang	Land
1	Finnland	13	Frankreich
2	Schweden	14	Belgien
3	Dänemark	15	Irland
4	Niederlande	16	Slowenien
5	Deutschland	17	Ungarn
6	Großbritannien	18	Griechenland
7	Österreich	19	Lettland
8	Malta	20	Tschechien
9	Luxemburg	21	Litauen
10	Estland	22	Italien
11	Spanien	23	Slowakei
12	Portugal	24	Polen

Deutschland wird in diesem Ranking somit als einer der attraktivsten Standorte der Europäischen Union angesehen. Informativ ist in diesem Zusammenhang auch das in diesem Bericht erstellte Ranking für die Patentanmeldungen bezogen auf die Bevölkerungszahl. Hier nimmt Deutschland international zwar keinen Spitzenplatz ein, im EU-Vergleich liegt es aber nach Schweden und Finnland auf dem dritten Platz (Tabelle 2.2).

Tabelle 2.2

Patentanmeldungen pro eine Million Einwohner
Quelle: World Economic Forum, Global Competitiveness Report 2003-04

1	USA	301,48
2	Japan	273,40
3	Taiwan	241,38
4	Schweden	190,34
5	Schweiz	189,44
6	Israel	165,08
7	Finnland	155,58
8	Deutschland	137,52
9	Kanada	109,62
10	Singapur	97,62
11	Niederlande	86,94
12	Luxemburg	82,59
13	Dänemark	80,38
14	Korea	79,87
15	Belgien	70,10
16	Frankreich	67,59
17	Österreich	65,43
18	Großbritannien	64,29
19	Norwegen	53,78
20	Island	45,94
21	Australien	44,00
22	Neuseeland	36,84
23	Irland	33,85
24	Hong Kong	33,29
25	Italien	30,49

Das deckt sich auch mit der Einschätzung der Organisation für wirtschaftliche Zusammenarbeit und Entwicklung (OECD). In ihrem jüngsten Bericht zur Wirtschaftslage in Deutschland[6] kommt sie zu dem Befund, dass Deutschland zu den OECD-Ländern mit einer hohen Innovationsaktivität zählt. So sei Deutschland einer der attraktivsten Standorte für ausländische Forschungs- und Entwicklungsaktivitäten.

Im Ganzen gesehen muss sich Deutschland also nicht vor der Globalisierung fürchten. Es gibt auch keine Anzeichen dafür, dass die deutsche Wirtschaft nennenswerte Probleme mit ihrer preislichen Wettbewerbsfähigkeit hätte. Selbst die Deutsche Bundesbank stellte in ihrem Monatsbericht vom Juni 2004 fest:

> *„Die preisliche Wettbewerbsfähigkeit der deutschen Wirtschaft war im Jahr 2003 und auch im Quartal 2004 – trotz des starken Euro – im Großen und Ganzen als neutral, oder etwas besser einzustufen." (S. 43)*

Von ihrem Preis und ihrer Qualität sind deutsche Produkte also international sehr attraktiv. Überall dort, wo die Binnennachfrage dynamisch ist, finden sie unschwer ihre Abnehmer. Das einzige, allerdings gravierende Problem ist der Heimatmarkt Deutschland, wo es den Konsumenten an Geld wie auch an Zukunftsvertrauen fehlt.

---

6.   OECD (2004), S. 75

3

Unser Staat braucht keine Abmagerungskur

Viele Ökonomen und Hobby-Volkswirte sind fest davon überzeugt, dass Deutschland nur gesunden kann, wenn sich unser Staat einer massiven Abmagerungskur unterzieht. Besonders hervorgetan hat sich in dieser Beziehung der bayerische Ministerpräsident Edmund Stoiber, der sich als Kanzlerkandidat dafür ausgesprochen hat, die *Staatsquote* (d.h. die Relation der Staatsausgaben zum Bruttoinlandsprodukt) von derzeit knapp 49% auf unter 40% zu reduzieren. Da er weiterhin bayerischer Ministerpräsident geblieben ist, hat er sich nun das Ziel gesetzt, diese Abmagerungskur in seinem Freistaat umzusetzen.

3.1 Stimmt die Gleichung: „Magerer Staat = dynamische Wirtschaft"?

Wie das Schaubild 3.1 verdeutlicht, weist Deutschland mit einem Anteil der Staatsausgaben von 48,0% am Bruttoinlandsprodukt weder eine besonders hohe, noch eine besonders niedrige Staatsquote auf. Sie entspricht ziemlich genau dem Durchschnitt der 15 „alten" Mitgliedsländer der Europäischen Union. Besonders viele Ressourcen beansprucht der Staat in Schweden, wo die Staatsquote 58,9% beträgt, sowie in Dänemark (55,8%) und Frankreich (54,4%). Werte von über 50% findet man auch in Österreich und Finnland. Wenn sich eine hohe Staatsquote als wachstumshemmend auswirken würde, müsste die wirtschaftliche Dynamik in diesen Ländern noch schlechter sein als in Deutschland. Doch weit gefehlt: In Schweden war das Wirtschaftswachstum in den letzten fünf Jahren um 1,6 Prozentpunkte pro Jahr höher als bei uns; in Frankreich betrug der Vorsprung 1,0 Prozentpunkte.

Wie sieht es mit den Ländern aus, deren Staat besonders schlank ist. Man findet dabei in der Tat einige sehr dynamische Ökonomien wie die Vereinigten Staaten, Irland und Großbritannien. Zu der Gruppe mit einer Staatsquote von weniger als 40% gehören aber auch Japan und die Schweiz. Doch diese beiden Länder waren in den letzten fünf Jahren ähnlich undynamisch wie Deutschland. Die Schweiz brachte es – wie wir – nur auf eine durchschnittliche Wachstumsrate von 1,2%; Japan kam gerade einmal auf 1,4%. Die häufig propagierte Gleichung: „Schlanker Staat = dynamischer Staat" ist somit einfach falsch.

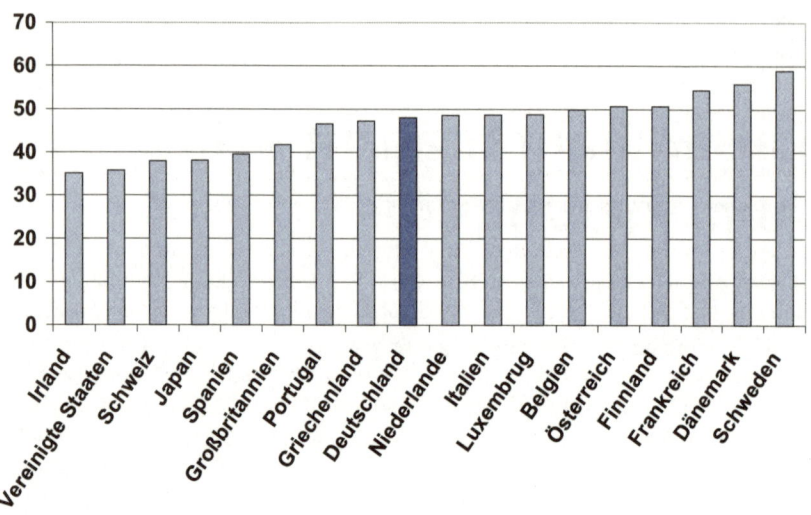

**Schaubild 3.1: Staatsquoten im internationalen Vergleich im Jahr 2003
(Staatsausgaben in Prozent des Bruttoinlandsprodukts)**
Quelle: EU-Kommission

Dass die deutsche Wachstumsschwäche der letzten Jahre nicht primär mit dem „zu fetten Staat" erklärt werden kann, zeigt sich auch daran, dass unsere Staatsquote seit 1975 nahezu konstant geblieben ist (Schaubild 3.2).

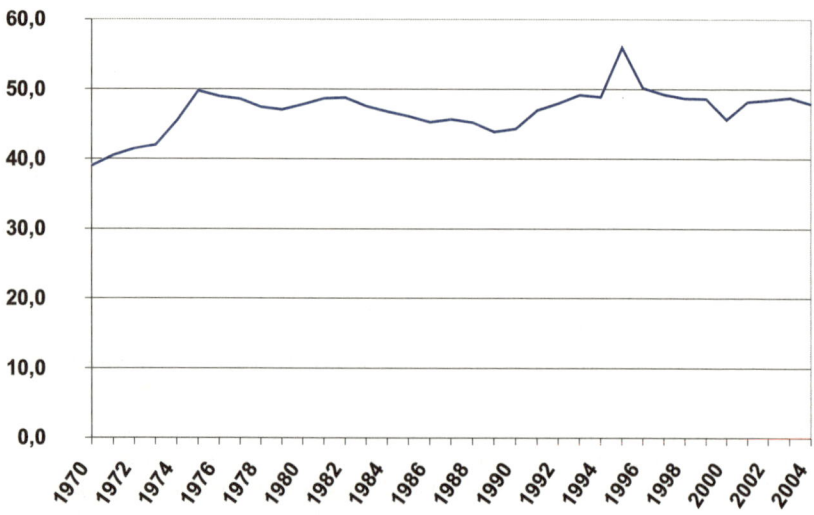

**Schaubild 3.2: Die Staatsquote in Deutschland seit 1970
(Staatsausgaben in Prozent des Bruttoinlandsprodukts)**
Quelle: Sachverständigenrat und EU-Kommission

Obwohl der Staatseinfluss in der Vergangenheit genauso hoch war wie heute, konnten die deutschen Unternehmen von 1980 bis 1999 noch ein recht ordentliches Wirtschaftswachstum von rund 2% pro Jahr erzielen und viele neue Arbeitsplätze schaffen. Damit ist es also auch unzutreffend, wenn immer wieder behauptet wird, dass der Staat immer fetter werde. Es ist im Gegenteil durchaus bemerkenswert, dass die Staatsquote heute – trotz der deutschen Vereinigung – nicht höher ist als vor dreißig Jahren.

Auch wenn man sich den Zusammenhang zwischen dem Wohlstandsniveau eines Landes und dem Einfluss des Staates ansieht, kommt man nur schwer zu der These, dass sich die Staatstätigkeit negativ auf den Wohlstand einer Volkswirtschaft auswirkt. Im Gegenteil: In den OECD-Ländern besteht ein sehr enger Zusammenhang zwischen dem Pro-Kopf-Einkommen und den Sozialausgaben pro Kopf. Wie das Schaubild 3.3 verdeutlicht, haben reiche Länder in der Regel auch großzügige soziale Sicherungssysteme. Die einzige Ausnahme von diesem Befund sind die Vereinigten Staaten, die im Vergleich zu ihrem Wohlstand enorm wenig für die sozial Schwachen tun.

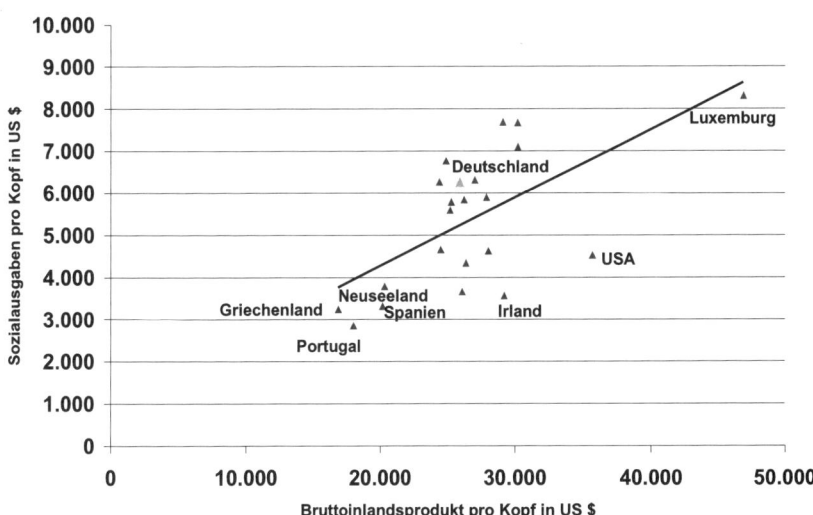

Schaubild 3.3: Sozialausgaben und Bruttoinlandsprodukt pro Kopf in den OECD-Ländern (1998)
Quelle: OECD, Society at a Glance, Social Indicators

Aber dafür bezahlt die amerikanische Gesellschaft auch einen Preis in Form einer extrem hohen Kriminalität. Wie Schaubild 3.4 verdeutlicht, liegt die Zahl der Erwachsenen, die im Gefängnis einsitzen, in den USA mit 469 Häftlingen pro 100.000 Einwohner mehr als zehnmal so hoch wie der EU-Durchschnitt (43) und auch deutlich über dem Wert von Deutschland (65).

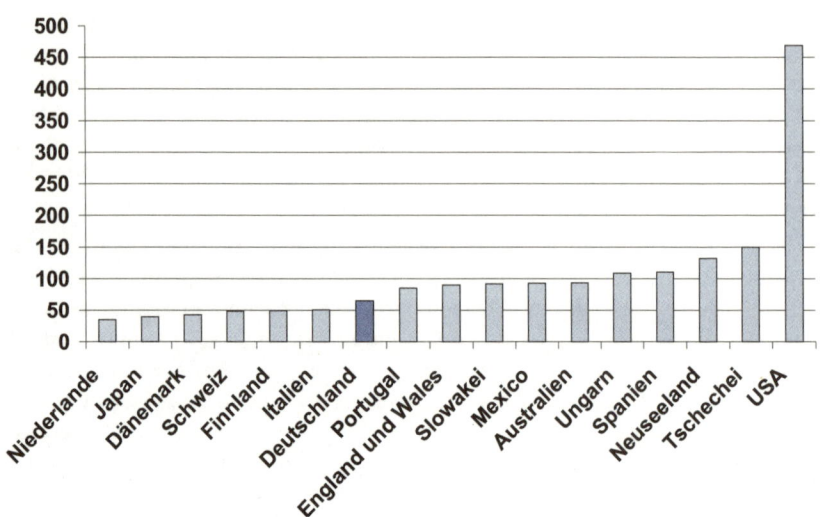

Schaubild 3.4: Gefängnisinsassen je 100.000 Einwohner
Quelle: OECD, Society at a Glance, Social Indicators

3.2 Der fehlernährte Staat: Niedrige Steuern, hohe Sozialabgaben

Eng verbunden mit dem Jammern über den zu fetten Staat ist das Klagen über die viel zu hohe Steuer- und Abgabenbelastung. Wer würde dem nicht zustimmen? Ein Arbeitnehmer, der über ein durchschnittliches Einkommen von 2.000 Euro verfügt, muss von einem zusätzlichen verdienten Euro – in der Form von Steuern und Sozialabgaben – 54 Cent an den Staat abgeben. Wer ein Bruttoeinkommen von 3.000 Euro bezieht, dem bleiben von einer Gehaltserhöhung um 100 Euro nur noch 39 Euro. Kein Wunder, dass sich viele Menschen als Melkkuh des Staates empfinden, und Politiker immer ein offenes Ohr finden, wenn sie für Steuersenkungen plädieren.

Doch solche populistischen Versprechungen sind mit großer Vorsicht zu genießen. Sehen wir uns dazu einmal die Steuer- und Sozialabgabenbelastung der deutschen Wirtschaft im internationalen Vergleich an.

Wenn man zunächst einmal die *Abgabenquote* (d.h. die Relation von Steuern *und* Sozialabgaben zum Bruttoinlandsprodukt) betrachtet, findet man Deutschland mit einer Quote von 43,6% *unter* dem Durchschnitt der alten EU-Länder, der 44,2% beträgt. Ganz ähnlich wie bei den Staatsquoten sind die skandinavischen Länder auch bei der Abgabenbelastung führend, gefolgt von Frankreich und Österreich. Wenn also von fast allen Politikern heute unisono verkündet wird, der Sozialstaat sei nicht mehr finanzierbar, muss man nur einmal einen Blick auf unsere französischen Nachbarn werfen, deren Wirtschaft sich – wie schon erwähnt – sehr dynamisch entwickelt, obwohl die Abgabenquote um 4,7 Prozentpunkte höher ist als bei uns. Analog zur Staatsquote kann man für die Schweiz und Japan feststellen, dass sehr niedrige Abgabenquoten (27,3% in Japan und 28,9% in der Schweiz) keinesfalls ein Patentrezept für Wachstum darstellen.

Doch das dürfte unseren Arbeitnehmer mit einem Brutto-Einkommen von 3.000 Euro nicht so richtig trösten. Er ist überzeugt, dass die Abgabenbelastung, die auf seinem Lohn liegt, viel zu hoch ist. Und er hat damit völlig Recht. Wie lassen sich diese scheinbar widersprüchlichen Befunde vereinbaren? Dazu muss man zunächst einmal die Abgabenquote nach der Steuer- und der Sozialabgabenquote separat betrachten. Auch hier ist der internationale Vergleich sehr instruktiv. Wie das Schaubild 3,5 verdeutlicht, liegen wir mit unserer *Sozialabgabenquote* von 18,5% – gemeinsam mit Frankreich – an der Spitze der alten EU-Länder und weit über dem EU-15-Durchschnittswert von 14,4%.

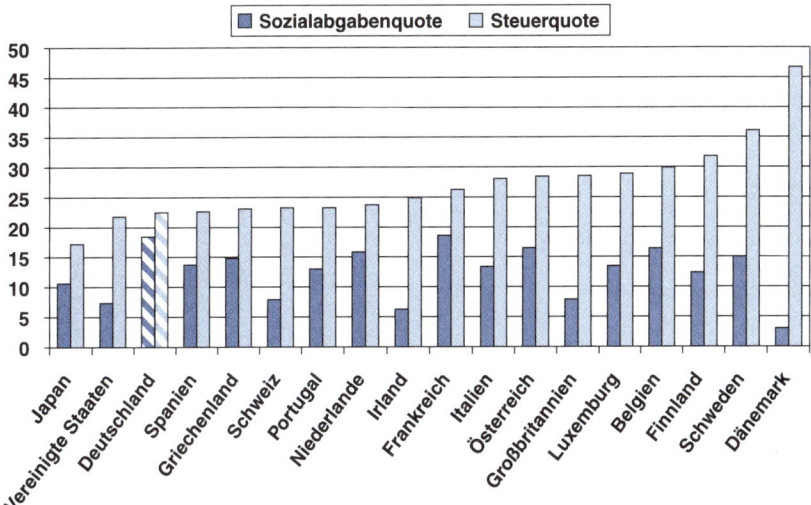

**Schaubild 3.5: Steuer- und Sozialabgabenquoten im Jahr 2004
(in Prozent des Bruttoinlandsprodukts)**
Quelle: EU-Kommission

Ganz anders ist es mit der *Steuerquote*. Hier befindet sich Deutschland mit 22,3% bei den alten EU-Ländern ganz am Ende, nur noch in Japan und den Vereinigten Staaten werden vom Staat noch geringere Steuereinnahmen relativ zum Bruttoinlandsprodukt erzielt. Im Durchschnitt der EU-15-Länder liegt die Steuerquote bei 26,5%. Der Vergleich zeigt also überdeutlich: Unser Staat ist in hohem Maße fehlernährt.

Das ist die Erklärung für den scheinbaren Widerspruch zwischen einer sehr hohen Abgabenbelastung des „Durchschnittsverdieners" und einer im internationalen Vergleich leicht unterdurchschnittlichen Abgabenquote unserer Volkswirtschaft. Der deutsche Staat finanziert sich in ungewöhnlich starkem Maße durch Abgaben auf den Faktor Arbeit, was eine wesentliche Ursache für die allseits beklagten hohen Lohnnebenkosten darstellt. Bei dieser Diagnose ist es dann keinesfalls zwingend, die Lohnnebenkosten durch Leistungseinschränkungen bei den Sozialen Sicherungssystemen zu reduzieren. Es wäre durchaus auch möglich, dass sich der Staat mehr über Steuern und dafür weniger über Sozialabgaben finanziert.

Natürlich wird sich der „Durchschnittsbürger" auch über unsere im internationalen Vergleich so geringe Steuerquote wundern. Wenn er oder sie das Gefühl hat, wirklich genug Steuern zu bezahlen, ist das nicht falsch, denn die Steuereinnahmen werden seit Jahren mehr und mehr über die Lohnsteuer und die indirekten Steuern (z.B. Mehrwertsteuer, Mineralölsteuer) bestritten. Ihr Anteil am Steueraufkommen hat sich von 69% im Jahr 1970 auf 85% im Jahr 2003 erhöht. Der Beitrag der Unternehmen und der Selbstständigen zur Finanzierung öffentlicher Leistungen hat sich dementsprechend von 31% auf 15% merklich vermindert.

Im Vergleich mit anderen Ländern sieht man dabei außerdem, dass auch die Besteuerung der Vermögen in Deutschland ungewöhnlich niedrig ist. Während im Jahr 2001 in den OECD-Ländern rund 5,4 der Steuereinnahmen aus dieser Quelle stammen, in den USA sogar 10,6%, sind es in Deutschland nur 2,3%.

Insgesamt betrachtet spricht somit nichts dafür, unserem Staat eine drastische Abmagerungskur zu verpassen. Das Beispiel zahlreicher EU-Länder zeigt, dass man mit einer Staatsquote von 48,6% und einer Abgabenquote von 40,8% durchaus ordentliche Wachstumsraten erzielen kann. In dieser Hinsicht sind unsere wirtschaftlichen Strukturen also besser als das Bild, das davon in den Medien vermittelt wird. Erstaunlicherweise wird demgegenüber der Befund einer völlig unausgewogenen Finanzierung unserer Sozialen Marktwirtschaft kaum thematisiert. Es wäre also völlig falsch, die Steuern noch weiter zu senken. Bei über vier Millionen Arbeitslosen ist vielmehr vordringlich, die Sozialabgaben, d.h. die Besteuerung des Faktors Arbeit, deutlich zu reduzieren.

4

Sind wir wirklich arbeitsscheu, überbezahlt und inflexibel?

Der deutsche Arbeitnehmer hat kein gutes Image. So lesen wir ständig, dass er im Vergleich zu seinen ausländischen Kollegen viel zu wenig Stunden im Jahr an seinem Arbeitsplatz verbringe. Dabei sei er zugleich hoffnungslos überbezahlt. Durch den Kündigungsschutz könne man ihn auch kaum wieder loswerden, selbst wenn die Geschäfte einmal schlechter gehen sollten. Und noch schlimmer: Viele erwerbstätige Deutsche zögen es vor, ihr Leben gleich in der „sozialen Hängematte" zu verbringen, da das sehr viel komfortabler sei, als einer regulären Arbeit nachzugehen.

4.1 Wie viele Stunden arbeiten die Deutschen tatsächlich?

Wir alle kennen die Klagen über die geringe Arbeitszeit in Deutschland. Der Beleg dafür ist eine Statistik der OECD, in der man in der Tat nachlesen kann, dass ein abhängig Beschäftigter bei uns im Jahr 1.362 Stunden arbeitet. Das ist der zweitniedrigste Wert aller OECD-Länder. Nur in den Niederlanden wird laut dieser Statistik mit 1.323 Stunden noch weniger gearbeitet. Damit scheint der Beweis für unsere Faulheit erbracht zu sein, wäre da nicht eine Fußnote in dieser Statistik, bei der die OECD ausdrücklich darauf hinweist, dass diese Zahlen nicht für internationale Vergleiche geeignet seien. Der wichtigste Grund dafür liegt darin, dass die Statistik nicht zwischen Vollzeit- und Teilzeitarbeit unterscheidet. Je mehr Teilzeitarbeit in einem Land geleistet wird, desto geringer ist die Zahl der Arbeitsstunden je Beschäftigten. Die große Verbreitung von Teilzeitarbeit in den Niederlanden führt daher auch zu dem niedrigen Wert für dieses Land. Ein sinnvoller Vergleich der Arbeitszeit ist daher nur möglich, wenn man sich auf die Vollzeit-Beschäftigten beschränkt. Die Daten hierfür findet man in einer Studie des Instituts Arbeit und Technik.[1] Wie das Schaubild 4.1 verdeutlicht, rutscht Deutschland in dieser Statistik auf einen Mittelplatz in Europa.

---

1. Sebastian Schief (2004)

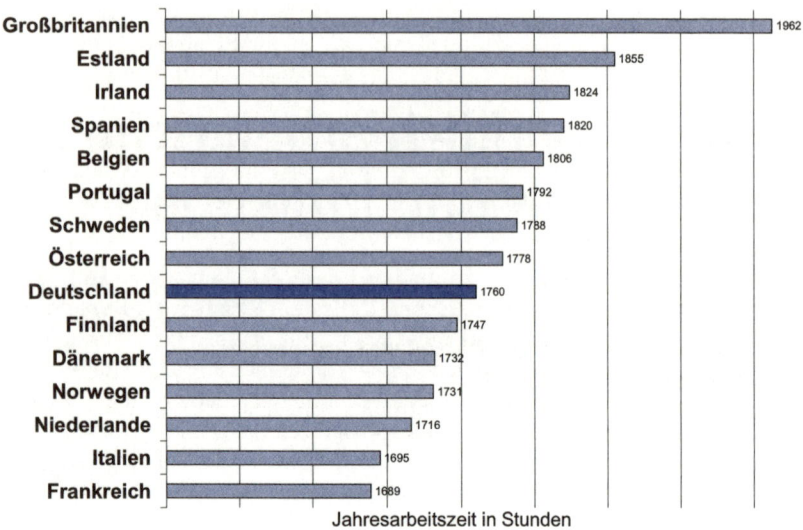

Schaubild 4.1: Gewöhnliche Jahresarbeitszeiten abhängig Vollzeit-Beschäftigter, 2002 (in Stunden)
Quelle: IAT

4.2   Kommt es durch eine mangelnde Arbeitsbereitschaft zu Arbeitslosigkeit?

Am Stammtisch herrscht kein Zweifel, dass die Arbeitslosigkeit vor allem auf eine mangelnde Arbeitswilligkeit in Deutschland zurückzuführen ist. Das sieht auch Kardinal Lehmann so:

> *„Arbeit muss sich mehr lohnen als Nichtarbeit. Im Sozial- und Arbeitsrecht muss manches überdacht werden, was die Schaffung neuer Arbeitsplätze verhindert. Auf diesem Wege muss die bedrückend hohe Arbeitslosigkeit grundlegend verändert werden."* [2]

Aber woher weiß man eigentlich, dass die Deutschen nicht arbeitswillig sind? Zur Beantwortung dieser Frage bietet es sich an, einmal die Zahl der Erwerbstätigen in West-Deutschland über einen längeren Zeitraum zu betrachten. Wie die Tabelle verdeutlicht, hat im Westen die Zahl der Erwerbspersonen, d.h. der Menschen, die arbeitsfähig und arbeitswillig sind, in den letzten dreißig Jahren um fast sechs Millionen zugenommen; die Bevölkerung ist im gleichen Zeitraum aber nur um 4,5 Million gestiegen. Darin zeigt sich eine wachsende Arbeitsbereitschaft, vor allem bei den Frauen, die heute sehr viel mehr im

---

2.   Karl Kardinal Lehmann (2002), S. 13

Arbeitsleben stehen, als das noch im Jahr 1970 der Fall war. Insgesamt kann man aus diesen Zahlen also schwerlich zu dem Befund kommen, die Arbeitslosigkeit sei durch mangelnde Arbeitsanreize verursacht. Eher das Gegenteil ist der Fall und das würde ja auch eher zu der Tatsache passen, dass in West-Deutschland hohe Löhne bezahlt werden. Wie die Tabelle zeigt, ist der Anstieg der Arbeitslosenzahlen darauf zurückzuführen, dass die Zahl der Arbeitsplätze (d.h. die Zahl der Erwerbstätigen) mit der Zunahme der Erwerbsbereitschaft (d.h. die Zahl der Erwerbspersonen) nicht Schritt halten konnte.

Tabelle 4.1

Erwerbspersonen, Erwerbstätige und Arbeitslose in West-Deutschland (in Mio.)
Quelle: Institut der deutschen Wirtschaft, Deutschland in Zahlen 2004

Jahr	Erwerbs-personen insgesamt	Männer	Frauen	Aus-länder	Erwerbs-tätige	Arbeits-lose
1970	26.817	17.197	9.620	1.820	26.343	149
1980	27.948	17.082	10.866	2.339	26.875	889
1991	31.360	18.571	12.789	2.832	30.870	1.596
2002	32.683	18.383	14.300	3.520	30.132	2.753
Differenz 2002-1970	5.866	1.186	4.680	1.700	3.789	2.604

Dass Arbeit nicht lohnt, wird in der Regel damit begründet, dass der Abstand zwischen einem regulären erwirtschafteten Netto-Einkommen und den Zahlungen, die man als Sozialhilfeempfänger erhält, in vielen Fällen nur sehr gering ist. Es wird dabei vor allem auf die Situation einer Familie mit zwei Kindern verwiesen, wo der Abstand zur „Stütze" in der Tat recht gering ist. Für viele Ökonomen ist dieser Befund dann die Rechtfertigung dafür, das Niveau der Sozialhilfe um 30% oder noch mehr absenken zu wollen. Nur so werde wieder ein ausreichender Arbeitsanreiz geschaffen. Diese Vorschläge werden in Kapitel 18 ausführlicher diskutiert.

Was dabei aber von den Experten völlig verschwiegen und von den Laien leicht übersehen wird, ist die Tatsache, dass es unter den Sozialhilfeempfängern nur vergleichsweise wenige Familien mit zwei oder mehr Kindern gibt: Von den rund 1,2 Millionen „Bedarfsgemeinschaften", die Sozialhilfe beziehen, sind das gerade einmal 83.000. Offensichtlich finden es die meisten der rund 6 Millionen in Deutschland lebenden Familien mit zwei und mehr Kindern doch nicht so besonders attraktiv, den Status eines Sozialhilfeempfängers einzunehmen. Vielleicht sollte sich Kardinal Lehmann etwas mehr Zeit für Gespräche mit Familien nehmen oder er sollte einmal einen Blick in neuere wissenschaftliche Studien zur Glücks-Forschung werfen, in denen man nachlesen kann, dass es für die meisten Menschen nichts Schlimmeres gibt, als ohne Arbeit zu sein: Die „soziale Hängematte" wird also in der Regel nicht als Glück, sondern als ein großes Unglück empfunden.[3]

Demgegenüber besteht für die über 600.000 allein stehenden Sozialhilfeempfänger mit netto rund 376 Euro im Monat schon heute ein recht deutlicher finanzieller Abstand zu einem Einkommen aus Erwerbstätigkeit. Es kann natürlich sein, dass ein solcher Betrag manchem Professor oder Kleriker als „Peanuts" erscheint.

4.3   Sind die Deutschen überbezahlt?

Zunächst ist es nicht ganz konsequent, wenn häufig gleichzeitig darüber lamentiert wird, dass sich bei uns die Arbeit nicht mehr lohne, und dass die Löhne in Deutschland viel zu hoch seien. Aber dieser Widerspruch stört die Wenigsten.

Sehen wir uns zunächst die Fakten an (Tabelle 4.2). In der Tat sind die Lohnkosten je Arbeitsstunde in West-Deutschland höher als in allen anderen Ländern – mit der Ausnahme von Norwegen. Dabei muss man zunächst jedoch darauf hinweisen, dass die Lohnkosten *je Stunde* nur deshalb so hoch sind, weil die Arbeitszeit relativ kurz ist. Würde bei uns genauso viele Stunden gearbeitet wie zum Beispiel in den USA, hätten wir deutlich geringere Lohnkosten je Arbeitsstunde. Die vergleichsweise geringe Arbeitszeit ist also eine Ursache für die hohen Lohnkosten und nicht noch ein zusätzlicher Problembefund, wie das oft dargestellt wird.

Wenn man die Arbeitslosigkeit in Deutschland mit zu hohen Löhnen zu erklären versucht, stellt sich unmittelbar das Problem, dass die Löhne in Ostdeutschland erheblich unter dem Niveau der alten Bundesländer liegen. In diesen ist die Unterbeschäftigung jedoch wesentlich geringer als im Osten. Ähnlich widersprüchliche Befunde sind auch im europäischen Vergleich zu finden. In Spanien und Griechenland ist die Arbeitsstunde noch günstiger zu haben als in den Neuen Bundesländern, doch ist auch dort die Arbeitslosigkeit ein gravierendes Problem. Noch deutlicher zeigt sich dieses Bild in Polen und der Slowakei, wo es trotz extrem niedriger Löhne sehr große Schwierigkeiten auf dem Arbeitsmarkt gibt. Wie man der Tabelle 4.2 entnehmen kann, welche die Lohnkosten je Stunde im Vergleich zu West-Deutschland und die Arbeitslosenraten darstellt, findet man in Europa die niedrigsten Arbeitslosenraten in den drei Hochlohn-Ländern Niederlande, Schweiz und Norwegen.

---

3.   Alois Stutzer and Bruno S. Frey (2003)

Tabelle 4.2

Lohnkosten je Stunde (West-Deutschland = 100) und Arbeitslosenrate im Jahr 2002

Quelle: Institut der deutschen Wirtschaft und OECD, Economic Outlook

	Lohnkosten in % des west-deutschen Niveaus	Arbeitslosenrate in % der Erwerbsfähigen
Slowakei (2001)	11,5	18,6
Polen (2001)	14,4	19,9
Portugal	25,0	5,1
Griechenland	35,9	10,0
Spanien	58,3	11,4
Ost-Deutschland	62,3	17,7
Italien	63,0	9,1
Irland	65,1	4,4
Kanada	66,1	7,6
Frankreich	74,0	9,0
Luxemburg	74,6	3,0
Großbritannien	75,5	5,2
Japan	76,6	5,4
Österreich	82,1	5,3
Schweden	82,9	4,0
USA	85,1	5,8
Niederlande	85,9	2,3
Finnland	88,0	9,1
Belgien	88,6	7,3
Dänemark	97,6	4,5
Schweiz	99,5	3,1
West-Deutschland	100,0	7,7
Norwegen	108,2	4,0

Wie ist dieser – der herrschenden Meinung so völlig widersprechende – Befund zu erklären? Wie bei vielen Produkten und Dienstleistungen ist eben auch Arbeit nicht gleich Arbeit. In den Hochlohnländern werden in der Regel pro Arbeitsstunde sehr viel mehr Güter hergestellt als in den Regionen mit billigen Stundenlöhnen. Entscheidend für die Beschäftigung sind also die Lohnkosten je Produkteinheit, die man auch als Lohnstückkosten bezeichnet. Ein Land mit niedrigen Stundenlöhnen kann somit relativ hohe Lohnstückkosten haben, wenn seine Produktivität sehr gering ist.

4.4   Unsere Arbeitsmärkte sind flexibler als ihr Ruf

Als großes Problem der deutschen Wirtschaft wird auch die mangelnde Flexibilität unseres Arbeitsmarktes angesehen. Interessant ist hier zunächst, was man grundsätzlich über den Zusammenhang zwischen Arbeitsmarktflexibilität und Beschäftigung weiß. Die – sicherlich nicht gewerkschaftsnahe – OECD ist dieser Frage in einer sehr umfassenden Studie nachgegangen und dabei zu dem Ergebnis gekommen, dass die Regulierungen des Arbeitsmarktes, insbesondere der Kündigungsschutz, keinen statistisch signifikanten Einfluss auf die Höhe der Arbeitslosigkeit haben.[4]

Bei einer genaueren Betrachtung der Regulierungen am deutschen Arbeitsmarkt kann man zudem ein erhebliches Maß an Flexibilität erkennen. Dies fängt schon beim Kündigungsschutz an, der allgemein als besonders restriktiv angesehen wird. Dabei wird allerdings meist übersehen, dass es seit Jahren für die Arbeitgeber durchaus möglich ist, Beschäftigte für bis zu zwei Jahre befristet einzustellen und innerhalb dieses Zeitraums den Arbeitsvertrag dreimal zu verlängern. Wie das Schaubild 4.2 verdeutlicht, wird von dieser Möglichkeit intensiv Gebrauch gemacht: Mit dem Anteil der befristeten Beschäftigung an der Gesamtbeschäftigung nimmt Deutschland einen Mittelfeldplatz ein. Bei den unter 20-jährigen hat heute jeder Dritte einen befristeten Arbeitsvertrag (Auszubildende werden dabei nicht berücksichtigt), bei den 20- bis 24-jährigen ist es noch jeder Vierte.

---

4. OECD (2004), S. 80

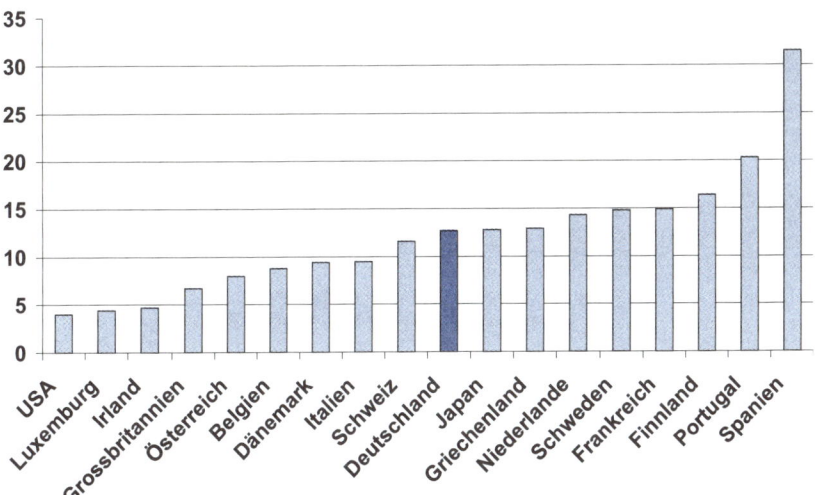

Schaubild 4.2: Anteil befristeter Arbeitsverhältnisse an der Gesamt-Beschäftigung (in Prozent)
Quelle: OECD, Employment Outlook 2003

Eine hohe Flexibilität bieten auch die staatlich subventionierten Minijobs, die es so in keinem anderen EU-Land gibt: Die Zahl der *Teilzeitbeschäftigten* ist von 1991 bis 2003 um 51% gestiegen, die Vollzeitjobs nahmen demgegenüber um 15% ab. Der Anteil der Teilzeitarbeit liegt bei uns damit höher als im EU-Durchschnitt (Schaubild 4.3). Ein deutliches Indiz für die Flexibilität der Arbeitnehmer ist auch die Tatsache, dass mittlerweile fast jeder Zweite von Wochenend-, Nacht- oder Schichtarbeit betroffen ist.[5]

Der Eindruck einer mangelnden Flexibilität auf den Arbeitsmärkten wird insbesondere durch die seit Jahren sehr hohen Arbeitslosenzahlen vermittelt. Dabei wird leicht übersehen, welche Dynamik auf dem Arbeitsmarkt besteht: Jedes Jahr werden etwa sieben Millionen Menschen arbeitslos, aber eine ähnlich große Zahl von Arbeitslosen kann sich gleichzeitig wieder aus diesem Zustand befreien.

---

5. Statistisches Bundesamt (2004), S.53

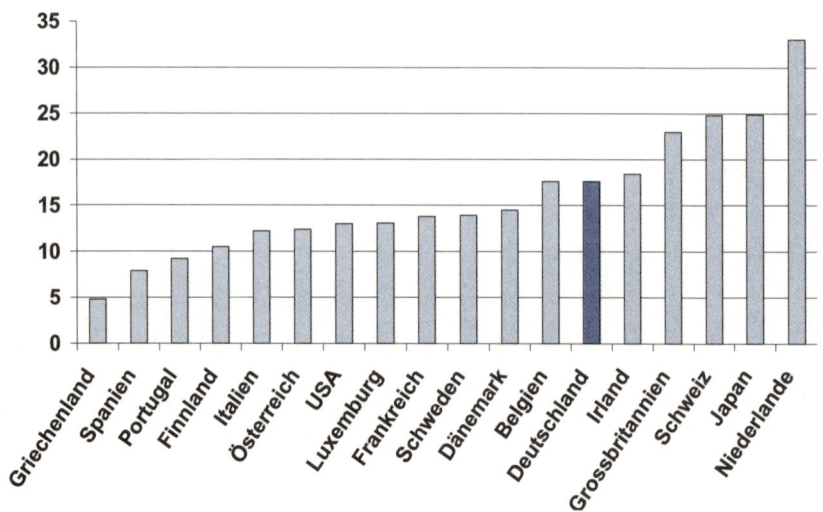

Schaubild 4.3: Anteil der Teilzeitarbeit an der Gesamt-Beschäftigung (in Prozent)
Quelle: OECD, Employment Outlook 2003

Es wird daher auch nicht viel bringen, wenn man die Arbeitsverwaltung radikal umgestaltet. Das nicht sehr effiziente Arbeitsamt des Jahres 1970 konnte einen Arbeitslosen in durchschnittlich 6,4 Wochen vermitteln. Wenn man dazu heute mehr als 30 Wochen benötigt, liegt das nicht darin, dass die Beamten der Bundesagentur immer fauler geworden sind, sondern einfach daran, dass es nicht so einfach ist, fast 4,3 Millionen Arbeitsuchende wieder in Arbeit zu bringen, wenn dafür weniger als 300.000 offene Stellen zur Verfügung stehen.

Schließlich zeigt insbesondere die Arbeitslosigkeit in *West-Deutschland*, dass es mit unseren Regulierungen am Arbeitsmarkt gar nicht so schlecht bestellt sein kann. Berechnet man die Arbeitslosenquote für die alten Bundesländer nach dem international vergleichbaren Konzept der Internationalen Arbeitsorganisation (ILO), dann lag sie im Jahr 2002 bei 5,7%. In dem so flexibel geltenden Großbritannien beträgt der vergleichbare Wert 5,0% und selbst in den Vereinigten Staaten ist die Erwerbslosigkeit mit 4,5% nicht allzu sehr vom Niveau in West-Deutschland entfernt.

Teil 2
Die Hypotheken der neunziger Jahre

Im ersten Teil des Buchs haben wir gesehen, dass es nicht ganz so einfach ist, die „üblichen Verdächtigen" für unsere Wachstumsschwäche und die hohe Arbeitslosigkeit verantwortlich zu machen. Es ist deshalb zu kurz gegriffen, wenn man glaubt, unsere Probleme lösen zu können durch einen „Dreiklang" von Lohnsenkung, staatlichen Ausgabenkürzungen und den Abbau von sozialer Sicherung. Doch woran liegt es dann, dass sich Deutschland in den letzten Jahren so weit von der Zielvorstellung des „gesamtwirtschaftlichen Gleichgewichts" entfernte, das neben einem stabilen Preisniveau vor allem durch ein stetiges und angemessenes Wirtschaftswachstum und einen hohen Beschäftigungsstand gekennzeichnet ist.[1]

Eine seriöse Antwort auf diese Frage lässt sich nicht einfach formulieren. Deutschland gleicht in mancher Hinsicht einem Patienten, der über viele Jahre hinweg von schlechten Ärzten behandelt wurde. Alle diese Fehler haben sich im Lauf der Zeit akkumuliert und sind so verantwortlich für die insgesamt schlechte Konstitution der deutschen Wirtschaft. Wie bei einem Menschen ist es daher für die wirksame Heilung einer Volkswirtschaft unumgänglich, dass man sich zunächst einmal die Vorgeschichte der Erkrankung genauer ansieht.

Wir beginnen in Kapitel 5 mit der deutschen Einheit, die gleichsam als eine ökonomische Großoperation anzusehen ist. Leider hatte der Chirurg Helmut Kohl keinerlei Erfahrung mit einer solchen Behandlung und zu seiner Verteidigung muss man festhalten, dass er für diese schwierige Aufgabe nur sehr wenig Unterstützung von ökonomischen Experten erhalten hatte.

Fehler wurden jedoch nicht nur in Ost-Deutschland gemacht. Enorm geschadet hat es der westdeutschen Wirtschaft, dass die Lasten der Einheit vor allem den Sozialen Versicherungssystemen aufgebürdet wurden, da sich Helmut Kohl und seine FDP-Partner scheuten, dafür das Steuersystem in Anspruch zu nehmen. Diese Problematik wird in Kapitel 6 beschrieben.

---

1. Im Stabilitäts- und Wachstumsgesetz wird darüber hinaus auch das Ziel des „außenwirtschaftlichen Gleichgewichts" genannt. Es ist jedoch nie genau quantifiziert worden und spielt daher in der wirtschaftspolitischen Diskussion auch keine entscheidende Rolle.

In Kapitel 7 befassen wir uns mit der Geld- und Währungspolitik der neunziger Jahre, für die bis zum Jahr 1998 noch die Deutsche Bundesbank verantwortlich war. Durch eine überzogen national ausgerichtete Zinspolitik wurde in der ersten Hälfte des letzten Jahrzehnts die Konjunktur in weiten Teilen Europas ausgebremst. Die damit einhergehende starke Aufwertung der D-Mark war vor allem für Ost-Deutschland Gift, sie hat aber auch zu großen Problemen bei der Wettbewerbsfähigkeit im Westen geführt.

Zu den Hypotheken der neunziger Jahre zählt auch der Stabilitäts- und Wachstumspakt. Er ist das Produkt einer von deutschen Politikern und Wirtschaftswissenschaftlern geschürten Panik vor der Europäischen Währungsunion. In den letzten drei Jahren hat Deutschland durch diese selbst geschneiderte Zwangsjacke nahezu jeden Spielraum in der Fiskalpolitik verloren.

Eine primär psychologische Hypothek stammt aus der glücklosen Politik Oskar Lafontaines als erstem Finanzminister der rot-grünen Regierung. Durch seinen abrupten Abgang ist die von ihm propagierte Nachfrageorientierung völlig diskreditiert worden. Diese von den Medien kräftig beförderte Desavouierung des „Keynesianismus" ist bis heute nicht überwunden. Sie stellt eine zentrale Ursache für eine ungewöhnlich eindimensional auf die Angebotsbedingungen ausgerichtete Wirtschaftspolitik in Deutschland dar.

Alle Politikfehler der neunziger Jahre wirken bis heute nach. Die durch die deutsche Einheit und die Aufwertung der D-Mark ausgelöste Wachstumsschwäche hat zu steigender Arbeitslosigkeit und hohen Sozialabgaben geführt. Zum Schuldigen für diese Entwicklung wurde jedoch „der Sozialstaat" erklärt. Seither dreht sich die deutsche Wirtschaftspolitik nur noch um die Frage, wie man die Leistungen der Sozialversicherungen und die sonstigen sozialen Sicherungsmechanismen abbauen kann.

5

Wachstumsbremse Ostdeutschland

Die „rote Laterne" ist heute das Symbol für die deutsche Wachstumsschwäche und für viele Ökonomen zugleich der Beleg dafür, wie dringend reformbedürftig die wirtschaftlichen Strukturen unseres Landes sind. Doch wenn man Deutschland mit seinen Partnerländern in der Europäischen Union vergleicht, sollte man sich immer der enormen Lasten der deutschen Einheit bewusst sein. Immerhin belaufen sich die jährlichen Transfers, die vom Westen in die Neuen Länder gehen, auf eine Größenordnung, die höher ist als das Bruttoinlandprodukt von Tschechien oder Ungarn. So gesehen spricht es für die hohe Belastbarkeit der Sozialen Marktwirtschaft, dass es ihr möglich war, den Lebensstandard für die 16 Millionen Einwohner der ehemaligen DDR in kurzer Zeit so massiv zu verbessern.

Der unvermeidliche Preis hierfür war ein Rückgang des Wirtschaftswachstums in Deutschland, höhere Sozialabgaben und ein deutlicher Anstieg der öffentlichen Verschuldung. Wenn Politiker heute über die hohen Staatsschulden lamentieren, müssen sie sich fragen lassen, ob sie ernsthaft glauben, dass man die Wirtschaftstransformation Ostdeutschlands hätte anders finanzieren können.

5.1 Deutschland ist wirtschaftlich gesehen noch immer ein geteiltes Land

Das größte Problem der deutschen Einheit besteht darin, dass auf absehbare Zeit nicht zu erkennen ist, wie es zu einer echten Angleichung der Lebensverhältnisse zwischen Ost und West kommen könnte. Denn auch 15 Jahre nach dem Fall der Berliner Mauer ist Deutschland aus ökonomischer Sicht noch immer ein geteiltes Land. Wie die Tabelle 5.1 verdeutlicht, leben 17% aller Deutschen in den Neuen Bundesländern, ihr Anteil an den Arbeitslosen liegt jedoch bei fast 35%. Von der in Deutschland erbrachten Wertschöpfung stammen nur 11,5% aus den Neuen Bundesländern, bei den Industrieumsätzen beträgt der Ost-Anteil knapp 8% und von den Exporten kommen gerade einmal 5% aus dieser Region.

| Tabelle 5.1 |

Vergleich zwischen Ost- und West-Deutschland (ohne Berlin) im Jahr 2002
Quelle: Monatsbericht des BMF, Oktober 2003 und Monatsbericht der Deutschen Bundesbank

	West	Ost	Anteil des Ostens an Deutschland
Bevölkerung (in 1.000)	65.412	13.674	17,3
Erwerbstätige (in 1.000)	31.415	5.704	15,4
Arbeitslose (in 1.000)	2.649	1.411	34,8
Bruttoinlandsprodukt (in Mrd. Euro)	1.798	234	11,5
BIP/Einwohner (in Euro)	27.481	17.077	
Industrieumsätze (in Mrd. Euro)	1.222	104	7,8
Exporte (in Mrd. Euro)	479	25	4,9
Beiträge Rentenversicherung (in Mrd. Euro)	134	22	14,1
Auszahlungen Rentenversicherung (in Mrd. Euro)	182	54	22,8
Beiträge Arbeitslosenversicherung (in Mrd. Euro)	41	7	14,1
Auszahlungen Arbeitslosenversicherung (in Mrd. Euro)	32	17	34,4

Das Brutto-Inlandsprodukt pro Kopf beträgt in den Neuen Bundesländern mit rund 17.000 Euro nur 62% des West-Niveaus. Damit liegt Ost-Deutschland abgeschlagen hinter allen alten Mitgliedsländern der EU und nur knapp vor der Tschechischen Republik (Schaubild 5.1). Demgegenüber kann sich West-Deutschland noch immer gut in der Champions League, d.h. im Feld seiner westlichen und nördlichen Nachbarländer, behaupten.

Bei der nach wie vor sehr geringen wirtschaftlichen Leistungsfähigkeit des Ostens sind auch heute noch enorme Transfers vom Westen erforderlich. Wie die Tabelle 5.2 auf Seite 58 verdeutlicht, belaufen sich die Netto-Übertragungen auf 83 Mrd. Euro. Man sieht an diesen Zahlen auch, dass die Netto-Transfers rund ein Drittel des ost-deutschen Brutto-Inlandsprodukts betragen. Bei einer Inlandsnachfrage der Neuen Länder von 377 Mrd. Euro im Jahr 2003 stammen somit nur 259 Mrd.[2] aus der eigenen Wirtschaftsleistung, 83 Mrd. kommen durch die Transfers und 35 Mrd. durch Kredite aus dem Westen. Mit anderen Worten: Von einem Euro, der im Osten ausgegeben wird, sind nur zwei Drittel dort auch durch eigene Leistung erwirtschaftet worden.

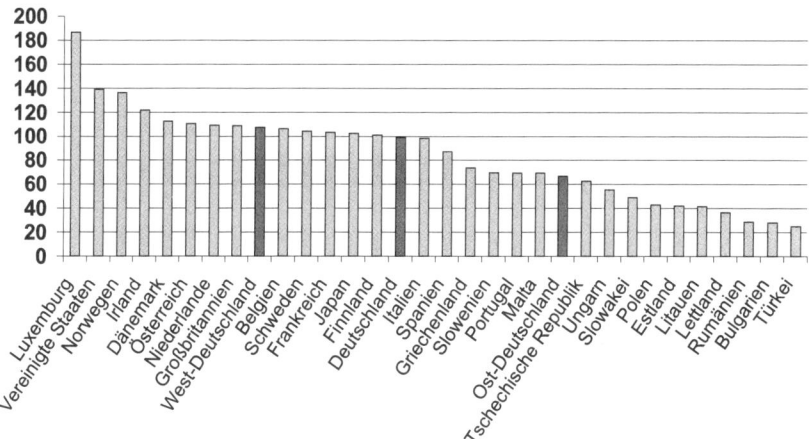

Schaubild 5.1: Pro-Kopf-Einkommen im Jahr 2003 (EU-15 = 100)
Quelle: Eurostat

Trotz dieser enormen Unterschiede in der wirtschaftlichen Leistungsfähigkeit zwischen West und Ost wird in der Diskussion über die Wachstumsschwäche und die hohe Arbeitslosigkeit nur noch selten auf die große Herausforderung der deutschen Vereinigung eingegangen.

Diese besondere Situation ist vor allem bei internationalen Vergleichen zu berücksichtigen: Vom Wachstumsabstand zwischen Deutschland und seinen europäischen Nachbarländern ist – nach Berechungen der Europäischen Kommission – rund ein Drittel auf die Entwicklungen in der Bauwirtschaft zurückzuführen, die vor allem durch den Osten geprägt sind. Wenn man Deutschland nur als Durchschnitt aus Ost und West sieht, läuft man also Gefahr, die wirtschaftliche Leistungsfähigkeit der alten Bundesländer erheblich zu unterschätzen. Dies führt zwangsläufig zu der heute sehr weit verbreiteten Vorstellung, dass durch „Reformen" möglichst alles auf den Kopf gestellt werden muss, um so mehr Wachstum zu schaffen. Und man übersieht dabei völlig, dass auf diese Weise auch Strukturen zerstört würden, die für die hohe internationale Wettbewerbsfähigkeit der westdeutschen Industrie verantwortlich sind.

---

2. Diese Zahl differiert von der Zahl in Tabelle 5.1, da sie auch die Werte für Berlin umfasst.

Tabelle 5.2

Transferleistungen für die neuen Länder im Jahr 2003

Quelle: Institut für Wirtschaftsforschung, Halle, Pressemeldung vom 27. Oktober 2003

	In Milliarden Euro	in %
Bruttotransferleistungen insgesamt	116	100
darunter:		
Wirtschaftsförderung	10	9
Soziales	52	45
Infrastruktur	15	13
ungebundene Leistungen	24	21
Sonstiges	14	12
Steuereinnahmen des Bundes in Ostdeutschland	33	
Nettotransfer	83	
Nachrichtlich: Nettotransfer		
> in % des Westdeutschen BIP		4
> in % des Ostdeutschen BIP		32
> in % der Inlandsnachfrage in Ostdeutschland		22

Um die deutsche Wachstumsschwäche besser zu verstehen, ist es daher hilfreich, einmal die wirtschaftliche Dynamik in Ost- und West-Deutschland separat zu betrachten. Wie das Schaubild 5.2 verdeutlicht, erlebte die Wirtschaft der ehemaligen DDR unmittelbar nach der Wende einen enormen Aufholprozess. Dieser war vor allem durch massive staatliche Investitionen und hohe steuerliche Förderungen von privaten Investitionen geprägt. Doch trotz des guten Starts blieb das von vielen erwartete zweite deutsche Wirtschaftswunder aus. Anders als in den fünfziger Jahren kam der ostdeutsche Wachstumsprozess schon nach wenigen Jahren zum Stillstand. Seit 1997 wächst das reale Bruttoinlandsprodukt im Westen sogar wieder stärker als im Osten: Im Zeitraum von 1998 bis 2002 war die jährliche Wachstumsrate in den alten

Bundesländern (ohne Berlin) mit durchschnittlich 1,7% mehr als dreimal so hoch wie in Ost-Deutschland (einschließlich Berlin), wo der Anstieg nur 0,5% betrug. Im Jahr 2003 stagnierte die Wirtschaft im Osten wie im Westen. Insgesamt wurde der Abstand zwischen dem Westen und dem Osten also nicht kleiner, sondern größer.

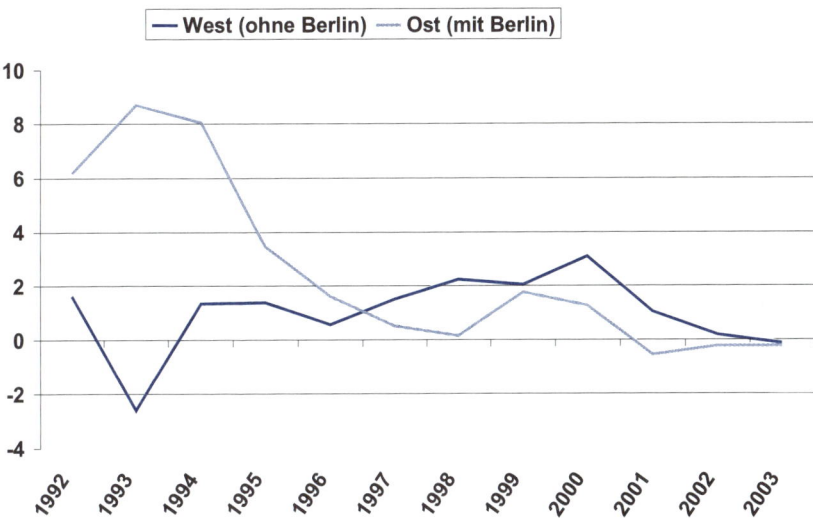

Schaubild 5.2: Reales Wirtschaftswachstum in West-Deutschland ohne Berlin und Ost-Deutschland mit Berlin (Veränderung gegenüber dem Vorjahr in Prozent)
Quelle: Volkswirtschaftliche Gesamtrechnung des Bundes und der Länder (www.vgrdl.de)

Da die Beschäftigungsentwicklung in der Regel ganz eng an die Wachstumsdynamik gekoppelt ist, muss es nicht verwundern, dass in Ostdeutschland von 1997 bis 2003 rund 330.000 Arbeitsplätze verlorengingen, während in West-Deutschland rund 1,3 Millionen neue Beschäftigungsmöglichkeiten geschaffen wurden (Schaubild 5.3).

Dementsprechend ist auch die Arbeitslosenquote im Westen mit 8,6% erheblich geringer als im Osten, wo sie bei 18,5% liegt. Auch die Relation der Arbeitslosen je offene Stelle ist in den alten Bundesländern mit 12 erheblich günstiger als in Ostdeutschland, wo 36 Arbeitslose auf eine beim Arbeitsamt gemeldete Stelle kommen.

Wie kam es, dass der zunächst hoffnungsvolle Aufholprozess so schnell ins Stocken geraten ist und sich seit 1997 der Abstand zwischen den alten und den neuen Bundesländern sogar wieder vergrößert hat?

5.2 Die deutsche Einheit: Eine misslungene ökonomische Großoperation

Im Rückblick steht außer Zweifel, dass die desolate Lage in Ostdeutschland auf gravierende Politikfehler im Jahr 1990 zurückzuführen ist. Zur Ehrenrettung Helmut Kohls muss man einräumen, dass sich die Einheit über Nacht vollzog, so dass man nicht auf Schubladenpläne zurückgreifen konnte, und dass es dafür auch keinerlei Erfahrungen aus anderen Ländern gab. Der Sprung ins kalte Wasser war somit unvermeidlich. Aber auch die deutsche Wirtschaftswissenschaft hatte für die schwierige konzeptionelle Aufgabe in der ersten Hälfte des Jahres 1990 wenig Hilfestellung geleistet. Die meisten Ökonomen stritten sich leidenschaftlich über den Umtauschsatz für die Ersparnisse und für die Löhne der Ostdeutschen. Doch kaum jemand interessierte sich für die sehr viel wichtigere Frage, mit welchem wirtschaftspolitischen Gesamtkonzept der Wirtschaft in Ost-Deutschland unter die Arme gegriffen werden sollte. Der Sachverständigenrat glaubte, seine Aufgabe mit einem Brief vom 9. Februar 1990 und mit einem Sondergutachten erledigt zu haben, dass am 20. Januar 1990 erschien und sich dezidiert gegen eine Einführung der D-Mark in der DDR aussprach. Die „fünf Weisen" erschienen dann erst wieder im November 1990 auf der Bildfläche, als alle wichtigen ökonomischen Weichenstellungen bereits getroffen waren.

Und so kam es, wie es kommen musste. Helmut Kohl und seine Mannschaft entschieden sich freihändig für eine Strategie, die vor allem auf extrem hohe Subventionen für Investitionen setzte. Was wäre die Alternative gewesen? Bei der zu erwartenden hohen Arbeitslosigkeit hätte man vor allem daran denken können, nicht den Faktor Kapital, sondern den Faktor Arbeit zu subventionieren. Der Vorschlag hierzu wurde übrigens von einem Amerikaner in die deutsche Debatte eingebracht, dem späteren Nobelpreisträger George Akerlof.[3] Leider fand er im Jahr 1990 überhaupt kein Gehör. Was geschieht, wenn man den Einsatz von Kapital durch staatliche Subventionen massiv verbilligt? Es wird für die Unternehmen sehr attraktiv, so zu produzieren, dass möglichst viel Kapital und möglichst wenige Menschen eingesetzt werden. In seinem sehr informativen Buch „Kaltstart" hat das Ehepaar Sinn[4] im Einzelnen beschrieben, wie sehr die Investitionsentscheidungen in der ersten Phase der Einheit durch diese Art der Förderung verzerrt wurden: Selbst unrentable Projekte rechneten sich in Ostdeutschland, weil man dafür extrem hohe Subventionen und Steuererleichterungen erhielt. Im Ergebnis führte die staatliche Förderung des Faktors Kapital also dazu, dass Arbeit im Vergleich zu Maschineneinsatz erheblich verteuert wurde. In den Vorzeigeprojekten der Automobilindustrie in Eisenach oder Dresden findet man kaum noch Arbeiter.

---

3. George Akerlof (1990)
4. Gerlinde Sinn und Hans-Werner Sinn (1993)

Erschwerend kam hinzu, dass sich die Löhne in Ostdeutschland sehr schnell in Richtung des Westniveaus bewegten. Das lag nicht so sehr an dem im Frühjahr 1990 als relativ großzügig empfundenen Umtauschsatz von einer D-Mark für eine Mark der DDR. Wären die Ost-Löhne nach der Umstellung konstant geblieben, hätten sie nur rund ein Drittel der Löhne im West betragen. Das Problem bestand in der sehr raschen Anhebung der Ost-Löhne *nach* der Währungsumstellung: Die Arbeitskosten stiegen bereits 1992 auf 49% des West-Niveaus, im Jahr 1995 waren es schon 65%. Wie konnte das passieren? Normalerweise müsste man damit rechnen, dass sich die Arbeitgeber gegen eine derart überzogene Lohnpolitik zur Wehr setzen, da dies die Rendite und damit den Wert ihres Unternehmens gefährdet. Doch dieser Widerstand blieb aus, da es in Ost-Deutschland damals fast noch keine privatisierten Betriebe gab. Die Unternehmen wurden von Treuhand-Managern geleitet, die nur wenig Veranlassung sahen, sich auf einen Kampf mit den Gewerkschaften einzulassen, die sehr stark vom Westen gesteuert waren. Bei der Diskussion über die Lohnangleichung hielten sich damals auch West-Arbeitgeber eher zurück. Wie die West-Gewerkschaften hatten sie kein Interesse an einer Niedriglohn-Region im Osten, die den Unternehmern und Arbeitnehmern im Westen das Leben gleichermaßen schwer gemacht hätte. In dieser spezifischen Situation des Übergangs von der Planwirtschaft zum Markt wäre es sehr hilfreich gewesen, wenn der Staat vom Prinzip der Tarifautonomie abgewichen wäre und durch Lohnleitlinien für eine gedämpfte Anpassung der Löhne gesorgt hätte.

Wenn man sieht, dass selbst heute noch die Arbeitskosten in Polen, Ungarn und der Tschechischen Republik nur bei rund 15% des westdeutschen Niveaus liegen, muss man sich nicht wundern, dass ein großer Teil der alten ost-deutschen Produktionsanlagen nach der Vereinigung nicht mehr wettbewerbsfähig war. Insgesamt gingen so vom Arbeitskräftepotenzial der ehemaligen DDR von fast 10 Millionen Menschen in kurzer Zeit rund 3,5 Millionen Arbeitsplätze verloren. Wie das Schaubild 5.3 verdeutlicht, ist es seit 1992 nicht mehr gelungen, auch nur einen Teil dieses Verlustes wieder wett zu machen.

Die Problematik der einseitigen Investitionsförderung zeigt sich auch darin, dass es damit nicht möglich gewesen war, einen sich selbst tragenden Aufschwung zu schaffen. Der Aufholprozess kam genau dann zum Stillstand, als die Subventionen auszulaufen begannen. Im Ergebnis ist die ostdeutsche Wirtschaft auf absehbare Zeit von massiven West-Transfers abhängig.

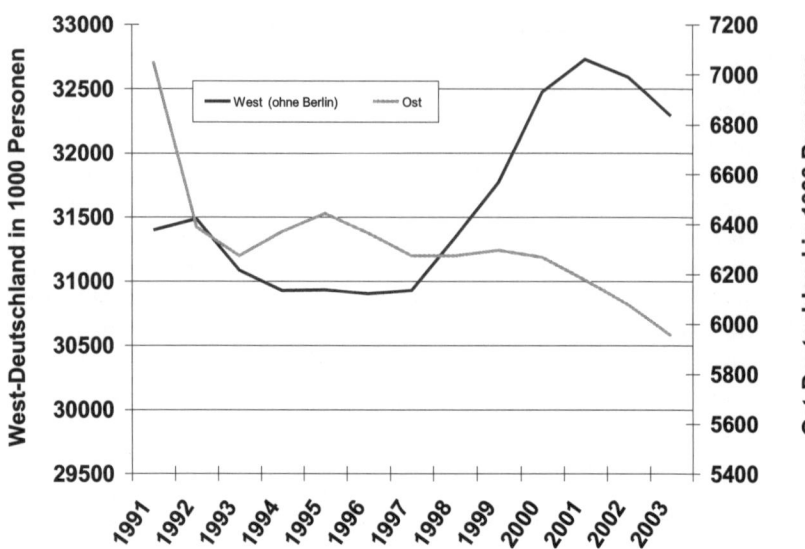

Schaubild 5.3: Erwerbstätige in West- und Ostdeutschland
Quelle: Volkswirtschaftliche Gesamtrechnung des Bundes und der Länder (www.vgrdl.de)

5.3   Wie kann der ostdeutschen Wirtschaft geholfen werden?

Wie schon erwähnt, findet man heute kaum noch wirtschaftspolitische Lösungsansätze, die sich speziell auf die ostdeutsche Wirtschaft beziehen. In der Regel werden Therapien vorgeschlagen, die auch für den Westen für erforderlich gehalten werden, allerdings in einer etwas höheren Dosierung.

So wird insbesondere eine massive Lohnsenkung als Lösung für den Osten angesehen. Doch während es unmittelbar nach der Einheit hilfreich gewesen wäre, die *bestehenden* Produktionslagen auf diese Weise noch wettbewerbsfähig zu halten, erscheint dieser Ansatz heute als nicht mehr zweckmäßig. Wie schon erwähnt, liegen die Lohnkosten *je Stunde* in den Neuen Bundesländern bei nur 62% des West-Niveaus. Zusammen mit der nach wie vor massiven staatlichen Investitionsförderung hätten dann die Niedriglohn-Länder des Ostens für neue Investitionen extrem attraktiv sein müssen. Doch auch bei den Ausrüstungsinvestitionen ist seit 1997 die Dynamik im Osten erheblich schwächer als im Westen.

Dieser Argumentation könnte man entgegen halten, dass die niedrigeren Löhne im Osten auch mit einer geringeren Produktivität einhergehen. In der Tat lag im Jahr 2003 die ostdeutsche Produktivität *je Erwerbstätigen* bei 72% des westdeutschen Niveaus, womit dies nicht ganz der Relation der Arbeitskosten *je Arbeitnehmer* von 77% entsprach. Allerdings gilt diese Produktivitätsrelation nur für bereits bestehende Produktionsanlagen. Für einen Investor, der vor der Frage steht, ob er eine neue Anlage im Osten oder im Westen erstellt, müsste die Produktivität der Arbeitnehmer im Prinzip identisch sein. Die geringe Investitionsdynamik der Neuen Länder dürfte daher weniger auf die Lohnhöhe als vielmehr auf Defizite in der Infrastruktur, eine teilweise ungünstige geografische Lage und wahrscheinlich auch eine immer geringere Verfügbarkeit von hoch qualifizierten Arbeitskräften zurückzuführen sein.

Auch das gängige Argument, die Gewerkschaften und das Instrument des Flächentarif-Vertrags seien eine wesentliche Ursache der Arbeitslosigkeit, kommt beim Ost-West-Vergleich völlig ins Schlingern. Firmenübergreifende Tarifverträge gibt es nämlich nur noch in 20% aller ostdeutschen Unternehmen, in denen 43% aller Beschäftigten tätig sind. In den alten Bundesländern halten sich immerhin noch 44% der Unternehmen, die 63% aller Arbeitnehmer beschäftigen, an einen Flächentarifvertrag. Die ständig geforderten Lohnabschlüsse auf betrieblicher Ebene sind somit im Osten schon weitgehend Realität geworden, ohne dass man die davon erhofften Beschäftigungseffekte erkennen kann.

Viele prominente Ökonomen sehen eine Lösung für die ostdeutschen Probleme in einer deutlichen Absenkung der Sozialhilfe für nicht arbeitswillige Sozialhilfeempfänger. Diese soll mit umfangreichen kommunalen Beschäftigungsgarantien verbunden werden. Aber woher sollen die ostdeutschen Kommunen über eine Million Arbeitsplätze aus dem Boden stampfen, ohne die etablierten Handwerks- und Dienstleistungsbetriebe aus dem Markt zu verdrängen? Das für diesen Lösungsansatz maßgebliche Konzept der „aktivierenden Sozialhilfe" wird in Kapitel 18 näher diskutiert.

Ein weiterer Lösungsansatz besteht darin, aus dem Osten eine „Sonderwirtschaftszone" zu machen, die vor allem durch weniger staatliche Regulierungen gekennzeichnet ist. So sieht es zum Beispiel Bundespräsident Köhler, als er gefragt wurde, was man tun müsse, damit Leute den Mut finden, in Greifswald oder Chemnitz etwas anzufangen:

> *„Als Erstes das Übermaß an Regulierungen, das Ostdeutschland praktisch übergestülpt wurde, signifikant zurückfahren." (Interview DIE ZEIT vom 18. März 2004).*

Als Elemente einer solche „Deregulierungsinitiative" werden u.a. Lockerungen im Baurecht, Arbeitsrecht und der Handwerksordnung vorgeschlagen.[5] Es mag sein, dass dies die Investitionsbereitschaft erhöht. Aber ähnlich wie bei der Forderung nach weiteren Lohnsenkungen muss man dabei die Gefahr erkennen, dass dadurch der Standort Ost-Deutschland für qualifizierte Arbeitnehmer immer mehr an Attraktivität verliert. Wer will schon freiwillig in verbauten Landschaften mit niedrigen Löhnen und einer schlechten sozialen Absicherung leben?

5.4   Was bringt die Agenda 2010 für Ostdeutschland?

Was bedeutet das für die Zukunft? Wenn nicht ein Wunder geschieht, wird sich an der kraftlosen Wirtschaftsentwicklung Ostdeutschlands in den nächsten Jahren nicht sehr viel ändern. Selbst im weltweiten Boomjahr 2000 stieg dort das Bruttoinlandsprodukt um gerade einmal 1,5%. In diesem Umfeld muss man schon ein sehr großer Optimist sein, wenn man glaubt, mit den Maßnahmen der Agenda 2010 zusätzliche Impulse für Investitionen und Beschäftigung schaffen zu können. Wenn ein Unternehmer heute in Ostdeutschland nicht investiert, obwohl die Arbeitskosten je Stunde nur 62% des Westniveaus betragen und er mit großzügigen Subventionen für seine Investitionen rechnen kann, ist es wenig wahrscheinlich, dass er seine Entscheidung revidiert, nur weil jetzt die Lohnnebenkosten für Deutschland insgesamt um 1 oder 2 Prozentpunkte gesenkt werden.

Relativ sicher ist jedoch, dass von allen Maßnahmen, mit denen die Leistungen für Arbeitslose reduziert werden, ein direkter negativer Effekt auf die gesamtwirtschaftliche Einkommens- und Nachfrageentwicklung ausgehen wird. Dies hat nachteilige Rückwirkungen auf den Einzelhandel und den Dienstleistungssektor. Es ist deshalb nicht verwunderlich, dass die Kürzungen der Leistungen für Langzeitarbeitslose, die sich durch das Arbeitslosengeld 2, d.h. aus der Zusammenlegung von Arbeitslosenhilfe und Sozialhilfe, ergeben, ebenso auf den Widerstand der ostdeutschen Länder stoßen wie die Pläne, die regulären Arbeitsmarktbeschaffungsmaßnahmen auslaufen zu lassen.

---

5.   Siehe dazu beispielsweise Sachverständigenrat, Jahresgutachten 2002/03, Tz. 392.

Am Beispiel der Neuen Länder lässt sich die Problematik der Hartz-Pläne, die in Kapitel 16 ausführlicher diskutiert werden, recht einfach verdeutlichen. Wenn 36 Arbeitslose auf eine offene Stelle kommen, kann man die Arbeitsverwaltung noch so effizient und die Zumutbarkeitsregeln für Arbeitslose so scharf gestalten wie man will, die Arbeitslosigkeit lässt sich auf diese Weise nicht reduzieren.

Insgesamt kann man daher der Bewertung der Hartz-Pläne durch den Staatssekretär des Ministeriums für Arbeit, Bau und Landesentwicklung in Mecklenburg-Vorpommern, Dr. Klaus Sühl nur zustimmen:

> *„Vom Gebrauchswert für den Osten ist es wie ein Eimer Streusand in der Wüste. Hartz steht für schnellere Vermittlung in den ersten Arbeitsmarkt. Ein guter Ansatz dort, wo Arbeitgeber händeringend Personal suchen. Ein Schuss in den Ofen dort, wo es nur Personal, aber keine Arbeitgeber gibt. In Mecklenburg-Vorpommern kommen auf einen dem Arbeitsamt gemeldeten freien Arbeitsplatz 22 Jobsucher. Statistisch. Wird die 21 leer ausgegangenen Arbeitsuchenden interessieren, wie schnell der 22ste den Job bekommen hat?"* [6]

---

6. Rede vom 5. Juli 2003. Internet: *www.am.mv-regierung.de/*

6

Sozialstaat: Das Opfer wird schuldig gesprochen

Wie ist nun der hohe Transferbedarf, der sich in den neunziger Jahren aus der deutschen Vereinigung ergab, finanziert worden? Zum einen wurde die Staatsverschuldung erheblich ausgeweitet. Die Relation der öffentlichen Verschuldung zum Bruttoinlandsprodukt, die im Jahr 1989 bei 40,9% lag, stieg bis 1998 auf 63,2%. Wir werden diese Problematik in Kapitel 12 noch ausführlicher diskutieren. Und wie wurde der gesamte Rest bezahlt? Eigentlich sollte man erwarten, dass eine allgemeine politische Aufgabe wie die Finanzierung der Einheit von allen Steuerzahlern gemeinsam geschultert wurde. Doch die Fakten bieten auch hier eine Überraschung. Die Steuerquote, d.h. die Relation der Steuern zum Bruttoinlandsprodukt blieb die neunziger Jahre hinweg nahezu konstant (Schaubild 6.1). Deutlich zugenommen hat jedoch die Sozialabgabenquote. Sie erhöhte sich von 15% im Jahr 1990 auf fast 18,5% im Jahr 1997. In der Zeit danach hat sich diese Quote etwas zurückgebildet, aber ihr Anstieg entspricht immer noch einer Erhöhung der Sozialabgaben um vier Beitragspunkte.

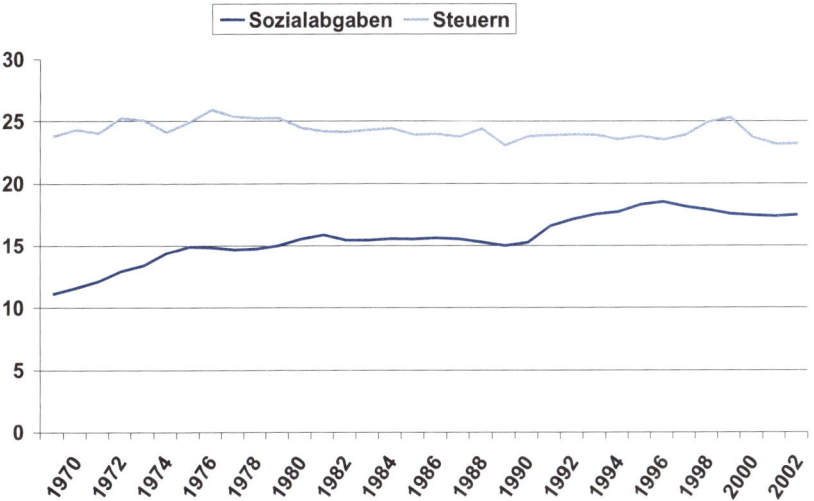

Schaubild 6.1: Steuerquote und Sozialabgabenquote von 1970 bis 2003 (in Prozent des Bruttoinlandsprodukts)
Quelle: Sachverständigenrat

6.1 Der bequeme Weg des Helmut Kohl

Wenn heute ständig über die viel zu hohen Lohnnebenkosten geklagt wird, dann liegt das also nicht daran, dass die Arbeitslosen immer fauler, die Menschen immer kränker und die Rentner immer älter geworden sind. Die Hauptursache ist in der Finanzierung der deutschen Einheit über die Sozialen Sicherungssysteme zu sehen. Die Kosten für die Kranken, die Arbeitslosen und die Rentner in Ost-Deutschland wurden einfach aus den Kassen dieser Systeme bezahlt, was entsprechende Anhebungen der Beitragssätze und der Beitragsbemessungsgrenzen erforderte. Während sich das durchschnittliche Bruttoeinkommen eines Angestellten im Westen von 1990 bis 2000 um 34% erhöhte, nahmen seine Beitragszahlungen für die Soziale Sicherung um 51% zu.

Diese Lösung war aus der Sicht von Helmut Kohl sicherlich bequemer als der Weg über höhere Steuern: Wenn die Auszahlungen der Sozialversicherungen steigen, müssen die Versicherungsträger zwangsläufig höhere Beiträge fordern. Anders als Steuererhöhungen bedarf es dazu aber keinerlei Beschlüsse durch Bundestag und Bundesrat. Unter dem Aspekt der Verteilungsgerechtigkeit war dieses Vorgehen jedoch alles andere als fair. Zur Finanzierung der Einheit wurden so allein die Bezieher von Arbeitseinkommen herangezogen. Aufgrund der Beitragsbemessungsgrenzen in den Sozialen Sicherungssystemen[1] wurden dabei Bezieher mit sehr hohen Arbeitseinkommen relativ gesehen weniger belastet als Arbeitnehmer mit Löhnen unterhalb der Bemessungsgrenze. Auf diese Weise wurden die Beiträge zur Sozialversicherung stillschweigend um eine verdeckte Form der Besteuerung ergänzt. Besonders perfide ist dabei, dass Arbeitnehmer auf den Teil ihrer Arbeitnehmerbeiträge, die für solche verdeckten Transfers verwendet werden, auch noch die volle Lohnsteuer zu bezahlen haben.

Nun sollte man wenigstens erwarten, dass die Beitragszahler für diesen Akt der Solidarität in der öffentlichen Diskussion entsprechend gelobt worden sind. Aber genau das Gegenteil ist der Fall. Die steigenden Beitragssätze werden von vielen Journalisten, „Experten" und Politikern als Beweis dafür gesehen, dass es den Arbeitnehmern an der notwendigen „Eigenverantwortung" fehle, und dass das System der Sozialen Sicherung nicht mehr finanzierbar sei. Niemand spricht davon, dass die Finanzierbarkeit relativ einfach wiederhergestellt werden könnte, wenn alle Ausgaben der Sozialen Sicherungssysteme, die – wie die Finanzierung der deutschen Einheit – rein politisch motiviert waren, voll aus Steuermitteln bezahlt würden.

---

1. Die Beitragsbemessungsgrenze bezeichnet den Einkommensbetrag, bis zu dem Sozialabgaben auf das Einkommen geleistet werden müssen. Derzeit liegt die Bemessungsgrenze in der Rentenversicherung und der Arbeitslosenversicherung bei 5.150 € in West-Deutschland und 4.350 € in Ost-Deutschland. Bei der Krankenversicherung liegt die Grenze bei 3.487,50 €.

6.2 Mangelnde Transparenz der Sozialen Sicherungssysteme

Dabei soll nicht verschwiegen werden, dass dieser Weg in der Rentenversicherung zumindest teilweise beschritten worden ist. Der Bund zahlt derzeit jedes Jahr einen aus Steuermitteln finanzierten Zuschuss an die Rentenversicherung von rund 76,3 Mrd. Euro. Wie in Kapitel 20 ausführlicher dargestellt wird, reicht das bei weitem nicht aus, um die nicht durch Betragseinnahmen gedeckten Leistungen zu finanzieren. Nach Berechnungen, die die Bundesregierung im August 2004 präsentierte, wären weitere 20 Mrd. Euro nötig, um das Rentensystem fair zu finanzieren.

Diese für die Beitragszahler enorm wichtigen Informationen waren über viele Jahre nicht verfügbar und sie sind auch heute nicht allgemein bekannt. In Anbetracht der Tatsache, dass ein Arbeitnehmer ein Fünftel seines Einkommens an die Rentenkasse abgeben muss, ist eine solche Intransparenz ausgesprochen problematisch. Sie sorgt zu Recht für eine geringe Glaubwürdigkeit des Systems.

Doch mit diesem Missbrauch der Sozialen Sicherungssysteme ist die Geschichte noch nicht zu Ende. Es gehört zu den fundamentalen Einsichten der Volkswirtschaftslehre, dass Märkte stets bestrebt sind, steuerliche Belastungen so weit wie möglich zu vermeiden. Und man weiß, dass die Menschen in der Regel ausgesprochen findig sind, wenn es darum geht, dafür Umgehungsmöglichkeiten zu entwickeln. Im Fall der steigenden Sozialabgaben war das Ausweichen besonders attraktiv. Die volle Abgabenbelastung entsteht in unseren Sozialen Versicherungssystemen nur, wenn man

a. **als abhängig Beschäftigter und**

b. **zugleich den ganzen Tag über tätig ist.**

Deshalb war in den neunziger Jahren die *Scheinselbstständigkeit* enorm beliebt. Dabei wurde ein traditionelles abhängiges Beschäftigungsverhältnis einfach in die rechtliche Form eines Werkvertrages umgewandelt, bei dem der bisherige Arbeitnehmer de jure zu einem Selbstständigen wurde. Jetzt war er von der Verpflichtung befreit, Beiträge für die Arbeitslosen-, Renten- und Krankenversicherung zu bezahlen. Durch private Versicherungen konnte er sich sehr viel billiger gegen diese Risiken absichern, da er dann nicht mehr der verdeckten Besteuerung unterlag, die durch die gesetzlichen Versicherungen vorgenommen wurde.

Während diese Ausweichmöglichkeit vom Markt selbst entwickelt wurde, fühlte sich auch der Staat bemüßigt, eine Alternative zu den von ihm hoch belasteten Vollzeitarbeitsplätzen zu bieten. Wer in den neunziger Jahren einen Vollzeit-Arbeitsplatz in mehrere 630 DM-Jobs aufteilte, musste nur noch eine pauschale Lohnsteuer von 20 % bezahlen, von den hohen Sozialabgaben war er völlig befreit. Wie das Schaubild 6.2 verdeutlicht, hat sich der Markt in den neunziger Jahren mit beiden Ausweichmöglichkeiten sehr gut beholfen.

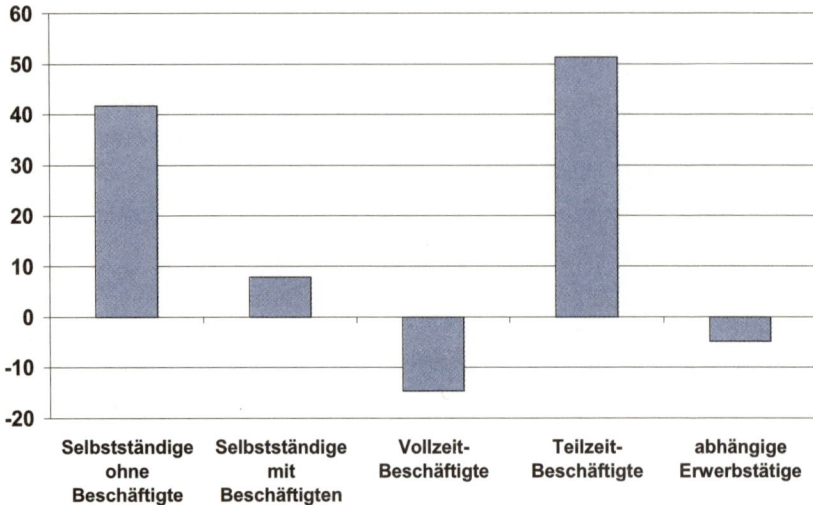

Schaubild 6.2: Veränderung ausgewählter Erwerbsformen von 1991 bis 2002 (in Prozent)
Quelle: Statistisches Bundesamt, Mikrozensus 2003

Während die Zahl der Vollzeit-Arbeitsplätze von 1991 bis 2002 um 15% gesunken ist, nahmen die von der Versicherungspflicht befreiten Teilzeit-Jobs um 51% zu. Das hohe Interesse an den Scheinselbstständigen zeigt sich daran, dass sich die Zahl der Selbstständigen ohne Beschäftigte um 42% erhöhte. Die verdeckte Besteuerung der unselbstständigen Vollzeit-Arbeitsplätze hatte im Ergebnis den nachteiligen Effekt, dass die Zahl der sozialversicherungspflichtigen Beschäftigten immer mehr schrumpfte (Schaubild 6.3), womit die Einnahmenbasis der Sozialen Sicherungssysteme erheblich geschmälert wurde. Dementsprechend mussten dann die Beitragssätze noch weiter angehoben werden.

Besonders ausgeprägt waren die Ausweicheffekte in den Neuen Bundesländern, wo eine regelrechte „Flucht aus der Sozialversicherung" zu erkennen ist.

Die erste rot-grüne Bundesregierung hat dieses Problem klar erkannt und sich auch bemüht, die Abwanderung in sozialversicherungsfreie Jobs zu stoppen.[2] So wurde für die Minijobs eine pauschale Kranken- und Renten-

---

2. In seiner ersten Rede als Bundesfinanzminister am 4. Mai 1999 sagte Hans Eichel: „Wer sich beim Thema der 630 DM-Verträge, nachdem die SPD immer wieder auf diesen Missstand hingewiesen hatte, zehn Jahre lang nicht bewegt hat und das zu einem großen Problem hat werden lassen, der hat nicht das geringste Recht zu sagen, dass wenn man sich eines so großen Problems annimmt, nicht auch einzelne Schwierigkeiten auftauchen können."

versicherungspflicht von 22% festgelegt, wodurch für diese Tätigkeiten ein zumindest teilweiser Beitrag an die Sozialversicherungen geleistet werden mussten. Jetzt unterlagen die Teilzeit-Jobs auch der Besteuerung, allerdings war eine Befreiung möglich, wenn der Arbeitnehmer keine weiteren eigenen Einkünfte hatte. Auch wurden die Kriterien für ein selbstständiges Beschäftigungsverhältnis enger gefasst, so dass viele Scheinselbstständige wieder in die Sozialversicherungen zurückgeführt wurden.

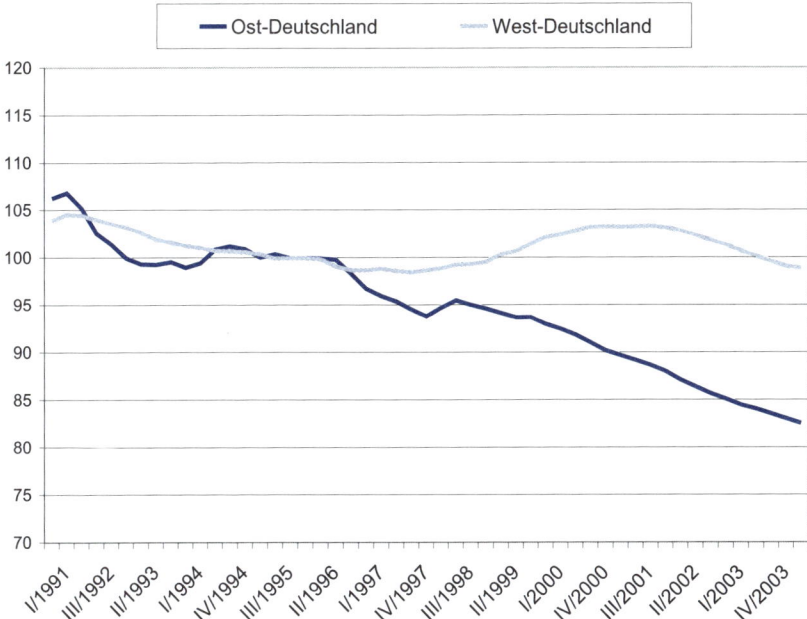

Schaubild 6.3: Sozialversicherungspflichtige Beschäftigte in Ost- und West-Deutschland (4. Quartal 1995 und 1. Quartal 1996 = 100)
Quelle: Bundesanstalt für Arbeit

Leider hat nun dieselbe Regierung im Jahr 2002 eine Hartz-Kommission berufen, der nichts Besseres einfiel, als die alte Kohl-Politik wieder zu neuem Leben zu erwecken. Jetzt kann jeder völlig steuerfrei einen Mini-Job annehmen, selbst wenn im Hauptberuf 100.000 Euro verdient werden. Die Einkommensgrenze wurde auf 400 Euro heraufgesetzt und die gesamte Freistellung bis zu diesem Betrag bleibt auch dann noch erhalten, wenn das Einkommen aus dem Mini-Job nicht über 800 Euro im Monat liegt.

Für einen Einzelhändler oder einen Gastwirt ist das eine feine Sache. Stellt er eine Vollzeitkraft ein, die 7,50 Euro netto in der Stunde verdient und 160 Stunden im Monat arbeiten soll, muss er ihr einen Bruttolohn von 1.908 Euro zahlen, was ihn zuzüglich zum Arbeitgeberbeitrag pro Monat 2.314 Euro kostet. Wenn sich der Arbeitgeber stattdessen für drei 400-Euro Kräfte entscheidet, kommt er mit 1.200 Euro einer pauschaler Abgabe von 25% (davon 11 % für Krankenversicherung, 12 % für die Rentenversicherung und 2 % für die Steuer), also insgesamt 1.500 Euro davon. Der Vollzeit-Arbeitsplatz kommt ihn also 54% teurer als dieselbe Tätigkeit, die auf drei Mini-Jobs aufgeteilt wird.

Es ist kein Wunder, dass diese Lösung auf großes Interesse stieß. Man stelle sich einmal vor, die Regierung würde auf die Idee kommen, dass für Schnapsflaschen mit einem Inhalt von 0,33 l nur noch die halbe Branntweinsteuer zu zahlen wäre. Natürlich würden die Kunden nur noch mit drei kleinen Flaschen aus dem Geschäft gehen und die großen Literflaschen würden in den Regalen stehen bleiben.

6.3   Ulla Schmidts scheinbare Erfolge

Und so konnte im Juli 2003 die neu gegründete Mini-Job-Zentrale schon nach kurzer Zeit die Schaffung von 930.000 zusätzlichen Mini-Jobs verkünden, was von Ulla Schmidt als großer Erfolg gefeiert wurde. Da jedoch die deutsche Wirtschaft in der gleichen Zeit nicht gewachsen, sondern sogar leicht geschrumpft ist, kann man sich leicht ausrechnen, dass die neuen Mini-Jobs zu Lasten von Vollzeit-Arbeitsplätzen geschaffen wurden. Dies zeigt sich vor allem daran, dass die Zahl der sozialversicherungspflichtigen Beschäftigten seit Anfang 2003 um eine Million zurückgegangen ist. Dieser Erosionsprozess ist die Hauptursache dafür, dass in den Sozialen Versicherungssystemen – trotz ständiger Sparversuche – immer wieder neue Finanzierungslöcher entstehen.

Die heutigen Reform-Bemühungen, die in Teil IV noch im Einzelnen dargestellt werden, sind so nichts anderes als der Wettlauf des Hasen mit dem Igel. Man kann natürlich immer wieder versuchen, die Sozialen Sicherungssysteme auf der Ausgabenseite zu beschränken, doch so lange die Zahl der Melk-Kühe immer weiter zurückgeht, wird all diesen Bemühungen kein Erfolg beschieden sein.

In Kapitel 20 werden wir uns ausführlich mit der Frage befassen, wie man ein Soziales Sicherungssystem so gestalten kann, damit es auf Dauer über eine stabile Einnahmenbasis verfügt.

6.4 Erst geschröpft und dann beschimpft

Im Ganzen wurden die Sozialen Sicherungssysteme seit 1990 also in doppelter Hinsicht misshandelt. Zuerst wurden sie für die Finanzierung der deutschen Einheit herangezogen, obwohl für eine solche gesamtstaatliche Aufgabe eindeutig das Steuersystem zuständig gewesen wäre. Zugleich wurde den daraus resultierenden Klagen der Arbeitgeber über zu hohe Lohnnebenkosten willig nachgegeben, indem man ihnen die Umgehungsmöglichkeiten der Mini-Jobs und der Scheinselbstständigkeit eröffnete. Dadurch ging die Zahl der Vollzeit-Versicherten weiter zurück, so dass man wieder höhere Betragssätze benötigte, was als Ausdruck einer überzogenen sozialen Sicherung interpretiert wurde. Im Laufe der Jahre ist so den Medien und der Politik ein demagogisches Meisterstück gelungen: Der in den neunziger Jahren von der Politik übel missbrauchte Sozialstaat wurde zum Schurken des Gaunerstücks erklärt: Auf der Anklagebank sitzen nicht die Politiker, die die Besserverdienenden nach 1990 vor Steuererhöhungen schützten, sondern die geschröpften Arbeitnehmer, denen ein Mangel an „Eigenverantwortung" vorgeworfen wird.

7

Das letzte Gefecht der Deutschen Bundesbank

In den achtziger Jahren war das Wirtschaftswachstum in der damaligen Bundesrepublik zwar nicht fulminant, aber mit durchschnittlich 2,3% lag es im Mittelfeld der westlichen Industrieländer. Dies sollte sich im Lauf der neunziger Jahre ändern.

7.1 Der Einigungsboom treibt die deutsche Inflationsrate nach oben

Zu Beginn des Jahrzehnts der deutschen Vereinigung sah es zunächst jedoch noch nicht nach mageren Jahren aus. Vielmehr hatten hohe staatliche Investitionen in den neuen Bundesländern und massive Subventionen für private Investoren noch einmal einen kräftigen Boom beschert. In den Jahren 1990 und 1991 stieg das reale Bruttoinlandsprodukt um durchschnittlich 5,4%. Dieser staatlich betriebene Nachfrageschub traf zusammen mit dem schon erwähnten Prozess der Lohnangleichung in Ostdeutschland. So kam es in den Neuen Bundesländern zeitweise zu zweistelligen Inflationsraten. In diesem Preisschub schlugen sich auch andere Anpassungsprozesse nieder, die im Übergang von einer Planwirtschaft zum Markt unvermeidlich sind. Viele in der DDR künstlich niedrig gehaltenen Preise mussten an das Weltmarktniveau angeglichen werden. In West-Deutschland blieb der Preisauftrieb mit rund 4% zwar deutlich geringer, gleichwohl sah die Bundesbank rot. In der Phase der Vereinigung erhöhte sie die von ihr gesteuerten kurzfristigen Zinsen so massiv, dass diese im Jahr 1992 fast 10% erreichten. Durch die geldpolitische Vollbremsung kühlte sich die Konjunktur rasch ab und im Jahr 1993 befand sich die deutsche Wirtschaft in der dritten großen Rezession der Nachkriegszeit. Die Arbeitslosenzahlen überschritten die Marke von 3 Millionen, so dass die Staatsdefizite jetzt auch noch von der schlechten Konjunktur nach oben getrieben wurden. Im Rückblick kann man sich fragen, ob es für die Frankfurter Währungshüter in Anbetracht der unvermeidlichen, aber zeitlich absehbaren Anpassungsprozesse in Ostdeutschland damals nicht sinnvoller gewesen wäre, mit der Zinskeule etwas behutsamer umzugehen.

7.2 Monetärer Nationalismus bremst Europa aus

Außer Zweifel steht heute jedoch, dass die Bundesbank in ihrer letzten Schlacht einem gefährlichen „monetären Nationalismus" gefolgt ist. Das von ihr angesteuerte extrem hohe Zinsniveau galt nicht nur in Deutschland, es wurde durch das damalige *Europäische Währungssystem* auch auf viele andere Länder Europas übertragen. Die Mitgliedsländer[1] dieses Vorläufers der heutigen Europäischen Währungsunion waren verpflichtet, den Wechselkurs ihrer Währung gegenüber der D-Mark stabil zu halten. Dies war nur möglich, wenn sie ihre Zinsen zumindest auf dem deutschen Niveau hielten.[2] Anders als Deutschland hatten diese Länder jedoch keinen Vereinigungs-Boom und waren deshalb im Jahr 1992 auch nicht mit dem Problem einer konjunkturellen Überhitzung konfrontiert. Die so auf unsere Nachbarländer übertragene Hochzinspolitik bremste dort die Konjunktur ohne Grund. Dies trieb ebenfalls die Arbeitslosenzahlen und die Staatsdefizite nach oben.

Wie problematisch diese Entwicklung war, kann man am damaligen Niveau der *Realzinsen* in Europa ablesen. Dieser Indikator wird häufig verwendet, um die Effekte der Geldpolitik zu beurteilen. Er wird errechnet, indem man vom Zinssatz die laufende Inflationsrate abzieht. Das Schaubild 7.1 zeigt, wie sehr die Realzinsen Anfang der neunziger Jahre in Europa nach oben getrieben wurden. Sie lagen dabei im Durchschnitt noch über dem deutschen Niveau, da viele Anleger damals mit einer Abwertung der anderen europäischen Währungen gegenüber der D-Mark rechneten. Deren Notenbanken konnten deshalb den festen Kurs zur Mark nur halten, wenn sie noch höhere Zinsen durchsetzten als in Deutschland.

Besonders interessant ist der Vergleich mit der Entwicklung in den Vereinigten Staaten. Dort war schon damals Alan Greenspan für den Kurs der amerikanischen Notenbank verantwortlich. Ähnlich wagemutig wie heute, senkte er die Realzinsen im Jahr 1994 auf nahezu Null. Dass es mit diesem geldpolitischen Schub in den USA mit voller Fahrt vorausging, während Europa sich in der gleichen Zeit auf allen Vieren dahinschleppte, ist eigentlich nicht überraschend. In der zweiten Hälfte der neunziger Jahre glichen sich die Realzinsen in den beiden Währungsräumen wieder einander an, jetzt mussten aber die europäischen Länder erst einmal die in den Jahren 1993 und 1994 entstandenen Defizite unter die 3%-Marke des Vertrags von Maastricht bringen (siehe dazu Kapitel 8), wodurch es erneut zu einer konjunkturellen Dämpfung kam.

---

1. Von 8. Oktober 1990 bis zum 17. September 1992 nahmen folgende Länder an diesem System teil: Belgien, Dänemark, Deutschland, Frankreich, Großbritannien, Irland, Italien, Luxemburg, Niederlande, Portugal (ab 6. April 1992) und Spanien.
2. Die Anleger müssen in einem System fester Wechselkurse bei allen Währungen in etwa die gleiche Rendite erzielen. Ist dies nicht der Fall, ziehen sie ihre Mittel aus dem Land mit den niedrigeren Zinsen ab, was zu einer Währungskrise führen kann.

Man braucht also keine Theorie der „new economy" und auch keinen Verweis auf eine flexiblere Wirtschaftsordnung, wenn man die sehr viel dynamischere Wirtschaftsentwicklung der Vereinigten Staaten in den neunziger Jahren erklären will. Die Vereinigten Staaten hatten schon in dieser Phase günstigere gesamtwirtschaftliche Bedingungen als die europäischen Länder, die sich in dieser Zeit erst der Zinsführerschaft der Bundesbank und dann den Qualifikationskriterien für die Mitgliedschaft in der Währungsunion unterwerfen mussten.

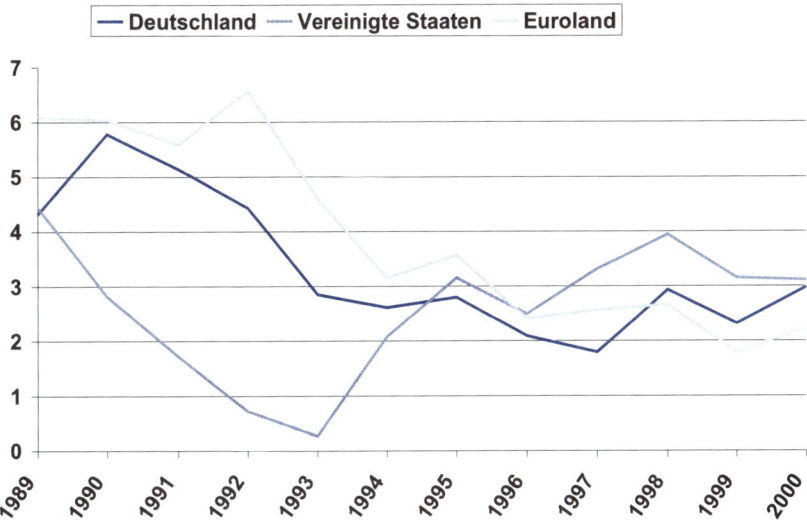

Schaubild 7.1: Realzinsen in Euroland, Deutschland und den Vereinigten Staaten
Quelle: OECD, Economic Outlook

7.3   Spekulative Attacken bringen das Europäische Währungssystem zu Fall

Dass die Hochzinspolitik des Jahre 1992 in Europa nicht auf Dauer gut gehen konnte, wurde sehr früh von den internationalen Spekulanten erkannt. Besonders aktiv engagierte sich damals der Milliardär George Soros am Devisenmarkt. Er war fest davon überzeugt, dass die britische Regierung schon bald aus dem Festkurssystem des EWS ausscheiden würde. Die britische Konjunktur verlief damals recht schleppend, und steigende Zinsen waren das Letzte was das Vereinigte Königreich zu dieser Zeit brauchen konnte.

Wie konnte man sich eine solche Situation als Spekulant zu Nutze machen? Wenn man fest davon überzeugt war, dass das Pfund Sterling gegenüber der

D-Mark abwerten würde, musste man in England einen kurzfristigen Pfund Sterling-Kredit z.B. über 1 Million £ aufnehmen. Die Pfund Sterling, die man auf diese Weise erhielt, konnte man am Devisenmarkt in D-Mark tauschen. Im August 1992 lag der Wechselkurs des Pfundes bei 2,81 D-Mark, man bekam also 2,81 Millionen D-Mark. Diesen Betrag legte man in Deutschland ebenfalls kurzfristig an. Jetzt musste man nur noch warten, bis es krachte. George Soros hatte Glück, das Pfund Sterling wurde am 14. September 1992 zunächst um 3,5% gegenüber der D-Mark abgewertet und am 17. September schied Großbritannien ganz aus dem Europäischen Währungssystem aus. Der Kurs des Pfundes zur D-Mark wurde jetzt ganz dem Markt überlassen, was zu einer Abwertung der britischen Währung auf 2,45 D-Mark führte. Jetzt war das Geschäft perfekt. Um die 1 Million Pfund zurückzuzahlen benötigte Georg Soros nur noch 2,45 Millionen D-Mark. Der Gewinn beläuft sich also auf 360.000 D-Mark in nur zwei Monaten. Streng genommen müsste man hierbei noch die Zinsen für den Kredit in Großbritannien und die D-Mark-Anlage in Deutschland berücksichtigen, aber das kann bei einer so kurzfristigen Betrachtung vernachlässigt werden.

Das große Problem einer solchen *„spekulativen Attacke"* liegt darin, dass sie ein starkes Element der Selbstverstärkung aufweist. Wenn viele Spekulanten wie Soros denken und sich in der gleichen Weise verhalten, kommt es am Devisenmarkt zunächst zu einem starken Druck auf die britische Währung: Alle wollen ihre Pfund-Beträge gegen D-Mark tauschen. Im Festkurssystem des EWS bedeutete dies, dass die Bank of England sich einer steigenden Nachfrage nach D-Mark-Beständen gegenübersah. Da sie jedoch nur über begrenzte D-Mark-Reserven verfügte, war allen Beteiligten klar, dass sie früher oder später das Handtuch werfen musste.

Im September 1992 kamen auf diese Weise auch die meisten anderen europäischen Währungen unter Druck. Die Kapitalzuflüsse nach Deutschland wurden bald so hoch, dass am 17. September auch die italienische Lira aus dem EWS ausscheiden musste, die spanische Peseta und der portugiesische Escudo wurden in den folgenden Monaten mehrmals kräftig abgewertet. Auch die Schwedenkrone, die sich einseitig an die D-Mark gebunden hatte, wurde wieder dem freien Spiel von Angebot und Nachfrage auf dem Devisenmarkt überlassen. Eine zweite große Spekulationswelle folgte im Juli 1993. Sie führte dazu, dass die Bandbreiten für Wechselkursschwankungen innerhalb des EWS von ± 2,25% auf ± 15% ausgeweitet wurden.

Für die deutsche Wirtschaft waren diese Aufwertungswellen der D-Mark fatal, zumal gleichzeitig auch noch der Dollar unter Abwertungsdruck stand. In der Phase von 1992 bis 1995 erhöhte sich so das Kostenniveau Deutschlands gegenüber dem Rest der Welt um rund 13%. Dies war vor allem für die neuen Bundesländer schwer zu verdauen, die – wie in Kapitel 4 dargestellt – ohnehin schon mit stark steigenden Lohnkosten zu kämpfen hatten.

Zu den wenigen Ökonomen, die damals diese Problematik erkannten, zählte der ehemalige Bundeskanzler Helmut Schmidt. In einem viel beachteten offenen Brief, der als Anhang zu diesem Kapitel im vollen Wortlaut nachzulesen ist, schrieb er am 8. November 1996 an den damaligen Bundesbankpräsidenten Hans Tietmeyer:

> *„Sie reden gern von der Deutschen Mark als von ‚der Ankerwährung'. Tatsächlich hat die Bundesbank durch ihre relative Hochzinspolitik den Wechselkurs der Mark stetig aufgewertet, sie ist sogar noch stolz auf diese Instabilität unserer ‚harten' Außenwährung. Tatsächlich beruht aber der im Vergleich zur Weltwirtschaft starke Anstieg der deutschen Lohnkosten zur größeren Hälfte auf der fast unglaublichen Aufwertung der Mark gegenüber den Währungen fast aller unserer Konkurrenten auf den Weltmärkten. Die von einigen deutschen Industriemanagern vom Zaun gebrochene Standortdebatte – einzigartig in Europa! – hat ihren wichtigsten Grund in der singulären D-Mark-Aufwertung, die ganze Branchen der deutschen Industrie hat verschwinden lassen."* [3]

Diese Kritik ist völlig berechtigt, denn die Bundesbank verhielt sich bei allen Turbulenzen am Devisenmarkt völlig ungerührt – wahrscheinlich war sie sogar stolz über die Stärke ihrer Währung.[4] Sie tat jedenfalls im September 1992 und Juli 1993 nichts, um den unter Abwertungsdruck stehenden Partnerländern wirklich zu helfen. Im Gegenteil, ein Handelsblatt-Interview mit dem damaligen Präsidenten Helmut Schlesinger brachte dass britische Pfund erst richtig ins Rutschen. Schlesinger hatte am 15. September 1992 – unmittelbar nach einer Aufwertung der D-Mark um 3,5% gegenüber allen anderen Teilnehmerwährungen – nicht Besseres zu tun, als in der Öffentlichkeit zu verkünden, dass die Probleme durch die bisherigen Maßnahmen „natürlich nicht endgültig gelöst" seien. Und er stellte dabei fest, dass man die Lage im EWS hätte stärker entspannen können, wenn es zu einer umfassenderen Änderung der Wechselkurse gekommen wäre. Das war der Todesstoß für das Pfund Sterling, das unter dem steigenden Druck der Spekulation am 17. September für immer aus dem EWS ausschied.

Am Ende der schon sehr früh eingeleiteten Hochzinspolitik war die Inflation (oder das, was die Bundesbank dafür gehalten hatte) in Deutschland wieder unter Kontrolle. Aber der Preis hierfür war immens. Die Wirtschaft in ganz Europa lag darnieder und litt an hoher Arbeitslosigkeit und erheblichen Defizitproblemen. Die deutsche Wirtschaft hatte sich zudem ein erhebliches Problem mit ihrer Wettbewerbsfähigkeit eingefangen.

---

3. Helmut Schmidt (1996), siehe Anhang
4. In der deutschen Öffentlichkeit wurde die Aufwertung jedenfalls als ein positives Ereignis bewertet. So stand im SPIEGEL vom 21. September 1992: „Die deutsche Währung ging aus dem Gemetzel an den Devisenmärkten als Sieger hervor. Die ARD-Tagesthemen meldeten stolz: ‚Die D-Mark hat sich durchgesetzt.'

7.4 Schmerzliche Korrektur durch zurückhaltende Lohnpolitik

Damit wurde der zweite Akt des Dramas eingeleitet. Durch die Aufwertung der D-Mark wurde das deutsche Kostenniveau im internationalen Vergleich deutlich angehoben. Wie die Tabelle 7.1 verdeutlicht, waren die wechselkursbedingten Veränderungen gegenüber einigen wichtigen Handelspartnern ungewöhnlich hoch.

Tabelle 7.1

Lohnkosten ausgewählter Länder in Prozent der Lohnkosten von Westdeutschland
Quelle: Institut der Deutschen Wirtschaft

	1991	1995	Differenz
Italien	82,92	59,58	-23,33
Kanada	77,96	55,15	-22,81
Finnland	95,17	77,45	-17,72
Schweden	97,51	80,60	-16,91
Norwegen	95,06	82,38	-12,68
Großbritannien	61,38	49,46	-11,92
Spanien	64,49	52,69	-11,80
USA	68,47	57,98	-10,50
Irland	56,17	49,02	-7,15
Niederlande	82,24	78,34	-3,90
Frankreich	69,71	66,66	-3,05
Luxemburg	76,01	73,10	-2,91
Belgien	88,69	86,40	-2,29
Schweiz	96,57	94,43	-2,14
Dänemark	85,07	83,82	-1,25
Portugal	22,12	21,88	-0,24
Griechenland	30,37	30,65	0,27
Japan	66,66	69,89	3,23
Österreich	75,12	78,52	3,40

Deutschland hatte sich so in der Tat ein „*Standortproblem*" eingehandelt. Dies war besonders problematisch, da die stark abgewerteten Währungsrelationen gegenüber Italien, Finnland, und Spanien als Basis für den Einstieg dieser Währungen in den Europäische Währungsunion herangezogen und somit von 1999 auf Dauer festgeschrieben wurden.

Unter dem Eindruck einer in Ost- und West-Deutschland deutlich steigenden Arbeitslosigkeit waren die Gewerkschaften deshalb in den Folgejahren zu einer moderaten Lohnpolitik bereit. Wie die Tabelle 7.2 verdeutlicht, erhielten die Arbeitnehmer bei den Tarifverträgen im Durchschnitt der Jahre von 1994 bis 1997 nicht einmal einen Ausgleich für die Inflationsrate; einen Zuschlag für die immerhin um rund 1,7% jährlich steigende Produktivität gab es erst recht nicht.

Tabelle 7.2

Lohnentwicklung und Produktivität von 1994 bis 2002
Quelle: Institut der deutschen Wirtschaft, Deutschland in Zahlen 2004

Zeitraum	Bruttolöhne und -gehälter	Nettolöhne und -gehälter (nominal)	Inflationsrate	Nettolöhne und -gehälter (real)	Lohnstückkosten (Stundenbasis)	Produktivität je Erwerbstätigen
1994-1997	1,7	-0,1	1,9	-2,0	0,5	1,7
1998-2003	1,5	1,7	1,2	0,5	0,7	1,5

Bei dieser sehr zurückhaltenden Lohnpolitik stellte sich nun aber das in Kapitel 6 angesprochene Problem der weitgehenden Finanzierung der deutschen Einheit durch steigende Sozialabgaben. Und so mussten die Arbeitnehmer in dieser Phase einen Rückgang des Nettolohns um noch 0,1% pro Jahr hinnehmen. Zieht man davon noch die Inflation von 1,9% pro Jahr ab, ergibt sich über vier Jahre hinweg ein jährliches Minus beim Netto-Reallohn von zwei Prozent. Insgesamt ist also die Kaufkraft der Arbeitnehmer um über 8% geschrumpft. Wenn es in diesen Jahren trotzdem zu einem jährlichen Anstieg des privaten Verbrauchs von 1,2% gekommen ist, liegt dies zum einen daran, dass in dieser Zeit viele Sparschweine geschlachtet wurden: Die Sparquote der privaten Haushalte sank von 12,3% im Jahr 1993 auf 10,4% im Jahr 1999. Zum anderen wurden mit den Sozialabgaben vor allem steigende Leistungen an Arbeitslose finanziert, die ebenfalls den Verbrauch stützten.

In den Folgejahren erhielten die Arbeitnehmer brutto immerhin wieder einen Ausgleich für die Inflationsrate. Am Produktivitätsanstieg von immerhin 1,5% pro Jahr wurden sie jedoch nur partiell beteiligt. Durch die Steuerreform 2000/01 gab es jedoch erstmals eine Entlastung, so dass die Nettolöhne jetzt stärker zunahmen als die Bruttolöhne. Nach Abzug der Inflationsrate blieb ein kleines Plus erhalten. Doch nach dem Börsen-Crash nahm die Sparneigung zu, die Sparquote stieg von 9,8% im Jahr 2000 auf 10,8% im Jahr 2003, so dass es von dieser Seite jetzt nicht mehr zu einer Entlastung, sondern einer Belastung des Konsums kam. Im Ganzen entwickelte sich deshalb der private Verbrauch in der Phase 1998-2003 mit einer Zuwachsrate von 1,3% ähnlich undynamisch wie in der Periode von 1994-1997.

7.5   Ohne Moos – nix los

Und so blieb der private Verbrauch, der in Deutschland fast 60% des Bruttoinlandsprodukts ausmacht, über fast ein Jahrzehnt ohne jeden Schwung. Dass es in einer solchen Situation auch für die Unternehmen wenig reizvoll erschien, ihre Kapazitäten zu erweitern, ist kein Wunder. Wie stark der Einfluss des privaten Konsums auf die Investitionstätigkeit großer Volkswirtschaften ist, wird durch das Schaubild 7.2 verdeutlicht, das die durchschnittlichen Wachstumsraten beider Größen im Zeitraum 1999 bis 2003 für die G7-Länder abbildet.

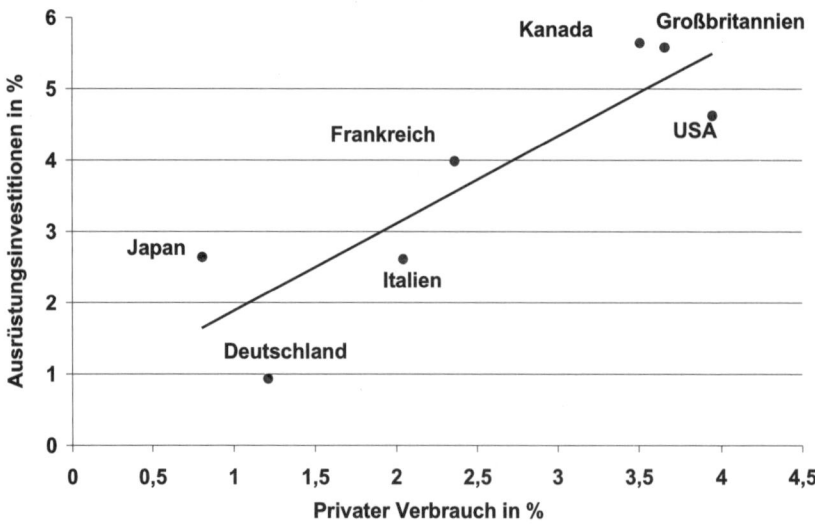

Schaubild 7.2: Durchschnittliche jährliche Veränderungsraten des Privaten Verbrauchs und der Ausrüstungsinvestitionen von 1999 bis 2003 (in konstanten Preisen)
Quelle: OECD, Economic Outlook

Zusätzlich gedrückt wurde die wirtschaftliche Situation durch die im Zuge des ostdeutschen – und teilweise auch westdeutschen – Immobilienbooms in der ersten Hälfte der neunziger Jahre entstandenen Überkapazitäten. Einen weiteren Dämpfer erhielt die Binnenkonjunktur durch die Bemühungen von Theo Waigel mit einer restriktiv angelegten Fiskalpolitik die magische 3%-Grenze des Vertrages von Maastricht noch rechtzeitig vor der Euro-Einführung zu erreichen.

Im Ganzen bildete sich damit ein Konjunkturmuster heraus, das bis heute unsere Wirtschaftsentwicklung bestimmt: Deutschland hängt ganz am Tropf der Weltkonjunktur. Geht es dort aufwärts, wird auch unsere Ökonomie nach oben getragen, doch sobald diese Impulse nachlassen, ist es mit der Dynamik auch schon wieder vorbei. Einen sich selbst tragenden Aufschwung kann und wird es ohne eine stärkere Binnennachfrage nicht geben.

7.6   Anhang: Offener Brief von Helmut Schmidt an den Präsidenten der Deutschen Bundesbank Helmut Tietmeyer

7.6.1   Die Bundesbank – kein Staat im Staate

Sehr geehrter Herr Tietmeyer!

Im Frühjahr dieses Jahres haben Sie mir einen Brief geschrieben (in der ZEIT vom 26. April veröffentlicht), in welchem Sie feststellten, Sie seien kein Gegner der Europäischen Währungsunion, sondern ein nachhaltiger Befürworter. Sie fügten jedoch hinzu, wesentlich einschränkend: „. . . wobei ich allerdings die Schaffung eines tragfähigen ökonomischen und politischen Fundamentes für unerlässlich halte." Deshalb habe ich Ihnen geantwortet: „Ich werde Sie auch weiterhin als den wichtigsten Gegner der Währungsunion ansehen – was übrigens in meinen Augen nicht ehrenrührig ist, wohl aber von einem Mangel an strategischer Einsicht zeugt."

Inzwischen haben Sie in öffentlichen Reden – zweimal habe ich Ihnen zugehört – und in Interviews viele Male Ihre oben zitierte Einschränkung nicht nur unterstrichen, sondern noch zugespitzt. Offenbar halten Sie weder die heute vorhandenen politischen Fundamente für ausreichend noch die im Maastrichter Vertrag festgelegten ökonomischen Fundamente.

Sie pochen auf „strikte Einhaltung" der fünf im Maastrichter Vertrag enthaltenen Maßstäbe, an denen die ökonomische Eignung eines Staates gemessen werden soll, sich an der zukünftigen gemeinsamen Währung zu beteiligen. Den durch den Maastrichter Vertrag neu in den EG-Vertrag eingefügten

Artikel 104c und den darin enthaltenen weitgehenden Entscheidungsspielraum des Europäischen Rates – jenseits aller Kriterien – verschweigen Sie dagegen regelmäßig. Vielmehr erwecken Sie penetrant den unzutreffenden Eindruck, als ob die in den Protokollen zum Maastrichter Vertrag enthaltenen Kriterien absolut bindend seien.

Tatsächlich steht aber seit Maastricht im EG-Vertrag: Erfüllt ein Mitgliedsstaat „keines oder nur eines dieser Kriterien, so sollen alle sonstigen einschlägigen Faktoren berücksichtigt werden, einschließlich der mittelfristigen Wirtschafts- und Haushaltslage des Mitgliedsstaates".

Außerdem haben Sie öffentlich wiederholt zum Ausdruck gebracht, ohne eine noch nicht hergestellte politische Union Europas bliebe die gemeinsame Währung in ihrer Funktionstüchtigkeit gefährdet. Der deutsche Zuhörer und Leser hat Ihre Bemerkungen und die gleichgerichteten Einlassungen einiger Ihrer Kollegen in der Bundesbank dahin verstehen müssen, dass es Ihnen unter den heutigen Umständen lieber wäre, die gemeinsame Eurowährung käme nicht zustande. Wie positiv Ihre theoretische Vorstellung vom europäischen Integrationsprozess auch sein mag – Ihre tatsächliche Wirkung auf die deutsche öffentliche Meinung ist negativ.

Ihre Wirkung im europäischen Ausland liegt auf anderer Ebene. Weil Sie in den ausländischen Zeitungen deutlich häufiger und deutlicher akzentuiert vorkommen als zum Beispiel Außenminister Kinkel, gewinnt man in Frankreich, Italien, England und anderswo den Eindruck, Sie seien der Herr des europäischen Verfahrens. Und die Insistenz und Penetranz Ihrer Reden machen nicht nur Sie selbst unbeliebt – was Sie ertragen können –, sondern machen auch Deutschland insgesamt unbeliebt – was wir nicht verdient haben und nur schlecht ertragen können. Vielen unserer Nachbarn erscheint das von Ihnen vertretene Deutschland als herrschsüchtig und als zu mächtig.

Wenn die Eurowährung zum 1. Januar 1999 nicht zustande käme, so käme sie wahrscheinlich nie mehr zustande; denn inzwischen würden überall erhebliche Teile der Völker gegen die dem Maastrichter Vertrag und den Deutschen angelasteten Haushaltskürzungen aufbegehren. Die schwerste Krise des europäischen Integrationsprozesses – möglicherweise sein Ende! – wäre die Folge. Und Deutschland stünde isoliert da – genau das Gegenteil jener Einbettung, die von Adenauer bis Kohl alle Bundeskanzler als überragendes strategisches Ziel verfolgt haben, im vitalen deutschen Interesse!

Sehr geehrter Herr Tietmeyer, Sie haben sich auch früher schon bisweilen ökonomisch und politisch geirrt. Irren ist menschlich; niemand, der keine Irrtümer begangen hätte. Immerhin sollten drei Ihrer Irrtümer Sie zur Überprüfung Ihrer Positionen anregen:

Erstens: Sie haben 1982 das so genannte Lambsdorff-Papier entworfen, das den Zweck hatte, über eine zugespitzte ökonomische Kontroverse innerhalb der regierenden Koalition diese zu beenden und die CDU/CSU an die Regierung zu bringen. Tatsächlich ist seither die öffentliche Gesamtverschuldung auf das Vierfache gestiegen, die Steuer- und Abgabenlast ist höher als jemals, vor allem hat die Arbeitslosigkeit ein unerhörtes Maß erreicht – lediglich die Inflationsrate ist geringer als 1982, als sie infolge der beiden Opec-Ölpreisexplosionen vorübergehend höher war. Müssten Sie nicht zugeben, dass Ihre und Lambsdorffs Erwartungen keineswegs eingetroffen sind?

Zweitens: Sie trugen im Frühjahr 1990 als persönlicher Berater des Kanzlers für Fragen der Wirtschafts- und Währungsgemeinschaft mit der DDR hohe Mitverantwortung für schwere Fehler und utopische Versprechungen. Müssten Sie nicht heute zugeben, dass die mehr als hundertprozentige Aufwertung der Mark Ost eine der Hauptursachen für den Zusammenbruch der alten DDR-Industrie war? Oder dass das Versprechen, keinerlei Steuererhöhungen würden nötig werden, bodenloser Unfug war? Und ebenso die Verheißungen „blühender Landschaften" und westdeutscher Löhne im Osten binnen vier Jahren?

Drittens: Sie waren führend beteiligt an den Zinserhöhungen der Bundesbank, die nach 1990 den Geldmengenstoß wieder einfangen sollten. Sie waren beteiligt an der regelwidrigen Verweigerung einer dadurch notwendig gewordenen Anhebung der D-Mark-Wechselkurse innerhalb des Europäischen Währungssystems (EWS), an dessen totaler Verwässerung, indem die zulässigen Bandbreiten für Wechselkursschwankungen auf das mehr als Sechsfache erweitert wurden. Damit waren Sie zugleich beteiligt daran, dass dem Maastrichter Kriterium „Einhaltung der normalen Bandbreiten des EWS", gerade erst beschlossen, die Grundlage entzogen wurde. Müssen Sie nicht heute zugeben, dass damit der Ecu de facto abgeschafft wurde, welcher an den Finanzmärkten der Welt gut eingeführt und für die Währungsunion hervorragend geeignet war? Ein böser Fehler!

Die Bundesbank, deren Direktorium Sie seit Anfang 1990 zugehören, hat die Formulierung der Maastrichter Konvergenzkriterien stark beeinflusst. Aber weder die Bundesbank noch das Finanzministerium hat jemals öffentlich begründet, warum die Gesamtschuld eines Teilnehmerstaates nicht höher sein soll als sechzig Prozent seines laufenden Sozialproduktes. Wieso funktioniert denn aber bereits seit den frühen zwanziger Jahren die Währungsunion zwischen Belgien und Luxemburg, und wieso ist der Wechselkurs des belgischen Franc relativ stabil gegenüber der Welt, obschon Belgiens Gesamtverschuldung heute bei dem Doppelten und diejenige Luxemburgs bei nur einem Zehntel des Kriteriums liegen?

Ebenso ist das andere schuldenrelevante Kriterium ökonomisch nicht begründet, nach dem die jährliche Kreditaufnahme eines Teilnehmerstaates nicht höher sein soll als drei Prozent seines Sozialproduktes. Wenn ein Staatsvolk viel spart, dann kann der Staat durchaus höhere Kredite aufnehmen, ohne damit die Finanzierung privatwirtschaftlicher Investitionen zu behindern; wenn aber ein Volk wenig oder gar überhaupt nichts spart, dann sind drei Prozent als Grenze für staatliche Kreditaufnahme viel zu hoch! Die amerikanische private Sparquote liegt bei vier Prozent, die deutsche bei elf Prozent, die japanische bei über sechzehn Prozent – trotzdem könnte sogar Japan heute wegen des Drei-Prozent-Kriteriums theoretisch nicht als Teilnehmerstaat für den Euro in Betracht kommen. Das Drei-Prozent-Kriterium kann bei guter Konjunktur leicht unterschritten werden, in einer Rezession dagegen liegt die Schwelle zu hoch. Die Flexibilität des Artikels 104c ist also notwendig.

Nun will Finanzminister Waigel durch einen „Stabilitätspakt" zwischen den Teilnehmerstaaten noch auf den Maastrichter Vertrag draufsatteln und quasi die Konvergenzkriterien verewigen, und zwar mit der Androhung von Geldstrafen für Staaten, welche die Kriterien überschreiten. Deutsche Großmannssucht! Unsere europäischen Partner sind über Waigels Druck schon heute verärgert, aber Sie selber geben öffentlich zu erkennen, dass Ihnen Waigel noch keineswegs weit genug geht.

Ich will einräumen: Auch mir scheint ein hohes Maß an Gleichlauf („Konvergenz") der Volkswirtschaften der Teilnehmerstaaten wünschenswert. Aber für die Funktionstüchtigkeit des Euro ist die Konvergenz keineswegs nötig. Weil die Europäische Zentralbank keiner Regierung Kredite geben darf, so wird eine sich fiskalisch nonkonvergent verhaltende Regierung am Markt höhere Zinsen als andere anbieten müssen, um ihre Schuldscheine und Anleihen unterzubringen – so what? Ist dies nicht Strafe und Abschreckung genug? Als Bismarck 1875 die Mark an die Stelle der mehreren deutschen Duodezwährungen setzte, hat keiner vorher Konvergenz verlangt – mit Recht. Tatsächlich gab es keine Konvergenz der öffentlichen Schuldaufnahmen der deutschen Staaten, auch keine Konvergenz der allgemeinen Lebensverhältnisse etwa zwischen Westpreußen und Hamburg oder Ostfriesland und Sachsen. Auch in unserer Zeit gilt die Mark zugleich im reichen Stuttgarter Raum und im armen Vorpommern. Und der gleiche Yen gilt im armen Okinawa wie im reichen Tokio, der gleiche Dollar gilt im armen Staate Arkansas wie im reichen Staate Kalifornien. Notabene: Für die Solidität einer Währung und der ihr zugrunde liegenden Geldpolitik ist es unerheblich, dass die Währung für Arme und Reiche zugleich gilt, für arme und reiche Unternehmen und Regionen zugleich. Voraussetzung ist allein, dass die Geldpolitik in erfahrenen, ideologiefreien Händen liegt, frei von Interessengruppen und von politischen Weisungen. Aber genau diese Voraussetzung garantiert doch der Maastrichter Vertrag.

Tatsächlich gibt es von Frankreich bis Finnland und von Österreich bis Holland oder Irland heute weitgehende wirtschaftliche Konvergenz, ob wir auf die

Inflationsraten, auf die reale Höhe der Zinsen blicken oder auf die allgemeine Misere der Arbeitslosigkeit und der sozialen Sicherungssysteme. Eine der wichtigen Ausnahmen ist die traurige Tatsache, dass zurzeit ausgerechnet das wohlhabende Deutschland auf Nettokapitalimporte aus dem Ausland angewiesen ist.

Sie reden gern von der Deutschen Mark als von „der Ankerwährung". Tatsächlich hat die Bundesbank durch ihre relative Hochzinspolitik den Wechselkurs der Mark stetig aufgewertet, sie ist sogar noch stolz auf diese Instabilität unserer „harten" Außenwährung. Tatsächlich beruht aber der im Vergleich zur Weltwirtschaft starke Anstieg der deutschen Lohnkosten zur größeren Hälfte auf der fast unglaublichen Aufwertung der Mark gegenüber den Währungen fast aller unserer Konkurrenten auf den Weltmärkten. Die von einigen deutschen Industriemanagern vom Zaun gebrochene Standortdebatte – einzigartig in Europa! hat ihren wichtigsten Grund in der singulären D-Mark-Aufwertung, die ganze Branchen der deutschen Industrie hat verschwinden lassen.

Wenn der Euro nicht käme, so wäre eine zusätzliche erhebliche Aufwertung der Mark die alsbaldige zwangsläufige Folge – und damit ein zusätzlicher Verlust an deutschen Arbeitsplätzen. Denn unsere Exporte würden für das Ausland abermals teurer; und zugleich würden billigere Importe weitere in Deutschland gefertigte Produkte aus dem Felde schlagen, von den Autos bis zur Elektronik.

Die Bundesbank hat seit Maastricht viele unserer europäischen Partnerstaaten unter Druck gesetzt, ihrer Ideologie zu folgen. Dabei nehmen Sie – und ebenso Finanzminister Waigel – in Kauf, dass dessen verkrampfter Einspar-Aktionismus im Publikum dem Maastrichter Vertrag zur Last gelegt und dieser und der Euro deshalb von manchen Leuten abgelehnt werden.

Die Bundesbank ist nach Paragraph 12 des Bundesbankgesetzes „verpflichtet ..., die allgemeine Wirtschaftspolitik der Bundesregierung zu unterstützen". Sie könnten einwenden, angesichts des monatelangen Bonner Tohuwabohus um Steuern, Haushalts- und Sozialkürzungen sei eine allgemeine Wirtschaftspolitik nicht zu erkennen. Aber die Bundesbank ist kein Staat im Staate; zumindest ist sie verpflichtet, die Erfüllung des Maastrichter Vertrages zu unterstützen, den die Bundesregierung geschlossen und den der Bundestag in allen seinen Teilen ratifiziert hat.

Sie dagegen verlangen zwar Vertragserfüllung, aber nur zu Ihren eigenen zusätzlichen Bedingungen. Die unzulässigen Kompetenzüberschreitungen des Verfassungsgerichtes im Maastricht-Urteil 1993 und die jüngsten, von ökonomischem Sachverstand kaum getrübten Drohungen des Verfassungsrichters Kirchhof sind dabei Ihre dubiosen Verbündeten. Aber einstweilen gilt in Deutschland noch das Stabilitäts- und Wachstumsgesetz! Einstweilen ist gemäß dessen Paragraph 1 ein „hoher Beschäftigungsstand" gesetzliches Ziel jeder Bundesregierung.

Unsere Wirtschaft und ihre Unternehmen können allein durch staatliche Haushalts- und Sozialkürzungen nicht gesunden (ich rede hier noch gar nicht von sozialer Gerechtigkeit!), sondern es bedarf dringend der Deregulierung, also der Aufhebung und Vereinfachung von 2.000 Gesetzen des Bundes plus 3.000 Rechtsverordnungen, insgesamt 85.000 Paragraphen. Dabei sind die Normen der EU, der Bundesländer und der Lohntarifparteien noch nicht mitgezählt.

Vor allem bedarf es ganz dringend der Vertiefung und des entschlossenen Ausbaus unserer natur- und medizinwissenschaftlichen Grundlagenforschung und unserer technologischen Forschung und Entwicklung, damit wir in Zukunft Produkte auf den Weltmarkt bringen, die in den Billiglohnländern einstweilen noch nicht hergestellt werden können. Zu diesen für unsere Beschäftigung mittelfristig entscheidenden Themen habe ich von Ihnen bisher nichts gelesen – obwohl die Bundesbank sich in jedem Monatsbericht über alle möglichen anderen Themen auslässt, bis hin zur jüngsten Forderung, die öffentlichen Transfers in die neuen Bundesländer zu kürzen.

Wenn Sie, verehrter Herr Tietmeyer, ausschließlich auf die „Sicherung der Währung" pochen, wie der Text von Paragraph 1 des Bundesbankgesetzes sagt, so dürfen Sie dabei nicht allein die Binnenwährung im Auge haben, sondern Sie müssen ebenso an die Stabilität unserer Außenwährung denken. Sollte es bei Ihrer monomanen, allein auf den Binnenwert der Währung abstellenden Ideologie bleiben, würden wir zugleich mit der fortschreitenden Globalisierung eine weitere Aufwertung, weitere Verluste unserer Wettbewerbsfähigkeit und Arbeitsplätze erleben – unsere Arbeitsplätze würden beschleunigt nach Osteuropa und nach Asien verlagert werden. Sind Sie sich darüber im Klaren? Hat uns 1930/31/32 nicht schon einmal eine Leitung der Reichsbank, Ihrer Vorgängerin, wegen monomaner deflationistischer Ideologie ins Unglück massenhafter Arbeitslosigkeit gestürzt, mit grauenhaften politischen Folgen?

Ich gehe davon aus, dass die Europäische Zentralbank, anders als Sie, sehr geehrter Herr Tietmeyer, die Außenstabilität des Euro genauso ernst nehmen wird wie seine Binnenstabilität. Dies wäre eine Wohltat für unsere Industrie und unsere Arbeitnehmer. Der Euro wird erstmalig den bisher fälschlich so genannten „gemeinsamen" Markt tatsächlich herstellen. Die Kosten des Transfers von einer Währung in eine andere fallen weg (sie betragen bis heute innerhalb der EU jährlich rund dreißig Milliarden Mark). Erstmalig würden die Preise in Europa für das breiteste Publikum transparent und unmittelbar vergleichbar. Dazu käme mittelfristig der größte ökonomische Vorteil: Mit dem Euro würde endlich ein Gegengewicht gegen den US-Dollar und gegen die egoistische Währungspolitik in Washington geschaffen, ein Gegengewicht auch gegenüber dem japanischen Yen und gegenüber dem schnell an Gewicht gewinnenden Yuan des 1.200-Millionenstaates China.

Aber der wichtigste Vorteil: Der Euro ist der heute fällige Fortschritt auf dem Wege, den wir seit 1950 mit dem Schuman-Plan beschritten haben. Wenn er getan ist, so werden später die Schritte zur gemeinsamen Außen- und Sicherheitspolitik der EU folgen. Wenn jedoch Sie den Euro zu Fall bringen könnten, so würden Sie den Integrationsprozess abschneiden. Bundeskanzler Kohl hat hierzu gesagt: „Und hier bringe ich meine volle und politische Existenz ein."

Zwar halte ich nicht viel von Kohls ökonomischem Wirrwarr; aber mit seiner Europapolitik bin ich zufrieden. Offenbar ist er gemeinsam mit Jacques Chirac fest entschlossen, von den Spielräumen des Maastrichter Vertrages Gebrauch zu machen und Deutschland wie Frankreich fest aneinander zu binden und in die EU einzubetten. Richtig so! Wenn aber Sie, verehrter Herr Tietmeyer, mit Ihrer Verweigerungspolitik Herrn Kohl einen Strich durch seine strategische Rechnung machen würden, so würde nicht nur Kohl seine einzige ihn für die Zukunft legitimierende Aufgabe verlieren, sondern Deutschland geriete abermals auf einen Sonderweg; unsere Nachbarn würden uns beargwöhnen – und sich gegen unsere Macht untereinander verbinden.

Es ist nicht angenehm, wenn einer vom De-facto-Währungskönig herabgestuft werden soll zum Filialdirektor der Europäischen Zentralbank. Die Wirkung Ihrer Argumente läuft darauf hinaus, solches zu verhindern. Ihre Wirkung im Ausland weckt tiefes Unbehagen. Ihre Wirkung im Inland steigert die hypochondrischen deutschen Ängste vor jeder Innovation. Ihre Ziele mögen positiv proeuropäisch sein, Ihre Wirkungen dagegen sind negativ.

Ich grüße Sie, Herr Bundesbankpräsident, in der Ihnen nach wie vor zukommenden Hochachtung – allerdings gilt diese nur Ihrer Person, nicht Ihrer Politik.

© Helmut Schmidt: Die Bundesbank – Kein Staat im Staate, DIE ZEIT Ausgabe Nr.46 vom 8. November 1996

8

Der Stabilitäts- und Wachstumspakt: Unsere selbst geschneiderte Zwangsjacke

Wenn wir heute ganz selbstverständlich den Euro als unsere Währung benutzen, dürfen wir nicht vergessen, dass zu Beginn der neunziger Jahre kaum jemand an die baldige Verwirklichung des gemeinsamen europäischen Geldes geglaubt hatte. Noch am 12. Januar 1996 schrieb DIE ZEIT ein Porträt über den Autor dieser Zeilen. Es trug die Überschrift: „Peter Bofinger befürwortet als einer der letzten Professoren in Deutschland die europäische Einheitswährung" und es begann mit dem Satz:

> *„Peter Bofinger gehört zu dem schrumpfenden Häuflein deutscher Ökonomen, die noch tapfer die Fahne der Europäischen Währungsunion hochhalten – angesichts der zahlenmäßigen Übermacht von Maastrichtgegnern und -skeptikern innerhalb der Zunft ein ebenso mühsames wie frustrierendes Unterfangen."*

8.1   Wie die Währungsunion verhindert werden sollte

Vor allem die Bundesbank war von der Idee einer Europäischen Zentralbank wenig begeistert. Ihre Führungsspitze sah klar voraus, was das für diese Institution bedeuten würde: Eine Degradierung der mächtigsten Zentralbank in Europa zu einer Regional-Notenbank, die im Grunde nur noch die Weisungen der Europäischen Zentralbank auszuführen hat. Gesucht waren daher Mittel und Wege, wie das Ganze noch zu verhindern wäre. Ein zentrales Element einer solchen Verhinderungsstrategie waren die so genannten „*Konvergenzkriterien*", die 1991 im Vertrag von Maastricht für die Teilnahme an der Währungsunion gefordert wurden. Besonders prominent waren dabei die Kriterien für die Fiskalpolitik:

- ■ Zum einen sollte die jährliche *Neuverschuldung* eines Landes, d.h. sein Defizit, bezogen auf das nominale Bruttoinlandsprodukt nicht über einen Wert von 3% hinausgehen;

- ■ zum andern sollte der *Schuldenstand* – wiederum in Relation zum Bruttoinlandsprodukt gesetzt – ein Niveau von 60% nicht überschreiten.

Wie sind die Autoren des Vertrags von Maastricht auf diese Grenzwerte gekommen, die auch heute noch eine so große Rolle in der wirtschaftspolitischen Diskussion spielen? Haben sie dafür umfassende wissenschaftliche Ausarbeitungen eingeholt, in den diese Werte exakt hergeleitet wurden? Weit gefehlt. Die Wirtschaftswissenschaft weiß heute leider trotz unzähliger Modelle und statistischer Berechnungen nahezu überhaupt nichts darüber, wie hoch der optimale Schuldenstand eines Landes sein soll. Dementsprechend tappen die Ökonomen auch im Dunkeln, wenn sie Aussagen darüber treffen sollen, ab welcher Schwelle das Defizit eines Landes gefährlich wird. So blieb den Politikern im Jahr 1991 nichts anderes übrig, als eine sehr pragmatische Lösung für die Grenzwerte des Vertrags von Maastricht zu wählen.

Für den Schuldenstand nahmen sie ganz einfach den Durchschnitt aller EU-Länder im Jahr 1990, der bei exakt 60,2% lag. Bis heute weiß niemand, ob die damals geltende Relation zu hoch, zu niedrig oder vielleicht genau richtig war. Und wie kam man auf die 3%-Grenze? Der Ausgangspunkt hierfür ist der 60%-Schwellenwert für den Schuldenstand. Die Verfasser des Vertrags von Maastricht ließen sich dabei von der Idee leiten, dass die Neuverschuldung maximal so hoch ausfallen dürfte, dass ein Schuldenstand in Höhe von 60% des Bruttoinlandsprodukts über die Zeit hinweg konstant gehalten werden kann. Dazu mussten sie eine Annahme über das zu erwartende durchschnittliche Wachstum des nominellen Bruttoinlandsprodukts treffen, das ja im Nenner der Relation von Schuldenstand zum nominellen Bruttoinlandsprodukt steht. Auch hier kam eine sehr einfache Daumenregel zur Anwendung. Man nahm einfach die durchschnittliche reale Wachstumsrate der EU-Länder im Jahr 1990, die bei 3% lag, und addierte dazu eine angestrebte Inflationsrate von 2% dazu. Das macht dann eine Wachstumsrate des nominellen Bruttoinlandsprodukts von 5%.

Jetzt hat man alle Zutaten, um das Defizit errechnen zu können, bei dem die Relation des Schuldenstands zum Bruttoinlandsprodukt konstant bei 60% bleiben soll. Bei diesem Referenzwert handelt es sich um einen Bruch:

$$\text{Referenzwert} = \frac{\text{Schuldenstand}}{\text{nominelles Bruttoinlandsprodukt}}$$

Da nun der Nenner – annahmegemäß – jedes Jahr um 5% wächst, kann im Zähler auch der Schuldenstand zunehmen, ohne dass der Referenzwert steigen muss. Wenn der Schuldenstand gerade 60% des Bruttoinlandsprodukts ausmacht, ergibt dies einen vertretbaren Wert für die Neuverschuldung von genau 3% des Bruttoinlandsprodukts.

Zur Verdeutlichung rechnen wir diese Zusammenhänge mit einem einfachen Zahlenbeispiel nach: Nehmen wir an, ein Land habe in einem Jahr 1 Schulden in Höhe von 60 Euro, sein nominelles Bruttoinlandsprodukt betrage 100 Euro. Also liegt der Schuldenstand bezogen auf das Bruttoinlandsprodukt genau bei 60%.

Jahr 1: Schuldenstand = 60/100 = 60%

Jetzt wächst das Bruttoinlandsprodukt um 5% und liege im Jahr 2 bei 105. Die in diesem Jahr neu aufgenommene Verschuldung betrage 3 Euro oder 3% des Bruttoinlandsprodukts. Der Schuldenstand steigt somit auf 63 Euro, womit die Relation zum Bruttoinlandsprodukt unverändert bei 60% bleibt:

Jahr 2 : Schuldenstand = 63/105 = 60%.

So banal wurden also die Werte bestimmt, die bis heute von vielen Politikern wie eine Monstranz hochgehalten werden. Einem Pharmahersteller würde die Zulassung für ein neues Medikament verweigert werden, wenn er dessen Dosierung ähnlich simpel hergeleitet hätte, wie dies im Jahr 1991 für die zentralen Eckpunkte der Fiskalpolitik in den Ländern der Währungsunion geschehen ist.

Aber wahrscheinlich hatten manche der Autoren des Vertrags von Maastricht gehofft, dass die Werte prohibitiv genug wären, um die Währungsunion von vornherein zu verhindern. Wie das Schaubild 8.1 verdeutlicht, waren mit Italien und Belgien zwei Gründungsmitglieder der Europäischen Gemeinschaft so hoffnungslos weit von der 60%-Linie entfernt, dass ihre Mitgliedschaft aus der Perspektive des Jahres 1991 kaum als wahrscheinlich gelten konnte. Und ohne diese beiden Länder wäre dann die Europäische Währungsunion als Ganzes politisch nur noch schwer zu verwirklichen gewesen.

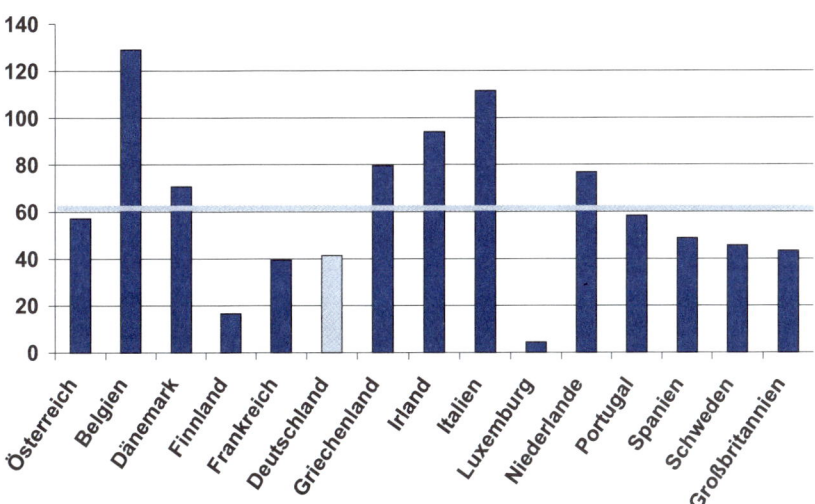

Schaubild 8.1: Schuldenstand in Prozent des nominellen Bruttoinlandsprodukts im Jahr 1990
Quelle: OECD, Economic Outlook

8.2 Der Stabilitäts- und Wachstumspakt – ein Kind der deutschen Angst vor dem Euro

Damit hätte man eigentlich glauben sollen, dass für eine Währungsunion ausreichend stabile finanzpolitische Leitplanken geschaffen worden seien. Doch weit gefehlt. Je näher man in den neunziger Jahren an den geplanten Starttermin der Währungsunion rückte, desto mehr geriet die deutsche Öffentlichkeit in Panik. Fast täglich konnten die Bürgerinnen und Bürger in den Jahren 1996/97 hören, sehen oder lesen, dass der Euro eine inflationäre Währung werden würde. Als Hauptgefahr wurden Länder wie Italien und Spanien gesehen, bei denen es angeblich an einer „Stabilitätskultur" deutscher Prägung fehle.[1] Deshalb sei zu erwarten, dass dort eine zu lasche Haushaltspolitik betrieben würde, was den Euro zu einer Weichwährung verkommen lasse. „Experten", wie z.B. der als Vorstandsvorsitzender der Hessischen Landesbank gescheiterte Wilhelm Hankel, durften damals auf allen Kanälen diese Ängste in der Bevölkerung schüren. Aber auch viele meiner Fachkollegen trugen zu dieser – im Rückblick völlig verfehlten – Verunsicherung bei. So schrieben prominente deutsche Wirtschaftswissenschaftler in einem Memorandum vom 11. Juni 1992:

> *„Die Europäische Zentralbank wird – trotz weitgehender Unabhängigkeit – Preisstabilität in Europa nicht durchsetzen, weil es für sie aufgrund unterschiedlicher Interessen der nationalen Entscheidungsträger keinen genügend starken Anreiz gibt, dies zu wollen."* [2]

Die Währungsunion konnte das alles – Gott sei Dank – nicht verhindern. Hierin liegt ein großes historisches Verdienst von Helmut Kohl, der damals den Mut hatte, sich gegen diese mächtige Strömung zu stellen. Dafür musste jedoch als politischer Preis der Stabilitäts- und Wachstumspakt gezahlt werden.

Was ist so schlimm an diesem Pakt? Wie schon erwähnt, sollte ja bereits der Vertrag von Maastricht mit seiner 3%-Grenze für das Defizit und der 60%-Grenze für den Schuldenstand einen Stabilitätsorientierten Kurs der nationalen Finanzpolitiken gewährleisten. Doch das erschien den deutschen Stabilitätswächtern 1996 nicht strikt genug. So sieht Artikel 104 des EG-Vertrags vor, dass der Grenzwert von 3% überschritten werden kann, wenn der Schuldenstand nur „ausnahmsweise oder vorübergehend" darüber liegt oder aber in der „Nähe" von 3% bleibt. Diese Flexibilität galt es nun aus der Welt zu schaffen. Damals hätte die deutsche Seite am liebsten ein Regelwerk gehabt, bei dem es ganz automatisch zu Sanktionen kommt, sobald ein Land die 3%-Grenze über-

---

1. Wie wenig fundiert diese Behauptungen waren, habe ich 1998 in meinem Buch zur „Stabilitätskultur in Europa" ausführlich diskutiert (Peter Bofinger 1998).
2. Memorandum vom 11. Juni 1992, abgedruckt in Peter Bofinger et al. (1993)

schreitet. Dank der Weitsicht unserer europäischen Nachbarn wurde es nicht ganz so schlimm, aber es kam mit dem Pakt zu einer deutlichen Verschiebung der „Richtgeschwindigkeit" für die Fiskalpolitik.

Da der Stabilitäts- und Wachstumspakt auf jeden Fall verhindern will, dass ein Land ein Defizit von mehr als 3% aufweist[3] und es im Konjunkturverlauf zwangsläufig auch zu Schwankungen der Neuverschuldung kommt, wurden die Länder jetzt verpflichtet, mittelfristig einen *ausgeglichenen Haushalt* (oder sogar einen leichten Überschuss) aufzuweisen. Diese Leitlinie ist aus zwei Gründen problematisch:

■ **Zum einen führt eine solche Politik dazu, dass der Schuldenstand bezogen auf das Bruttoinlandsprodukt auf längere Sicht gegen Null tendiert: Während der Zähler konstant bleibt, steigt der Nenner mit der Wachstumsrate des Bruttoinlandsprodukts. Diese Ausrichtung ist erheblich restriktiver als die Bestimmungen des Vertrags von Maastricht, der mittelfristig einen Schuldenstand von 60% bezogen auf das Bruttoinlandsprodukt anstrebte.**

■ **Zum anderen werden für Länder, die keinen ausgeglichenen Haushalt aufweisen können, „Stabilitätsprogramme" vereinbart, die sie beinahe jeglichen Spielraums in der Finanzpolitik berauben.**

Damit diese ehrgeizige finanzpolitische Leitplanke auch hält, wurde ein komplexer Sanktionsmechanismus vereinbart, mit dem die im Vertrag von Maastricht vorgesehenen Verfahren ebenfalls verschärft wurden. Die im EG-Vertrag für Defizitländer noch vorgesehene Flexibilität wurde so erheblich reduziert. Wer hätte gedacht, dass sich Deutschland als erstes Land in dieser willkürlich geschneiderten Zwangsjacke befinden würde?

Der frühere Bundeskanzler Helmut Schmidt gehört wiederum zu den wenigen Ökonomen, die die Problematik des Paktes schon 1996 klar erkannten. In dem in Kapitel 7 bereits zitierten offenen Brief an den damaligen Bundesbankpräsidenten Hans Tietmeyer wies er darauf hin, dass die Kriterien ökonomisch nicht begründet seien und ahnte weise voraus, was heute mit den Händen zu greifen ist:

„Das Drei-Prozent-Kriterium kann bei guter Konjunktur leicht unterschritten werden, in einer Rezession dagegen liegt die Schwelle zu hoch." Und er mahnte: „Nun will Finanzminister Waigel durch einen ‚Stabilitätspakt' zwischen den Teilnehmerstaaten noch auf den Maastrichter Vertrag draufsatteln und quasi die Konvergenzkriterien verewigen, und zwar mit der Androhung von Geldstrafen, für Staaten, welche die Kriterien überschreiten. Deutsche Großmannssucht!"

---

3. Die einzige Ausnahme ist eine schwere Rezession, die als ein Rückgang des realen Bruttoinlandsprodukts von mehr als 2% definiert wurde.

8.3 „Pädagogik ohne Logik"

„Als Pädagogik ohne Logik" bezeichnete Hans Eichel in einem Artikel für die Frankfurter Allgemeine am 17. November 2003 den Pakt. Und damit hat er völlig Recht. Der größte Schwachpunkt besteht darin, dass der Pakt von der falschen Annahme ausgeht, dass es in der Währungsunion einen Zusammenhang zwischen der Staatsverschuldung und der Inflationsrate gebe. In der schwülstigen Sprache der Brüsseler Bürokraten liest sich das wie folgt: „Der Europäische Rat unterstreicht die Bedeutung der Gewährleistung gesunder Staatsfinanzen als Mittel zur Verbesserung der Voraussetzungen für Preisstabilität."[4] Doch schon in den neunziger Jahren hätte man leicht erkennen können, dass Länder mit einem hohen Schuldenstand nicht unbedingt eine hohe Inflationsrate haben. So war in Belgien bei einem Schuldenstand von über 100% die Geldentwertung traditionell gering, während Spanien mit einem relativ niedrigen Schuldenstand Anfang der neunziger Jahre noch eine recht hohe Inflationsrate aufwies.

Nun weiß man aber doch aus der Geschichte, dass alle großen Inflationen durch eine hohe Staatsverschuldung ausgelöst wurden. Das stimmt uneingeschränkt, aber man muss dabei berücksichtigen, dass dies nur möglich war, weil sich die Regierungen uneingeschränkt bei ihrer nationalen Notenbank verschulden konnten. Der Staat ließ also die Notenpresse anwerfen und trieb so die Inflation immer mehr nach oben. Doch genau das ist den Mitgliedsländern der Europäischen Währungsunion nicht möglich. In Artikel 104 des EG-Vertrages wird jede Form einer Staatsfinanzierung durch die Europäische Zentralbank strikt untersagt. Wenn die Staaten also Geld benötigen, müssen sie es sich – wie jeder Privatmann – von den Banken oder von anderen privaten Investoren am Markt beschaffen. Eine Inflation über die Notenpresse kann es beim Euro also nicht geben.

Wie unsinnig der Pakt ist, zeigt sich besonders deutlich an der deutschen Finanzpolitik. Das Defizit liegt seit 2002 deutlich über der 3%-Grenze, aber die deutsche Inflationsrate ist die niedrigste im ganzen Euroraum. Und wenn es so schon zu einer anhaltenden Stagnation in Deutschland gekommen ist, wäre es da sinnvoll gewesen, dass der Staat noch stärker spart, nur um einen völlig willkürlich gesetzten Referenzwert einzuhalten? Wir werden darauf in Kapitel 21 noch ausführlicher eingehen.

Besonders problematisch ist die fiskalische Zwangsjacke unter den besonderen Verhältnissen einer *Währungsunion*. Die Europäische Zentralbank kann für alle 12 Mitgliedsländer nur einen einheitlichen Zinssatz festlegen.

---

4. Entschließung/Entschluss des Rates über den Stabilitäts- und Wachstumspakt, Amsterdam, den 17. Juni 1997. Teil I.

Sie muss sich in ihrer Geldpolitik am Durchschnitt ausrichten. Eine solche Politik ist natürlich umso problematischer, je divergenter die Wirtschaftlage in den Mitgliedsländern ausfällt. Man stelle sich zwei Badewannen vor, in der einen betrage die Temperatur 60 Grad, in der anderen liege sie bei 8 Grad. Im Durchschnitt gibt das behagliche 34 Grad, aber für die Menschen, die jeweils in den beiden Wannen sitzen müssen ist das kein großer Trost. In der Währungsunion ist dieses Phänomen – Gott sei Dank – bisher noch nicht so massiv aufgetreten. Doch wenn man die Inflationsrate in Deutschland und im Rest der Währungsunion betrachtet, kann man eine solche Problematik durchaus erkennen. Schaubild 8.2 zeigt, dass die deutsche Inflationsrate seit etwa zwei Jahren um rund 1,5 Prozentpunkte unter dem Durchschnitt der übrigen Mitgliedsländer liegt. Bei einem für alle Länder identischen nominellen Zinssatz ist dann der für die Wirtschaftsentwicklung relevante *Realzins* (siehe dazu Kapitel 7) in Deutschland entsprechend höher. Damit führt die Währungsunion tendenziell dazu, dass ein Land mit einer besonders schwachen binnenwirtschaftlichen Entwicklung zinspolitisch schlechter gestellt ist als die dynamischeren Regionen. Aus diesem Grund benötigen die nationalen Regierungen in einer Währungsunion mehr fiskalische Flexibilität als unter den Verhältnissen mit einer nationalstaatlichen Geldpolitik.

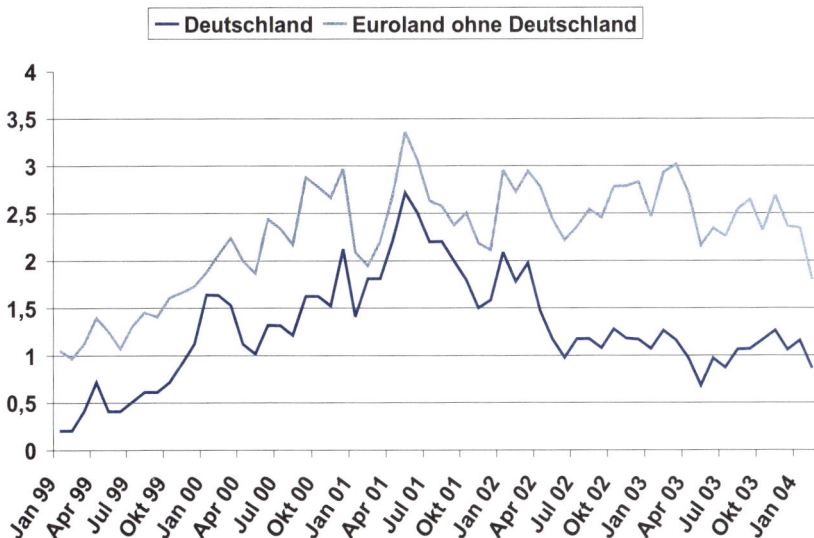

Schaubild 8.2: Inflationsrate in Deutschland und im Durchschnitt der übrigen Teilnehmerländer der Währungsunion
Quelle: Deutsche Bundesbank und Europäische Zentralbank

Für die deutsche Wachstumsschwäche war die 3%-Grenze aber auch schon vor dem Start der Währungsunion verantwortlich gewesen, da sie den damaligen Finanzminister Theo Waigel in den Jahren 1997 und 1998 zu einem massiven Bremskurs zwang. Es wäre mehr als peinlich gewesen, wenn der Lehrmeister Deutschland bei der Qualifikationsprüfung für die Währungsunion im Frühjahr 1998 an dieser Grenze gescheitert wäre. Und so wurden von 1995 bis 1998 die öffentlichen Investitionen um 13% reduziert, bei Bund, Ländern und Gemeinden verloren über 300.000 Beschäftigte ihren Arbeitsplatz. Umso erstaunlicher ist es, dass dann Hans Eichel 1999 nichts Besseres einfiel, als noch mehr zu sparen. Dazu mehr in Kapitel 11.

Im Ganzen betrachtet stellt der Stabilitäts- und Wachstumspakt eine der größten wirtschaftspolitischen Hypotheken der neunziger Jahre dar. Ohne Not wurde so der Handlungsspielraum der nationalen Fiskalpolitiken eingeschränkt, der unter den besonderen Bedingungen einer Währungsunion besonders wichtig gewesen wäre. Außerhalb Deutschlands wäre im Jahr 1996 niemand auf die Idee gekommen, die im Vertrag von Maastricht vorgesehene Flexibilität durch die Bestimmungen des Stabilitäts- und Wachstumspaktes auszutreiben. So gesehen kann man es unseren Partnerländern nicht ganz verdenken, wenn sie mit einer gewissen Schadenfreude zusehen, wie wir heute in unserer selbst geschneiderten Zwangsjacke stecken.

9

Der kurze Winter des Oskar Lafontaine und seine anhaltenden Auswirkungen auf die deutsche Wirtschaftspolitik

Nach 16 Jahren Regierungszeit wurde Helmut Kohl im Herbst 1998 von den deutschen Wählerinnen und Wählern in den Ruhestand geschickt. Eine rot-grüne Regierung kam an die Macht, die – je nach eigener Einstellung – große Hoffnungen auf eine neue Ära weckte oder aber massive Ängste vor noch mehr staatlichem Interventionismus schürte.

Die umstrittenste Figur der neuen Führungsriege war Oskar Lafontaine, der damals gleichzeitig als SPD-Vorsitzender und als Superminister für Finanzen fungierte. Es gelang ihm, in kürzester Zeit in die Schusslinie der Medien im Inland wie im Ausland zu geraten. Besonders prominent wurde er in Großbritannien, wo ihn die Boulevard-Zeitung SUN zum „most dangerous man in Europe" ernannte.

9.1 Oskar im konjunkturellen Zwischentief

Als Oskar Lafontaine am 11. März 1999 abrupt und ohne jede Erklärung von beiden Ämtern zurücktrat, hatte seine Amtszeit als Finanzminister gerade einmal 134 Tage betragen. Im Rückblick betrachtet, hatte Lafontaine zunächst einmal großes Pech gehabt. Er begann seine neue Tätigkeit in einem globalen konjunkturellen Zwischentief, das vor allem auf die Schockwellen der Währungskrisen in Asien im Jahr 1997 und in Russland im August 1998 zurückzuführen war. In Deutschland geriet so der Rückgang der Arbeitslosigkeit, der noch gegen Ende von Helmut Kohls Regierungszeit eingesetzt hatte, im Winter 1998/99 wieder ins Stocken. In der Industrie ging die Produktion zurück und die Auftragseingänge brachen ein. Auch das vom ifo-Institut ermittelte Geschäftsklima trübte sich merklich ein. Die Zuwachsraten des realen Bruttoinlandsprodukts gingen deutlich zurück (Schaubild 9.1). All das trug erheblich zu der negativen Gesamtstimmung bei, die sich in Deutschland wie auch im Ausland gegen den neuen Superminister aufbaute.

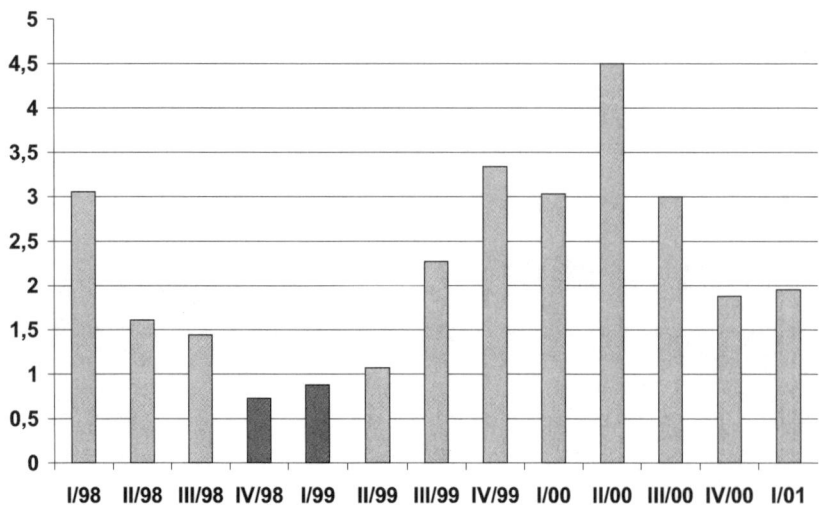

Schaubild 9.1: Oskars Zwischentief (Veränderungen des realen Bruttoinlandsprodukts in Prozent gegenüber dem Vorjahr)
Quelle: Deutsche Bundesbank

Doch kaum war Oskar Lafontaine wieder ins heimatliche Saarland zurück-kehrt, drehte sich die Konjunktur weltweit. Die Ölpreise erreichten einen Tiefstand von unter 10 $ je Fass. Der Börsenboom nahm wieder Fahrt auf, so dass auch in Deutschland die Auftriebskräfte wieder die Oberhand erlangten. Im Ergebnis konnte sich im Jahr 2000 die kräftigste konjunkturelle Dynamik seit 1991 entfalten. Es ist sehr wahrscheinlich, dass diese Entwicklung auch gekommen wäre, wenn Oskar Lafontaine weiterhin Finanzminister geblieben wäre. Denn so „gefährlich" war er sicher nicht, dass seinetwegen die ganze Weltkonjunktur ins Straucheln geraten wäre.

9.2 Weniger wäre mehr gewesen

Hätte Lafontaine also noch ein Vierteljahr länger im Amt ausgeharrt, wäre es nicht auch denkbar, dass er heute als ein sehr erfolgreicher Wirtschaftspoliti-ker gefeiert würde? Im Rückblick ist das schwer zu beantworten – zumal das hohe Spannungspotenzial zwischen Lafontaine und Schröder auf jeden Fall geblieben wäre.

Sicher ist, dass sich Lafontaine durch seinen Politikstil nicht gerade viele neue Freunde in der Wirtschaft und in den Medien machte. Wieso musste er in seiner ersten Bundestagsrede als Finanzminister gleich auf die im Herbst 1998 kurz vor ihrem geldpolitischen Ruhestand stehende *Bundesbank* einprügeln, wo diese Institution von den meisten Deutschen als eine heilige Kuh angesehen wurde. Lafontaine selbst sprach gerne davon, dass nicht viele Deutsche an Gott glauben, aber alle an die Bundesbank. Er hatte ja Recht, die kurzfristigen Zinsen waren im November 1998 zu hoch. Die Bundesbank senkte die Zinsen im Dezember 1998 um 0,3 Prozentpunkte und die Europäische Zentralbank reduzierte die seit Anfang 1999 für den gesamten Euroraum geltenden Sätze am 9. April 1999, also rund einen Monat nach „Oskars" Rücktritt noch einmal um einen halben Prozentpunkt. Aber das hätten die Notenbanker wohl auch ohne das öffentliche Drängen durch Lafontaine getan. Vielleicht wären die zinspolitischen Schritte sogar noch etwas früher gekommen.

Und welcher Teufel ritt Lafontaine, dass er sich ebenfalls in seiner ersten Reden massiv für eine Neuordnung des *Internationalen Währungssystems* engagierte? Natürlich ist unser Weltwährungssystem seit 1973[1] alles andere als optimal. Die Austauschverhältnisse zwischen den großen Währungen werden seither vom Devisenmarkt bestimmt. Das klingt gut, aber heute weiß man, dass sich dieser hoch spekulative Markt – ähnlich wie der Aktienmarkt – über Jahre hinweg frei von fundamentalen wirtschaftlichen Daten (z.B. Wirtschaftswachstum, Inflationsraten, Zinsen) entwickeln kann. Da der Wechselkurs, wie in Kapitel 7 gezeigt wurde, einen erheblichen Einfluss auf die internationale Wettbewerbsfähigkeit eines Landes ausübt, ist ein solches Kasino volkswirtschaftlich wenig zweckmäßig. Die Erfahrung der letzten Jahre hat gezeigt, wie mühsam es ist, die Lohnnebenkosten durch Praxisgebühren oder die private Finanzierung des Zahnersatzes zu reduzieren. Doch kaum jemand ist sich der Tatsache bewusst, dass die so erreichte Verbesserung der Wettbewerbsfähigkeit durch eine Aufwertung des Euro um nur einen Cent völlig zunichte gemacht werden kann. Die Schaffung eines geordneten internationalen Währungssystems, das diesen Namen dann auch zu Recht trägt, gehört deshalb zu den wichtigsten Reformenaufgaben, die sich in diesem Jahrzehnt auf der globalen Ebene stellen.[2]

---

1. Im März 1973 war das weltweite Festkurssystem von Bretton Woods zusammengebrochen. Seither gibt es für die Währungspolitik eines Landes keinerlei verbindliche Regeln mehr.
2. Eine Konzeption für ein globales Wechselkurssystem, bei dem die Wechselkurse durch die großen Notenbanken gesteuert werden können, ohne dass dabei deren zinspolitischer Handlungsspielraum verloren geht, wurde von mir unter dem Titel „A framework for stabilizing the euro/yen/dollar triplet" im Jahr 2000 entwickelt (Bofinger 2000).

Allerdings gab es im Herbst 1998 beim Dollar-Kurs der D-Mark ausnahmsweise keinerlei akute Spannungen, die ein überstürztes Handeln in dieser Frage nahe gelegt hätten. Zudem waren Lafontaine und sein für diese Fragen zuständiger Ministerialdirektor in der Kürze der Zeit nicht in der Lage gewesen, ein ausformuliertes Konzept für diese äußerst komplexe Thematik zu formulieren. Auf der internationalen politischen Szene, die – wie die meisten Ökonomen – traditionell gegen staatliche Interventionen am Devisenmarkt eingestellt ist, machte dieser Vorstoß daher alles andere als einen überzeugenden Eindruck. Es ist daher nicht überraschend, dass das Thema einer stärkeren Regulierung der Wechselkurse bis heute, wenn überhaupt, nur mit spitzen Fingern angefasst wird.

Ohne diese unnötigen Ausfälle hätte Lafontaine eigentlich ein ganz vernünftiges Reformkonzept zu bieten gehabt. In die richtige Richtung ging vor allem die Reduzierung der Lohnnebenkosten durch die Ökosteuer, durch die es möglich wurde, den Beitragssatz zur Rentenversicherung von 20,3% auf 19,5% zu senken. Dringend geboten war auch die Verschärfung der Bestimmungen für Teilzeitarbeit und Scheinselbstständigkeit. In Kapitel 5 haben wir dargestellt, wie sehr es durch die Finanzierung der deutschen Einheit zu einer verdeckten Belastung des Vollzeit-Arbeitsplatzes gekommen ist. Und wenn man sich an den – in Kapitel 3 beschriebenen – zunehmenden Anteil der Lohnsteuer am Steueraufkommen erinnert, war es auch richtig, die Steuerbelastung der privaten Haushalte zu vermindern und dies dadurch auszugleichen, dass die steuerlichen Spielräume für die Unternehmen eingeschränkt wurden.

Allerdings fehlte Lafontaine die Zeit und die Konsequenz, die bestehenden Verzerrungen in den Sozialen Sicherungssystemen umfassend zu korrigieren, zum Beispiel durch eine Förderung von Geringqualifizierten, die für Vollzeit und Teilzeitarbeitsplätze gleichermaßen gilt, oder durch eine umfassende Steuerfinanzierung versicherungsfremder Leistungen. Lösungen hierfür werden in Kapitel 20 ausführlicher diskutiert.

9.3 „Der allerletzte Keynesianer"

Der wohl nachhaltigste Flurschaden des kurzen Winters von Oskar Lafontaine bestand darin, dass makroökonomisches Denken nach seinem Rücktritt völlig in Misskredit geriet. Landauf, landab hatten Lafontaine und sein Staatssekretär Heiner Flassbeck versucht, die Öffentlichkeit über gesamtwirtschaftliche Zusammenhänge aufzuklären, was nach der langen – von solchen Aspekten völlig ungetrübten – Kohlschen Wirtschaftspolitik auch dringend nötig war. Doch Oskar Lafontaines persönliches Scheitern wurde dann in der Öffentlichkeit ganz automatisch auch als ein schlagender Beweis für das Versagen eines solchen Denkens angesehen. Begriffe wie „Makroökonomie" und

„keynesianisch" bekamen so in der öffentlichen Diskussion einen noch negativeren Anstrich als zuvor. Der Präsident des ifo-Instituts, Hans-Werner Sinn, hatte das schon kurz vor Lafontaines Rücktritt gewußt, als er in der Frankfurter Allgemeinen Zeitung vom 23. Dezember 1998 erklärte:

> *„Die Schulbildung ist nicht mehr so bedeutend. Es gab früher einmal Keynesianer, die sind ausgestorben, und ansonsten sind jetzt praktisch alle Ökonomen Neoklassiker."*

Allerdings hatte Sinn damit auch nicht uneingeschränkt Recht. Als der Verfasser dieses Buchs im März 2004 in den Sachverständigenrat zur Begutachtung der gesamtwirtschaftlichen Entwicklung berufen wurde, veranlasste dies DIE ZEIT zu dem Titel „Der allerletzte Keynesianer".[3]

---

3. DIE ZEIT 11/2004

Teil 3

Sparen, Sparen über alles?

„Reformen" und „Sparen", das sind die beiden Schlüsselbegriffe in der wirtschaftspolitischen Diskussion der letzten Jahre. Obwohl es bei den meisten Reformen in erster Linie ums Sparen geht, wollen wir die beiden Bereiche getrennt behandeln. In Kapitel 10 soll zunächst das Sparen unter die Lupe genommen werden. Dazu müssen wir etwas tiefer in die Volkswirtschaftslehre einsteigen und werden dann vielleicht zu unserer Überraschung erkennen, dass Sparen nicht immer eine Tugend darstellt. Wir werden uns in Kapitel 11 mit dem verzweifelten Kampf auseinandersetzen, den Hans Eichel seit Jahren mit den Haushaltslöchern führt. Dies bringt uns in Kapitel 12 auf die Kernfrage, ob es wirklich so verwerflich ist, wenn eine Gesellschaft Schulden macht, die von den zukünftigen Generationen finanziert werden müssen. Diese Zusammenhänge sind auch für die Diskussion über die Zukunft unseres Rentensystems von zentraler Bedeutung. Diese Fragestellung wird in Kapitel 15 diskutiert werden.

10

Warum Sparen nicht immer eine Tugend ist

Der Volksmund weiß: Sparsamkeit ist eine Tugend. Der Volkswirt hingegen weiß, dass Sparen auch eine Untugend sein kann. Deshalb spricht man auch vom *Sparparadoxon*. Um diesen wirtschaftspolitisch enorm wichtigen Zusammenhang verstehen zu können, muss man zunächst einen kleinen Ausflug in die Wissenschaft der Volkswirtschaftslehre unternehmen. Diese – wie ich finde – enorm spannende Disziplin besteht aus zwei großen Teilbereichen.

- Das Gebiet der *Mikroökonomie* setzt sich vor allem damit auseinander, wie Märkte funktionieren. Hier wird gezeigt, dass der Wirtschaftsprozess durch das Zusammenwirken von Angebot und Nachfrage in der Regel *optimal* gesteuert wird. Diese im Vergleich zu einer Planwirtschaft enorm effiziente Steuerung ist dem einzelnen oft kaum bewusst. Deshalb spricht man hierbei auch von der „unsichtbaren Hand" des Marktes.

- Das Gebiet der *Makroökonomie* betrachtet die Volkswirtschaft gleichsam aus der Vogelperspektive. Die zahllosen Märkte für spezifische Güter und Dienstleistungen werden zu einem einzigen „Gütermarkt" zusammengefasst. Und während es in der Mikroökonomie primär darum geht, die hohe Leistungsfähigkeit der Märkte herauszustreichen, befasst sich die Makroökonomie vor allem mit möglichen *Fehlentwicklungen* eines marktgesteuerten Wirtschaftsprozesses. Die Makroökonomie fragt also danach, wie es zu Arbeitslosigkeit, zu Inflation, zu einer Rezession oder gar einer Deflation kommen kann.

10.1 Wir alle sind gute Mikroökonomen

Natürlich fühlt sich jeder von uns als ein Experte in Fragen der *Mikroökonomie*. Schließlich haben wir es täglich mit einer Vielzahl von Märkten zu tun und damit auch eine Fülle von Erfahrungen gesammelt: Wir haben beim „Shoppen" so manches Schnäppchen gemacht, sind aber immer wieder auch auf Sonderangebote hereingefallen. Am Aktienmarkt haben wir viel Geld gewonnen und oft noch mehr verloren. Wir haben „last Minute" ganz billig Urlaub gemacht, haben uns aber auch schon bunten Katalogbildern verführen lassen.

Aufgrund dieser vielfältigen Erfahrungen mit einzelnen Märkten fühlen wir uns auch dann noch kompetent, wenn es um die Diskussion gesamtwirtschaftlicher Fragen geht. Doch damit betreten wir das Feld der Makroökonomie, das teilweise von ganz anderen Gesetzen regiert wird als der Mikroökonomie. Und wenn man sich in einem Gelände bewegt, in dem man sich nicht auskennt, kann es einem leicht ergehen wie einem Hobby-Wanderer auf einem Gletscher. Was für den Laien zunächst wie ein Schneehügel aussieht, ist oft von Gletscherspalten durchzogen, in die man sehr tief stürzen kann.

Wie soll man sich gegen die Gletscherspalten in der Makroökonomie absichern? Natürlich braucht man dazu – wie beim Bergsteigen – gewisse technische Kenntnisse und möglichst viel Erfahrung, deshalb benötigt ein Volkswirt oder eine Volkswirtin immerhin rund fünf Jahre für das Studium. So viel Zeit haben Sie nicht. Deshalb möchte ich mich auf das wichtigste Grundprinzip der Makroökonomie konzentrieren, mit dessen Kenntnis Sie die gefährlichsten Gletscherspalten jederzeit klar erkennen und somit rechtzeitig umgehen können.

10.2 Was jeder einzelne für richtig hält, kann ins Gegenteil umschlagen, wenn sich alle so verhalten

Dieses Grundprinzip basiert auf der Erkenntnis, dass das vom Eigeninteresse geleitete Handeln der einzelnen Akteure in das Gegenteil umschlagen kann, wenn sich alle Beteiligten in dieser Weise verhalten. Entscheidend ist dabei: Die einzelwirtschaftliche Rationalität, d.h. das, was der Einzelne mit seinem Handeln beabsichtigt, und die gesamtwirtschaftliche Rationalität, d.h. das, was sich für die Gesamtheit als Ergebnis einstellt, fallen auseinander. Deshalb bezeichnet man diese Phänomene als *Rationalitätenfallen.*

Das klingt komplizierter als es ist. Nehmen wir an, Sie besuchen eine Theateraufführung, aber sie bekommen nur noch eine Karte für einen Sitzplatz mit ziemlich schlechter Sicht. Wäre es da nicht nahe liegend, irgendwann während der Aufführung einfach aufzustehen, um besser zu sehen? Aus einzelwirtschaftlicher Sicht ist das sicher keine schlechte Idee. Aber was würde geschehen, wenn sich *alle* Theaterbesucher so verhalten würden? Für jeden Einzelnen gilt schließlich die gleiche Logik: Wer aufsteht, sieht mehr. Natürlich würden dann irgendwann alle stehen. Aber was käme dabei heraus? Jeder Einzelne würde nicht mehr sehen als wenn alle sitzen geblieben wären. Was aus einzelwirtschaftlicher Rationalität vorteilhaft ist („Aufstehen, um mehr zu sehen"), erweist sich also aus gesamtwirtschaftlicher Rationalität als nachteilig („Die ganze Aufführung über stehen, aber nicht mehr sehen").

Ich habe dieses fundamentale Grundprinzip von meinem akademischen Lehrer, Professor Dr. Wolfgang Stützel (1926-1987), übernommen. Leider ist es bis heute in den meisten Standard-Lehrbüchern der Volkswirtschaftslehre nicht zu finden, was gut zu der manchmal wenig makroökonomischen Denkweise vieler Professoren der Volkswirtschaftslehre passt.

10.3 Die ethische Begründung der Marktwirtschaft

Solche Rationalitätenfallen gibt es in vielen Bereichen des Wirtschaftslebens und sie sind nicht notwendigerweise immer von Nachteil. Für Adam Smith (1723-1790), den Urvater der modernen Volkswirtschaftslehre, basiert hierauf sogar die ethische Rechtfertigung der Marktwirtschaft:

> *„Nicht vom Wohlwollen des Metzgers, Brauers und Bäckers erwarten wir das, was wir zum Essen brauchen, sondern davon, dass sie ihre eigenen Interessen wahrnehmen. Wir wenden uns nicht an ihre Menschen-, sondern an ihre Eigenliebe, und wir erwähnen nicht die eigenen Bedürfnisse, sondern sprechen von ihrem Vorteil."* [1]

Adam Smith will uns damit also sagen, dass in der Marktwirtschaft nicht unbedingt Altruisten benötigt werden, um für alle eine gute Versorgung mit Gütern und Dienstleistungen zu erhalten. Es kann durchaus die einzelwirtschaftliche Gier des Bäckers dafür verantwortlich sein, dass wir jeden Morgen leckere Brötchen bekommen und er dabei auch noch freundlich ist, obwohl er im Grunde seines Herzens kein Wohltäter ist.[2] Worin besteht nun die Rationalitätenfalle?

- ■ *Einzelwirtschaftliche Rationalität*: **Jeder einzelne Bäcker will möglichst viel Gewinn für sich erzielen. Wenn er dies im Wettbewerb mit seinen Konkurrenten auf Dauer erreichen will, muss er möglichst gute Brötchen backen, zu seinen Kunden freundlich sein und auch keine überhöhten Preise verlangen.**

- ■ *Gesamtwirtschaftliche Rationalität*: **Indem sich alle Bäcker so verhalten, kommt es für die Kunden und damit Volkswirtschaft insgesamt jeden Morgen zu einer optimalen Versorgung mit Brötchen.**

Auch bei zahlreichen aktuellen wirtschaftspolitischen Fragen hat man es immer wieder mit derartigen Rationalitätenfallen zu tun, ohne dass sich die Beteiligten dessen bewusst sind.

---

1. Adam Smith (1974), S. 17
2. Erstaunlicherweise ist diese zentrale ethische Rechtfertigung der Marktwirtschaft in Hans-Olaf Henkels Buch (2002) zur „Ethik des Erfolgs" nicht zu finden. Ja, er scheint nicht einmal zu erkennen, dass sich die Marktwirtschaft gerade wegen der Rationalitätenfalle durch eine Win-Win-Situation auszeichnet. Sonst würde er auf S. 237 wohl kaum schreiben: „Bei diesem Spiel kann nicht jeder siegen, aber jeder kann lernen, mit Würde zu verlieren." Etwas Lektüre von Adam Smith hätte dem so besserwisserischen Autor jedenfalls nicht geschadet. Natürlich gibt es am Markt auch Verlierer, aber er bietet den meisten die Chance, Gewinner zu sein.

10.4 Längere Ladenöffnungszeiten bringen höhere Kosten, aber nicht mehr Umsatz

Ein schönes Beispiel hierfür ist die Diskussion über die *Ladenöffnungszeiten*. Für einen Einzelhändler ist es – unter dem Aspekt einer einzelwirtschaftlichen Logik betrachtet – sicherlich reizvoll, seine Öffnungszeiten auszudehnen. Isoliert betrachtet, verschafft ihm das die Möglichkeit, zusätzliche Kunden zu gewinnen und so mehr Umsatz zu erzielen. In der Tat glaubten vor allem in den neunziger Jahren viele Politiker und Ökonomen, dass es für Deutschland insgesamt enorm vorteilhaft sei, wenn endlich die damals wirklich sehr restriktiven Ladenschlussgesetze liberalisiert würden. Doch was geschieht, wenn nun *alle* Geschäfte länger geöffnet sind? Genau: Der Umsatz bleibt gleich, da den Konsumenten nicht deshalb mehr Geld zur Verfügung steht, weil die Geschäftszeiten verlängert sind: Bereinigt man die Einzelhandelsumsätze um die Preisentwicklung, wird heute nicht mehr umgesetzt als im Herbst 1996, dem Zeitpunkt, an dem die Ladenschlusszeiten erstmals gelockert wurden (Schaubild 10.1). Gleichzeitig sind durch die längeren Öffnungszeiten aber die Kosten für den Einzelhandel gestiegen. Das Ergebnis sind sinkende Gewinne und zunehmende Insolvenzen – deutlich abzulesen an immer mehr leer stehenden Verkaufsräumen in oft besten Innenstadtlagen. Seit der Liberalisierung der Ladenschlusszeiten ist die Zahl der Einzelhandelsunternehmen um fast 10% zurückgegangen.

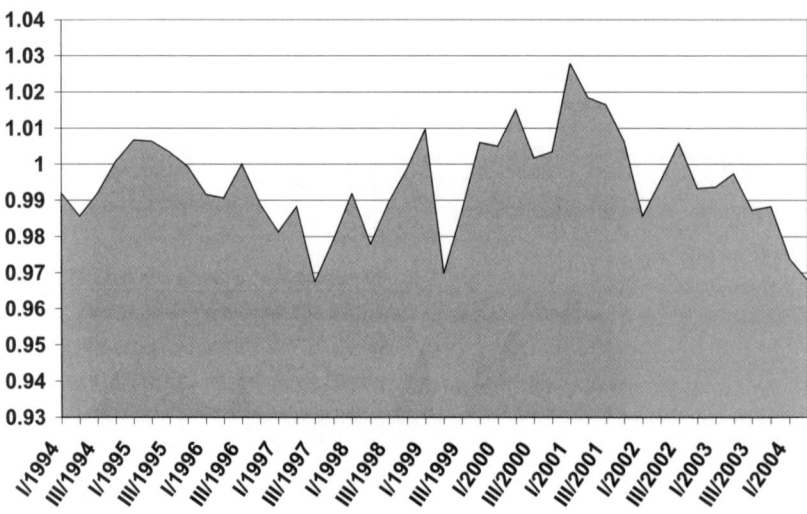

Schaubild 10.1: Einzelhandelsumsätze in Deutschland (2000 = 100, preis- und saisonbereinigt)
Quelle: Deutsche Bundesbank

Das heißt nicht, dass es für Deutschland und für jeden einzelnen von uns nicht eine feine Sache ist, wenn man ohne Stress abends oder am Wochenende shoppen kann. Doch gesamtwirtschaftlich geht das nur, wenn wir bereit sind, dafür auch mehr Geld im Einzelhandel zu lassen, damit dieser seine höheren Kosten decken kann. Wer nur nach Schnäppchen Ausschau hält und sich an die Devise „Geiz ist geil" hält, kann nicht auch noch erwarten, dass für ihn viele attraktive Einzelhandelsgeschäfte jeden Tag über 24 Stunden hinweg geöffnet sind.

Wer werden uns im Folgenden noch einer Reihe anderer Anwendungsfelder für wirtschaftspolitische Rationalitätenfallen zuwenden, insbesondere den Forderungen nach *Lohnzurückhaltung* oder gar *Lohnsenkungen* als Therapie zum Abbau der Arbeitslosigkeit (Kapitel 17). Auch bei der Diskussion über die 400-Euro-Jobs (Kapitel 16) und über die Reform der Sozialen Sicherungssysteme (Kapitel 20) dominiert ein einzelwirtschaftlich geprägtes Denken, das entscheidende Rückwirkungen auf die Volkswirtschaft insgesamt oft unberücksichtigt lässt.

10.5 Wenn die Haushalte sparen, fehlt das Geld den Unternehmen

Kommen wir nun zum *Sparparadoxon*, das wir an einem einfachen Beispiel beschreiben können. Nehmen wir an, Frau Müller stellt fest, dass das Girokonto immer tiefer in die roten Zahlen gerät. Die Familie gibt also mehr aus als sie einnimmt. Wenn Frau Müller diesen Zustand beenden möchte, muss sie die Ausgaben so reduzieren, dass sie zumindest den laufenden Einnahmen entsprechen. Frau Müller legt also für die Familie ein „Sparprogramm" auf, das dafür sorgt, dass die Ausgaben reduziert werden: Für die Kinder wird das Taschengeld gekürzt, die Urlaubspläne werden revidiert (Wandern im Spessart statt Surfen in Kalifornien) und es gibt häufiger Spaghetti zu Hause anstelle einer Pizza beim „Italiener". Wenn sich die Müllers daran halten, wird es für sie zweifellos möglich sein, bald die angestrebte Konsolidierung zu erreichen. Das Konto kommt allmählich aus dem roten Bereich heraus.

Doch was aus einer einzelwirtschaftlichen Logik heraus grundsätzlich möglich ist, erweist sich bei einer gesamtwirtschaftlichen Betrachtungsweise als sehr viel schwieriger. Was geschieht, wenn nicht nur die Müllers, sondern *alle* Familien und dazu auch noch die Unternehmen und alle öffentlichen Haushalte gleichzeitig sparen wollen. Alle versuchen ihre Ausgaben zu reduzieren. Nun muss man sich vor Augen halten, dass jede Ausgabe eines einzelnen Akteurs gleichzeitig auch die Einnahme eines anderen darstellt.

Wenn also die Müllers nicht mehr in die Pizzeria gehen, reduziert das die Einnahmen des Gastronomen. Und wenn dieser dann eine Bedienung entlässt, vermindert das wiederum deren Einnahmen. Kollektives Sparen bedeutet also, dass überall – bei den privaten Haushalten, den Unternehmen und auch beim Staat – die Einnahmen zurückgehen. Und genau hierin besteht die Rationalitätenfalle:

■ *Einzelwirtschaftliche Logik*: Wenn ich meine Ausgaben *individuell* reduziere, um meine laufenden Ausgaben an die Einnahmen anzupassen, kann ich davon ausgehen, dass mir das gelingt, weil meine Sparentscheidung keinen Einfluss auf meine Einnahmen hat.

■ *Gesamtwirtschaftliche Logik*: Wenn *alle* Wirtschaftssubjekte ihre Ausgaben reduzieren, vermindert das auch ihre Einnahmen, so dass es am Ende offen ist, ob es ihnen wirklich gelingt, ihre Neuverschuldung zu reduzieren.

10.6 Die fundamentale Einsicht des John Maynard Keynes

Diese ebenso einfache wie wichtige Erkenntnis stellt eine der Grundeinsichten von John Maynard *Keynes* dar. In seinem Hauptwerk „The General Theory of Employment, Interest and Money" aus dem Jahr 1936 erkannte er als erster, dass „Sparen" für eine Volkswirtschaft insgesamt eben keinesfalls so tugendhaft ist, wie der Laie zu glauben geneigt ist:

> *„Eine individuelle Sparentscheidung bedeutet beispielsweise, dass man heute darauf verzichtet, in ein Restaurant zu gehen. Aber es ergibt sich daraus keine Notwendigkeit in einer Woche oder einem Jahr essen zu gehen oder ein Paar Stiefel zu kaufen oder irgendetwas anderes zu einem bestimmten Zeitpunkt. Also beeinträchtigt das Sparen das Geschäft derjenigen, die das Essen für heute vorbereiten, ohne dass es das Geschäft derjenigen belebt, die Konsumgüter in der Zukunft anbieten. Es bedeutet also nicht, dass die gegenwärtige Konsumnachfrage durch eine zukünftige Konsumnachfrage substituiert wird. Es stellt insgesamt eine Verminderung dieser Nachfrage dar."* [3]

Wenn heute die Bezeichnung „Keynesianer" nahezu zum Schimpfwort verkommen ist, dann zeigt das nur, wie sehr fundamentale Prinzipen der Ökonomie in Vergessenheit geraten sind.

---

3. John Maynard Keynes (1973), S.210

Man kann es sich natürlich einfach machen und wie der Sachverständigenrat behaupten:

*„Ersparnisse werden jedoch von den Kapitalmärkten regelmäßig in private und
staatliche Nachfrage transformiert."* *(Jahresgutachten 2003/2004, Tz. 648)*

Doch wenn man sich mit Unternehmern unterhält, kann man recht schnell
erkennen, dass es für sie einen sehr großen Unterschied macht, ob sie ihre
Mittel über den Verkauf ihrer Waren erhalten oder aber sich diese durch
Bankkredite beschaffen müssen. Dies gilt insbesondere in jüngster Zeit, wo
ein regelrechter Einbruch der Kreditvergabe an das Handwerk und die wirtschaftlich selbstständigen Privatpersonen zu beobachten ist.

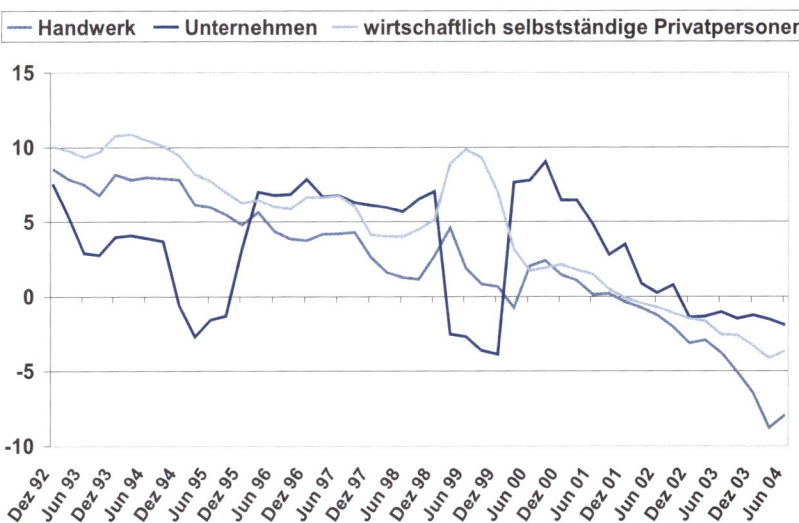

**Schaubild 10.2: Kreditvergabe der deutschen Kreditinstitute (Veränderung gegenüber
dem Vorjahresquartal in Prozent)**
Quelle: Deutsche Bundesbank

10.7 Sparen und Investieren

Wer das Sparparoxon nicht kennt, glaubt dann auch, dass das Sparen eine
wichtige Voraussetzung für Investitionen darstellt. Doch wenn die privaten
Haushalte sehr viel sparen, fließt von den an sie ausgezahlten Löhnen nur
wenig als Konsumausgaben zu den Unternehmen zurück. Das drückt die
Gewinne und beschränkt damit die Investitionsmöglichkeiten der Unternehmen. Umgekehrt bedeutet eine geringe Sparneigung der privaten Haushalte
eine gute Ertragslage der Unternehmen, so dass diese in der Lage sind, ihre

Investitionen aus einbehaltenen Gewinnen zu finanzieren. Phasen mit einer geringen privaten Ersparnis zeichnen sich daher in der Regel durch eine sehr dynamische Wirtschaftsentwicklung aus. So lag die Sparquote der privaten Haushalte in den fünfziger Jahren mit 5,9% sehr viel niedriger als heute (11,0%) und stellte so die Grundlage für das deutsche „Wirtschaftswunder" dar. Auch der amerikanische Boom der neunziger Jahre, ist – wie das Schaubild verdeutlicht – wesentlich auf eine extrem niedrige Ersparnis der Haushalte zurückzuführen.

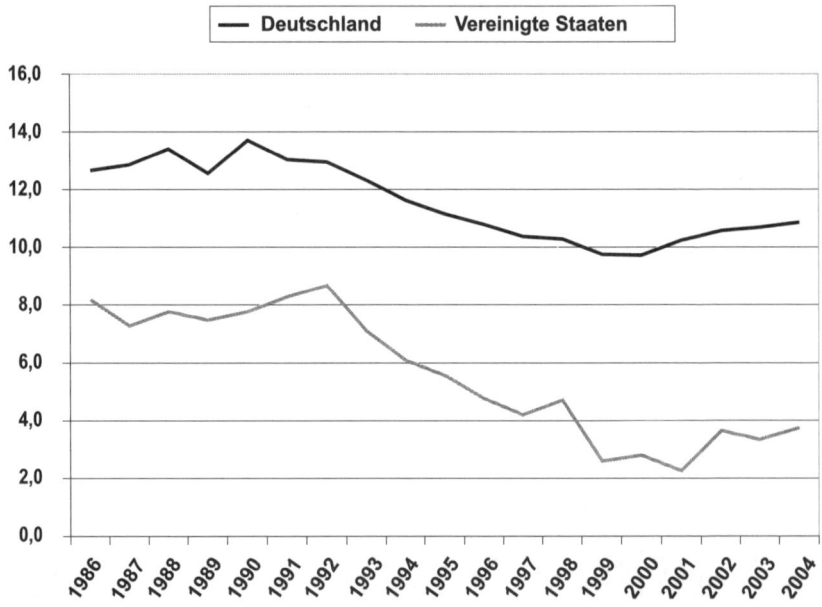

Schaubild 10.3: Sparquote der privaten Haushalte in Deutschland und in den Vereinigten Staaten
Quelle: OECD, Economic Outlook

Das heißt jetzt aber nicht, dass damals in der amerikanischen Volkswirtschaft weniger Sachkapital gebildet wurde als in Deutschland. Im Gegenteil: Gerade in der Phase der sehr niedrigen Haushaltsersparnisse wurde in den USA enorm viel investiert, während in Deutschland seit 1992 sehr viel weniger Sachkapital gebildet wurde als bei den amerikanischen Unternehmen.

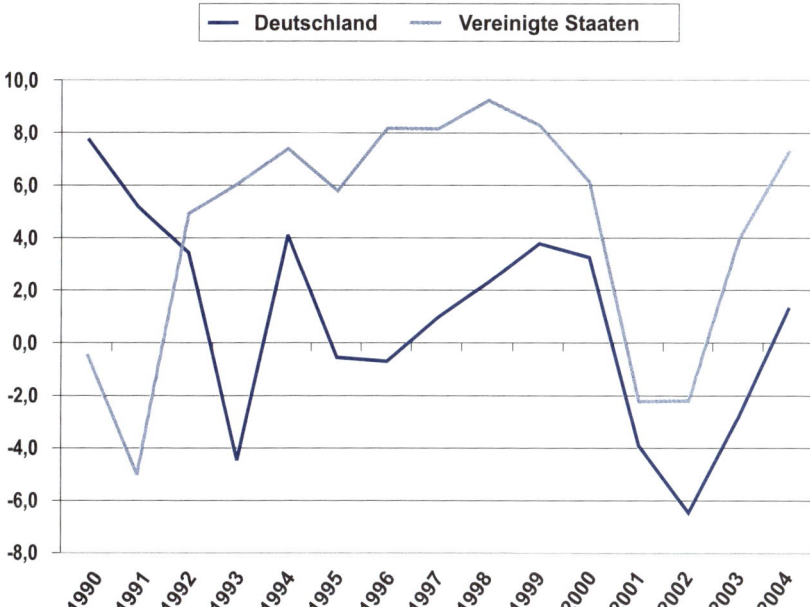

Schaubild 10.4: Jährliche Veränderung der Investitionen in Deutschland und in den Vereinigten Staaten
Quelle: OECD, Economic Outlook

Man macht es sich also zu leicht, wenn man darauf vertraut, dass mehr Ersparnis der privaten Haushalte ganz automatisch auch zu mehr Investitionen der Unternehmen führt. Das Gegenteil ist der Fall: Geizige Konsumenten schaden den Investoren. Diese Grundeinsicht ist leider den meisten Ökonomen nicht sehr vertraut. Und so ist es nicht überraschend, dass man glaubt, die Probleme einer alternden Volkswirtschaft durch eine massive staatliche Förderung des Sparens lösen zu können (siehe dazu ausführlicher Kapitel 15). Wenn eine solche Politik tatsächlich zu mehr Investitionen und damit in den nächsten dreißig oder vierzig Jahren zu einem höheren Kapitalstock führen würde, wäre es eine feine Sache. Doch wer mit der Logik des Sparparadoxons vertraut ist, weiß, dass wir dann auch in den nächsten Jahren mit einer kraftlosen Binnennachfrage leben müssten und dass deshalb unsere Unternehmen auch weiterhin sehr wenig in Deutschland investieren würden.

11

Hans Eichel: Vom König der Sparschweine zum Sklaven der Haushaltslöcher

Sparschweine zieren den Schreibtisch von Hans Eichel. Sie sind das Symbol für den Kult des Sparens, dem sich unser Finanzminister vom Anbeginn seiner bundespolitischen Karriere verpflichtet fühlte. Schon in einer seiner ersten Reden vor dem Bundestag propagierte Hans Eichel das Sparen zum wichtigsten Leitmotiv der deutschen Wirtschaftspolitik:

> *„Sparen ist für uns eben kein Selbstzweck, Sparen ist Mittel zum Zweck, nämlich zur Schaffung von Arbeitsplätzen, für nachhaltiges Wachstum in einer intakten Umwelt, für die Förderung und Bildung von Innovation; vor allem aber sorgt Sparen für einen aktiven Staat, der sozialen Schutz und soziale Gerechtigkeit im Zeitalter eines sich beschleunigenden wirtschaftlichen Strukturwandels leisten kann." (Rede vom 24. Juni 1999)*

Wie kam es zu dieser sehr einseitigen Ausrichtung des neuen Ministers? Offensichtlich schien Hans Eichel in den ersten Tagen seiner Amtszeit nichts als rote Zahlen gesehen zu haben. In seiner Antrittsrede am 4. Mai 1999 verkündete er dem Deutschen Bundestag:

> *„Ich möchte – auch ohne jede Polemik, aber in aller Klarheit – deutlich machen, die Situation ist dramatisch. Der von der Vorgängerregierung angehäufte Schuldenberg beraubt uns fast jedes finanzpolitischen Handlungsspielraums."*

11.1 Wie dramatisch war die Situation im Jahr 1999 wirklich?

Aber hatten wir nicht in Kapitel 8 gelesen, wie kräftig bereits Theo Waigel auf die Bremse getreten war, um Deutschlands Mitgliedschaft in der Währungsunion nicht an den Konvergenzkriterien des Vertrags von Maastricht scheitern zu lassen? Sehen wir uns einmal die Fakten an:

■ **Im Jahr 1999 lag die um konjunkturelle Schwankungen bereinigte Neuverschuldung der öffentlichen Hand bei 0,9% des Bruttoinlandsprodukts. Wie das Schaubild 11.1 verdeutlicht, war dies der beste Wert seit 1986 und er ist es bis heute geblieben.**

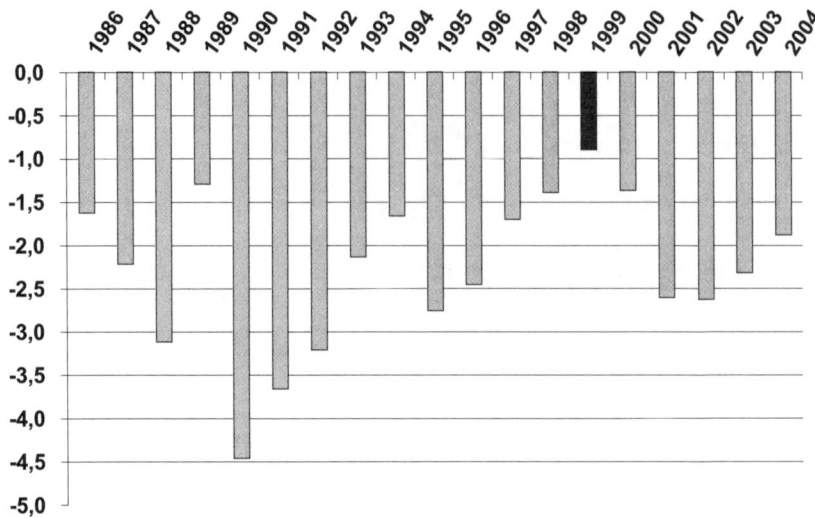

Schaubild 11.1: Strukturelles, d.h. um konjunkturelle Effekte bereinigtes öffentliches Defizit (in % des Bruttoinlandsprodukts)
Quelle: OECD, Economic Outlook

■ Der Schuldenstand belief sich im Jahr 1999 auf 61,2% des Bruttoinlandsprodukts. Dies ist nicht wenig, aber in den USA stand der Staat damals mit 64,5% „in den Miesen" und im Durchschnitt der EU belief sich die Staatsschuld sogar auf 75,5% der jährlichen Wirtschaftsleistung.

■ Auch die Zinszahlungen der öffentlichen Hand waren in Deutschland beachtlich. Doch mit 3,1% des Bruttoinlandsprodukts lagen sie kaum wesentlich höher als in den Vereinigten Staaten (2,8%) und sie blieben deutlich unter dem Durchschnitt der Mitgliedsländer der Europäischen Währungsunion (3,8%).

Bei alledem muss man ja auch noch berücksichtigen, dass Deutschland in den neunziger Jahren die enorme Herausforderung der deutschen Einheit zu bewältigen hatte, die jährliche West-Ost-Transfers in Höhe von 4% des westdeutschen Bruttoinlandsprodukts erforderte. Doch während im Jahr 1999 weder in den Vereinigten Staaten noch sonst in Europa ein Politiker auf die Idee gekommen wäre, die eigene Schuldensituation als besonders problematisch anzusehen,[1] rief Hans Eichel den fiskalpolitischen Notstand aus: „Das ist der Marsch in den Verschuldungsstaat." (BT-Rede vom 4. Mai 1999).

---

1.   Es klingt daher etwas merkwürdig wenn sich Hans-Olaf Henkel (2002, S. 59) damit brüstet, zu Hans Eichel kurz nach dessen Amtsantritt gesagt zu haben: „Die Welt erwartet von uns, (...), dass wir die Verschuldung abbauen und damit den Konvergenzkriterien des Euro entsprechen."

Um diese Panikattacke zu verstehen, muss man wissen, dass Hans Eichel über 16 Jahre lang als Oberbürgermeister von Kassel tätig gewesen war. Für eine Stadt gilt nun ebenso wie für jeden Privathaushalt, dass sie sich nur sehr begrenzt durch Kredit finanzieren darf. Doch trifft das auch noch für eine sehr große Gebietskörperschaft wie die Bundesrepublik Deutschland zu? Viele ökonomische Laien würden diese Frage sofort mit „Ja" beantworten. Dem Grünen Oswald Metzger gelang es mit dieser schlichten These, sich den Ruf eines in vielen Talk-Shows gefragten „Finanzexperten" zu verschaffen. Doch unbewusst verhält er sich dabei wie der in Kapitel 10 beschriebene Tourist, der in Sandalen über einen Gletscher wandert. Er übersieht die Rationalitätenfallen, die unter dieser Argumentation verborgen liegen. Doch anders als bei Gletscherspalten hat es leider keine direkten Folgen, wenn man in einer Rationalitätenfalle landet, und so kann Oswald Metzger munter immer wieder aufs Neue abstürzen.

11.2 Ein kleiner volkswirtschaftlicher Grundkurs zum Thema „Sparen"

Nach der Lektüre des Kapitels über das Sparparadoxon verfügen wir bereits über eine wichtige Grundeinsicht. Doch um ein so komplexes Thema wie die öffentliche Verschuldung angemessen zu diskutieren, ist es erforderlich, sich einmal Gedanken darüber zu machen, was man mit „Sparen" überhaupt meint. Dieser Ausdruck kann immerhin drei recht unterschiedliche Bedeutungen beinhalten:

1. Oft sprechen Menschen davon, dass sie „sparen", wenn sie ihre Ausgaben in einer Periode gegenüber der Vorperiode einschränken. In diesem Sinne haben wir den Begriff im vorangegangenen Kapitel verwendet.

2. „Sparen" wird aber häufig auch so verstanden, dass man sich bemüht, in einer Periode weniger auszugeben als man einnimmt. Auf diese Weise erzielt man einen Einnahmeüberschuss. Dieser erhöht dann entweder den Bestand des bereits vorhandenen Geldvermögens oder er erlaubt es, den Schuldenstand abzubauen.

3. In der wirtschaftspolitischen Diskussion findet man häufig noch eine dritte Variante des „Sparens". Sie besteht darin, dass man die Neuverschuldung in einem Jahr unter das Niveau des Vorjahres bringt. Dieses Ziel kann man gemäß 1) dadurch erreichen, dass man die Ausgaben bei konstanten Einnahmen einschränkt. Als Staat kann man jedoch auch versuchen, die Neuverschuldung auf dem Wege höherer Steuern oder Sozialabgaben zu reduzieren.

An welche dieser drei Varianten des Sparens hatte wohl Hans Eichel gedacht? Wenn er am 6. Mai 1999 davon sprach, „den schweren, steinigen Weg aus der Staatsverschuldung zu gehen", scheint er vor allem an die sehr ambitionierte Variante des Sparens vom Typ 2 im Auge gehabt zu haben. Schauen wir uns dazu einfach einmal die Entwicklung des Bundeshaushalts in den Jahren von 1999 bis 2003 an (Schaubild 11.2):

- Sparen Typ 1: Wir erkennen dabei, dass es dem Finanzminister in den Jahren 2000 und 2001 gelungen ist, die Staatsausgaben unter das Vorjahresniveau zu bringen. Von 2002 an sind die Ausgaben jedoch wieder angestiegen. Sparen in Form des Typs 1 war Hans Eichel also nur im Zeitraum zwei Jahren möglich.

- Sparen Typ 2: In allen Jahren wies der Bund eine Neuverschuldung aus. Er gab also durchweg mehr Geld aus als er einnahm. Dies erkennt man an den nach unten gerichteten Balken des Schaubilds 11.2. Sparen entsprechend Typ 2 hat also nie stattgefunden. Der Schuldenstand ist damit von 1999 bis heute ständig weiter gestiegen.

- Sparen Typ 3: Wie die nach unten gerichteten Balken verdeutlichen, ist die Neuverschuldung in den Jahren 2000 und 2001 ebenfalls leicht gesunken und hat dann von 2002 an wieder zugenommen. Diese Form des Sparens war also wie das Typ 1-Sparen nur in zwei Jahren der Amtszeit von Hans Eichel möglich.

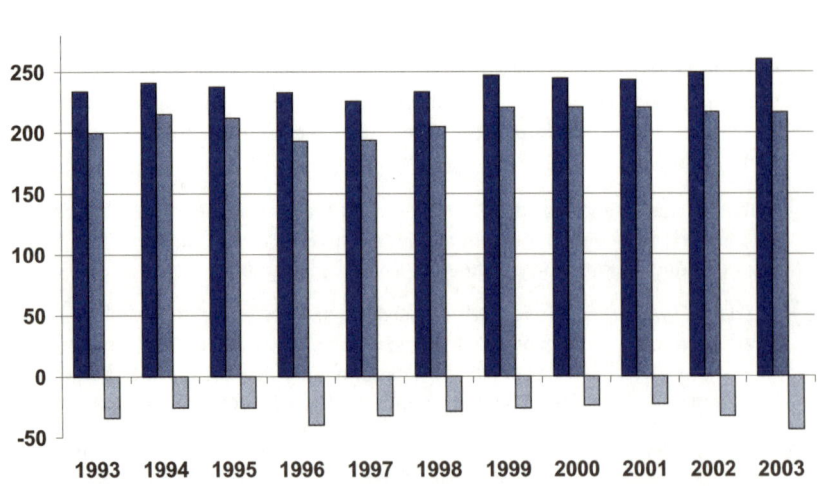

Schaubild 11.2: Entwicklung des Bundeshaushalts von 1993 bis 2003 (in Mrd. Euro)
Quelle: Bundesministerium der Finanzen, Bundeshaushalt 2004, Tabellen und Übersichten

Für den Laien stellt sich bei dieser Entwicklung die Frage, wieso es Hans Eichel trotz aller Anstrengungen nicht möglich gewesen war, das von ihm für so wichtig erachtete „Sparen" auch konsequent zu realisieren. Die Antwort hierauf führt wieder zum Phänomen des Sparparadoxons.

11.3   Wie Hans Eichel am Sparparadoxon scheiterte

Für Familie Müller oder auch eine einzelne Gemeinde ist es relativ einfach, Sparen entsprechend Typ 1 bis 3 zu realisieren. Man muss dazu nur die Ausgaben so weit einschränken, dass sie geringer sind als im Vorjahr und dabei zugleich auch unter dem Niveau der laufenden Einnahmen liegen. Doch was für kleine wirtschaftliche Einheiten kein Problem ist, wird bei einem so großen Akteur wie der Bundesrepublik Deutschland zum Drahtseilakt. Immerhin belaufen sich die Ausgaben des Bundes auf 13% des Bruttoinlandsprodukts. Wenn ein so großer Akteur beschließt, seine Ausgaben zu reduzieren, hat das zwangsläufig starke negative Effekte auf die gesamtwirtschaftliche Nachfrage. Der so ausgelöste Rückgang der gesamtwirtschaftlichen Nachfrage erhöht die Arbeitslosigkeit, was Löcher in die Kassen der Sozialen Versicherungssysteme reißt, und er vermindert auch die Steuereinnahmen. Diese Effekte kann man deutlich erkennen, wenn man den Bundeshaushalt 1999 mit dem Budget des Jahres 2003 vergleicht (Tabelle 11.1):

Tabelle 11.1

Bundeshaushalt 1999 und 2003 (ausgewählte Positionen in Mrd. Euro)
Quelle: Bundesministerium der Finanzen

	1999	2003	Veränderung
Ausgaben insgesamt	**246,9**	**260,2**	**13,3**
davon:			
Personalausgaben	27,0	27,1	0,1
Sachaufwand	20,4	17,3	-3,1
Investive Ausgaben	28,6	26,7	-2,1
Soziale Sicherung	100,3	119,3	19,0
Einnahmen insgesamt	**220,6**	**216,4**	**-4,2**
Davon			
Steuereinnahmen	192,4	190,8	-1,6
Defizit[2]	**26,1**	**43,4**	**17,3**

2.   Das Defizit entspricht nicht vollständig der Differenz von Ausgaben und Einnahmen, da der Bund noch etwa 0,2 Mrd. zusätzliche Einnahmen aus Münzgewinnen erzielte.

Hans Eichel hat also tatsächlich gespart. Er hat die Investitionen heruntergefahren und auch den Sachaufwand des Bundes deutlich reduziert. Die nahezu unveränderten Personalaufwendungen sind ebenfalls als Ausdruck des Sparens zu werten, da die Löhne im öffentlichen Dienst von 1999 bis 2003 deutlich gestiegen sind. Die Zahl der Bundesbediensteten wurde von 1999 bis 2002 um rund 20.000 auf 490.300 gesenkt. Doch das Projekt „Sparschwein" ist trotzdem gescheitert, weil die steigende Arbeitslosigkeit die Ausgaben für die „Soziale Sicherung" nach oben trieb, d.h. also die Zahlungen des Bundes an die Rentenkasse, die Bundesanstalt für Arbeit und die Ausgaben für die Arbeitslosenhilfe. Außerdem führte die Kombination aus enormen Steuergeschenken an die Industrie (siehe Kapitel 14) und wirtschaftlicher Stagnation dazu, dass auch noch die Einnahmen rückläufig waren.

Nun sollte man meinen, dass dieser Misserfolg zu einer gewissen Erkenntnis bei den Finanzpolitikern geführt hätte. Doch weit gefehlt. Nach dem Motto „Jetzt erst recht" versucht sich nun der Bayerische Ministerpräsident Edmund Stoiber als Deutscher Meister im Sparen zu profilieren. Nach der von ihm fulminant gewonnenen Landtagswahl im September 2003, beschloss er ein Sparprogramm, das in diesem Jahr zu Ausgabenkürzungen von 10% führt. Die konjunkturellen Rückwirkungen einer solchen fiskalischen Vollbremsung scheinen dem bayerischen Ministerpräsidenten offensichtlich ähnlich egal zu sein wie einem Familienvater, der beschließt, das neue Auto ein Jahr später zu kaufen.

11.4 Noch Gesetz, aber leider längst vergessen: Das Stabilitäts- und Wachstumsgesetz

Wenn man mit der Logik des Spar-Paradoxons einmal vertraut ist, kann man sich vorstellen, wie fatal es ist, wenn Bund, Länder und Gemeinden nach der Devise „Rette sich wer kann!" gleichzeitig zu sparen versuchen. Und es gibt hierfür ja auch ein warnendes Beispiel aus der Zeit der Weimarer Republik. In seinen Memoiren mit dem Titel „Vor dem Abgrund"[3] schreibt der frühere Reichsbank-Präsident Hans Luther über die Finanzpolitik des Reichskanzlers Heinrich Brüning (1930-1932):

---

3. Hans Luther (1964)

„Im weiteren Verlauf seiner Regierungszeit befand sich Brüning in einem dauernden Wettlauf mit dem Defizit. Kaum war ein Loch im Haushalt gestopft, so traten bereits neue Hiobsbotschaften über weitere Steuerausfälle oder über unerlässliche Ausgabenerhöhungen für die Unterstützung der Arbeitslosen ein. In Notverordnungen, die von Fall zu Fall nur wenige Monate auseinander lagen, wurde immer wieder ein notdürftiger Damm errichtet: hier eine Steuer erhöht, noch einmal erhöht, eine neue eingeführt; dort die Beamtengehälter gesenkt, und wieder gesenkt, die Arbeitslosen- und Sozialunterstützungen gekürzt, Ausgabenposten an allen Enden des Haushalts, im ersten Jahr sogar im Wehrhaushalt zusammengestrichen." (S. 149)

Dieser Wettlauf des Hasen (der Sparpolitik) mit dem Igel (der Konjunktur) klingt aus heutiger Sicht durchaus vertraut. Was kann man dagegen tun? Eigentlich müssten wir nur darauf achten, dass sich Bund und Länder an das Stabilitäts- und Wachstumsgesetz aus dem Jahr 1967 halten. Dieses als „keynesianisch" geltende Gesetz wurde maßgeblich von dem damaligen SPD-Wirtschaftsminister Karl Schiller geprägt, einem Professor für Volkswirtschaftslehre. Der Kernsatz des Gesetzes steht in § 1 und wurde auch als Artikel 109 Absatz 2 im Grundgesetz verankert:

„Bund und Länder haben bei ihrer Haushaltswirtschaft den Erfordernissen des gesamtwirtschaftlichen Gleichgewichts Rechnung zu tragen."

Es heißt dort also nicht: „Bund und Länder haben bei ihren Haushaltswirtschaft allein die Erfordernisse der Konsolidierung zu beachten." Und das hat den einfachen Grund, dass es für die Volkswirtschaft insgesamt wie auch für die Entwicklung der öffentlichen Haushalte ausgesprochen gefährlich sein kann, wenn sich Bund und Länder wie private Haushalte verhalten und jeder für sich so viel spart und konsolidiert, ohne dabei auf die gesamtwirtschaftliche Entwicklung Rücksicht zu nehmen. Umso erstaunlicher ist es, dass man sich heute in Deutschland große Gedanken darüber macht, wenn der rechtlich nicht sehr hochrangige Stabilitäts- und Wachstumspakt nicht eingehalten wird, aber kein einziges Wort darüber verliert, dass sich Bund und Länder keinen Deut um die in unserer Verfassung festgelegten Verpflichtungen scheren.

11.5 Der Weg aus dem Verschuldungsstaat führt nicht übers Sparen, sondern über mehr Wachstum

Hans Eichel ist also vor allem deshalb gescheitert, weil er den falschen Weg aus dem „Verschuldungsstaat" gesucht hat. Anstatt also alle Energien auf das Sparen zu konzentrieren und jede Mark und später jeden Euro dreimal umzudrehen, wäre Hans Eichel gut beraten gewesen, sich intensiv Gedanken darüber zu machen, wie man das Wachstum in Deutschland über die Nachfrageseite wieder in Gang bekommt. Die Konsolidierung wäre dann ganz von allein gekommen.

Diesen Zusammenhang verdeutlicht das Schaubild 11.3, das die durchschnittliche Wachstumsrate des realen Bruttoinlandsprodukts von 1999-2004 und das durchschnittliche Haushaltsdefizit in dieser Phase für die wichtigsten Industrieländer abbildet. Man erkennt daran unschwer, dass ein hohes Wirtschaftswachstum mit niedrigen Defiziten einhergeht. Diesen Befund könnte man allerdings auch so interpretieren, dass Länder gerade deshalb ein hohes Wachstum erzielen konnten, weil sie gespart und damit auch ihre Defizite zurückgefahren haben. Doch das Schaubild 11.4 belegt genau das Gegenteil: Länder mit hohem Wirtschaftswachstum haben auch ihre öffentlichen Verbrauchsausgaben[4] kräftig ausgeweitet.

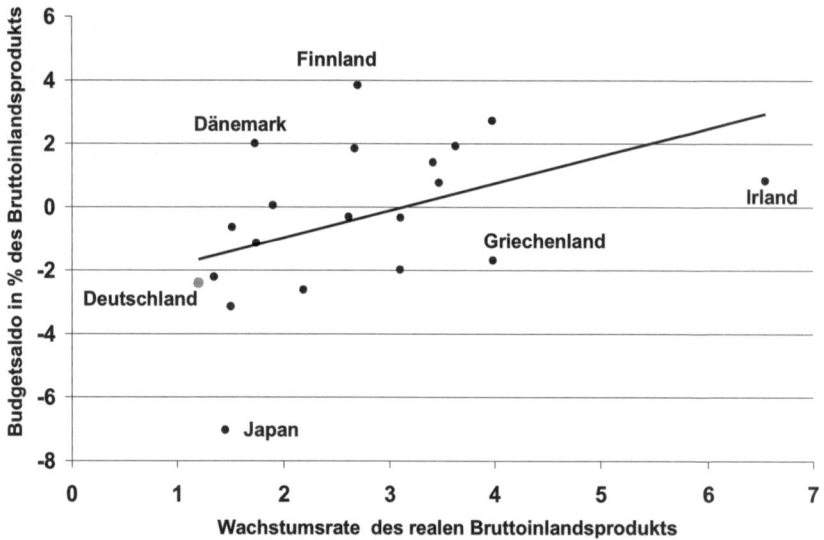

Schaubild 11.3: Durchschnittliches Wachstum des realen Bruttoinlandsprodukts und durchschnittlicher Budgetsaldo in den wichtigsten Industrieländern (1999-2004)
Quelle: OECD, Economic Outlook

---

4. Dazu zählen vor allem die Personalausgaben.

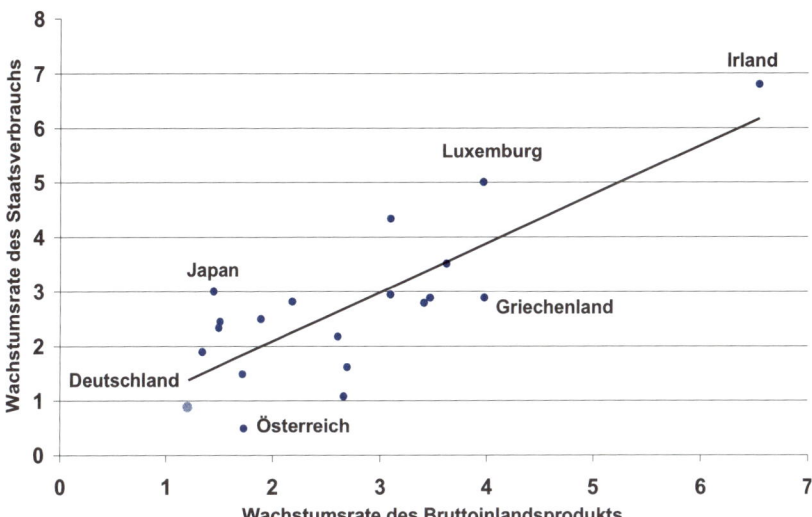

Schaubild 11.4: Durchschnittliches Wachstum des realen Bruttoinlandsprodukts und der realen staatlichen Verbrauchsausgaben in den wichtigsten Industrieländern (1999-2004)
Quelle: OECD, Economic Outlook

Nun kann man sich natürlich fragen, ob Hans Eichel wirklich über große Spielräume für eine solche nachfrageseitige Politik verfügt hätte. Eine große Chance hat er auf jeden Fall verpasst: Die Versteigerung der Mobilfunk-Lizenzen (UMTS) im Jahr 2000. Diese brachte dem Bund ganz überraschend einen wahren Geldregen in Höhe von 50 Mrd. Euro. Weit mehr Mittel als erwartet flossen so von den Telekommunikationsunternehmen in die öffentlichen Kassen. Was hätte man damit alles für die zukünftigen Generationen machen können: Ein Investitionsprogramm für eine umweltfreundliche Infrastruktur oder einen Ausbau der Universitäten, um Deutschland wissenschaftlich wieder an die Weltspitze heranzuführen. Stattdessen beschloss die Bundesregierung – ganz im Stil des guten Familienvaters – den gesamten UMTS-Erlös zur Schuldentilgung zu verwenden, denn der „Marsch in den Schuldenstaat" sollte ja gestoppt werden. Vor lauter Spareifer wurde dabei jedoch auch noch übersehen, dass die Mobilfunkanbieter die Kosten für die UMTS-Lizenzen und für die Zinsen der dazu aufgenommenen Großkredite wieder von der Steuer absetzen konnten, wodurch Steuerausfälle von rund 20 Mrd. Euro entstanden.[5] Der Großteil der Ausfälle – 14 Mrd. Euro – entfiel

---

5. Ein ähnlicher Denkfehler war dem Grünenpolitiker Cem Özdemir unterlaufen, als er nicht daran dachte, dass er für seine Abgeordneten-Diäten auch Steuern bezahlen musste. So geriet er an den Lobbyisten Moritz Munzinger, was ihn im Jahr 2002 sein Abgeordneten-Mandat kostete.

auf die Länder, die an den Einnahmen überhaupt nicht partizipiert hatten. Somit ging zwar der Schuldenstand des Bundes zurück, die Neuverschuldung von Bund und Ländern nahm jedoch zeitweise zu und schränkte in ohnehin schwierigen Zeiten den wirtschaftspolitischen Handlungsspielraum zusätzlich ein.

Und damit kommen wir im nächsten Kapitel direkt zur der Frage, ob es für einen Staat grundsätzlich schlecht ist, wenn er verschuldet ist, oder ob er es nicht besser wie Herr und Frau Müller machen sollte, die ihren Kindern statt Schulden lieber ein kleines Vermögen hinterlassen wollen.

12

Wovon der Reichtum unserer Kinder und Enkelkinder wirklich abhängen wird

Wenn man als Finanzminister tatsächlich vorhat, den Schuldenstand abzubauen, d.h. wenn man „Sparen" nach Typ 2 beabsichtigt, muss man Jahr für Jahr mehr einnehmen als man ausgibt. Anstelle einer jährlichen Neuverschuldung, wie wir das seit 1972 erleben, muss also ein *Überschuss* treten. Viele Menschen halten ein solches Umsteuern für geboten. Sie glauben, dass es für den Staat schlecht sei, wenn er überhaupt Schulden hat, da man damit die nachkommenden Generationen unangemessen belaste. Wiederum erkennt man hier deutlich das einzelwirtschaftliche Denken: Was würde man von Eltern halten, die ihren Kindern nur Schulden hinterlassen? Und schon ist man wieder in einer Rationalitätenfalle gelandet.

Da ist zunächst einmal der Denkfehler, der auch dem sich als Ökonomen aufspielenden Juristen Miegel unterläuft,[1] dass der Staat – wie Familie Müller – seine Verschuldung früher oder später wieder auf Null zurückführen muss. Doch schon ein Blick auf den Unternehmenssektor zeigt, dass die Schuldentilgung außerhalb der privaten Haushalte keinesfalls die Regel ist. In Tabelle 12.1 sehen wir, dass im Jahr 2002 der Unternehmenssektor netto mit 1.241 Milliarden Euro mit Abstand die meisten Schulden hatte. Aber niemand ist bisher auf die Idee gekommen, dass unsere Unternehmen, deren Eigenkapitalquote (eigene Mittel im Verhältnis zur Bilanzsumme) nur 17,5% beträgt, eine konsequente Konsolidierungspolitik benötigen, um ihren Schuldenstand abzutragen. Im Gegenteil, die meisten Unternehmen klagen darüber, dass sie derzeit nicht genug Kredite von den Banken bekommen.

---

1. Miegel (2003) S. 147: „Wollte er (der Staat; P.B.) seine Schulden wie eine Hypothek, die mit sechs Prozent verzinst ist, in dreißig Jahren abtragen, müsste er dafür ein Fünftel der derzeitigen Steuereinnahmen aufwenden – jährlich 97 Milliarden Euro oder eine Viertel Milliarde Euro pro Tag." Klingt schaurig, zeigt aber, dass der Verfasser ein falsches Verständnis von Ökonomie hat.

Tabelle 12.1

Forderungen und Verbindlichkeiten in der deutschen Wirtschaft im Jahr 2002
Quelle: Deutsche Bundesbank

	Forderungen	Verbindlichkeiten	NettoGeldvermögen
Private Haushalte	3.730,5	1.535,0	2.195,5
Unternehmen	1.901,1	3.142,4	-1.241,3
Banken, Versicherungen	5.462,5	5.278,0	184,5
Staat	301,6	1.241,3	-1.061,4

Nebenbei bemerkt sehen wir in der Tabelle 12.1, dass die öffentliche Hand bei uns nicht nur Verbindlichkeiten hat, sondern auch über Forderungen in beachtlicher Höhe verfügt. Über diese wird in der Öffentlichkeit nie geredet, wahrscheinlich weil der Vertrag von Maastricht sich nur auf die Schulden bezieht, die Forderungen aber völlig unberücksichtigt lässt. Netto betrachtet lag der Schuldenstand der öffentlichen Hand im Jahr 2002 nur bei 50,3% des Bruttoinlandsprodukts.

12.1   Was ist so schlimm an den Staatsschulden?

Absolut gesehen ist der Schuldenberg der öffentlichen Hand sicherlich hoch. Mehr als tausend Milliarden Euro, da ist Lieschen Müller zutiefst beeindruckt. Aber kann die schiere Größe ein hinreichender Grund dafür sein, die Staatsschulden abzubauen? Brutto betrachtet liegen die Schulden der Unternehmen sogar bei dreitausendeinhundert Milliarden, müsste man dann nicht da zuerst beginnen? Und was für den Laien eine so riesige Zahl darstellt, ist für die globalen Devisenmärkte gerade einmal ein *Tages*umsatz.

Was ist also – neben den vielen Nullen – so schlimm am aktuellen Schuldenstand der öffentlichen Hand? Natürlich kennen Sie alle die richtige Antwort: Mit der Staatsverschuldung versündigen wir uns an den nachkommenden Generationen, und das will ja nun schließlich niemand. Das Argument klingt so überzeugend, dass kaum jemand mehr als eine Sekunde darüber nachdenkt. Schließlich weiß man als guter Vater oder gute Mutter, dass es fatal wäre, den eigenen Kindern am Ende des eigenen Lebens Schulden zu hinterlassen.

Aber leider ist diese Familienvater- oder -mutterperspektive völlig unzutreffend, wenn man über die Verhältnisse in einer Volkswirtschaft insgesamt nachdenkt. Fragen wir uns zunächst einmal, wovon es abhängt, wie hoch das Vermögen der Deutschen im Jahr 2040 ist. Am Besten kann man das mit einer kleinen Bilanz verdeutlichen. Auf der Aktivseite schreiben wir die Vermögenswerte auf und auf der Passivseite die Verpflichtungen:

Tabelle 12.2

Stilisierte Bilanz für Deutschland

Aktiva	Passiva
Sachvermögen (Immobilien, Unternehmen, Infrastruktur)	
Forderungen (Kredite, Staatsanleihen)	Verbindlichkeiten (Kredite, Staatsanleihen)
Humankapital	

Wie *reich* die im Jahr 2040 in Deutschland lebenden Generationen sein werden, hängt also davon ab, wie hoch die Positionen auf der Aktivseite sind, abzüglich der Positionen auf der Passivseite. Unstrittig ist, dass das Sachvermögen und das Humankapital, d.h. die Ausbildung und das Wissensniveau unser Kinder und Enkel, entscheidende Determinanten des zukünftigen Wohlstands darstellen. Doch welche Bedeutung hat nun die Staatsverschuldung für den Reichtum dieser Generationen? Wir sehen, dass die umlaufenden Staatsanleihen (und natürlich auch die an den Staat vergebenen Buchkredite) auf der Aktivseite der Bilanz verzeichnet sind. Sie stellen für die Inhaber dieser Forderungen einen Teil ihres Vermögens dar. Aber bei einer Bilanz für Deutschland, die neben den Privaten auch den Staat umfassen muss, stehen dieselben Anleihen und Kredite zugleich auch auf der Passivseite. Und wenn eine Größe in einer Bilanz in gleicher Höhe auf beiden Seiten steht, kann man sie im Prinzip auch vernachlässigen. Im Ganzen gesehen ist für den Reichtum der zukünftigen Generationen die Staatsverschuldung also irrelevant.

Davon gibt es nur eine Ausnahme: Wenn sich eine Volkswirtschaft, wie zum Beispiel derzeit die Vereinigten Staaten, massiv im Ausland verschuldet, steigen die Verbindlichkeiten, die dann in größerem Umfang von Ausländern gehalten werden, schneller als die Forderungen. Doch da Deutschland derzeit nicht über, sondern unter seinen Verhältnissen lebt (siehe Kapitel 1), steigen unsere Forderungen gegenüber dem Rest der Welt schneller als unsere Verbindlichkeiten.

Diesen Sachverhalt kann man auch noch so darstellen: Die Steuern, die die zukünftige Generationen bezahlen müssen, damit die Zinsen auf die Staatsschuld geleistet werden können, erhält niemand anderes als die dann lebenden Menschen, da sie die Inhaber der Staatsanleihen sind. Für die Lastenverteilung *zwischen* den Generationen ist die Staatsverschuldung also nicht unmittelbar von Bedeutung. Sie hat lediglich einen Einfluss auf die Lastenverteilung *innerhalb* einer Generation. Bis zum Jahr 2040 werden manche Kinder sehr viele Staatsanleihen erben und andere werden dabei völlig leer ausgehen. Diejenigen, die dann die Steuern für die Zinsen bezahlen, sind nicht identisch mit denen, die die Zinseinnahmen bekommen. Die Staatsverschuldung wird also negative Verteilungseffekte innerhalb einer Generation auslösen. Doch dieses Problem könnte man mit einer etwas höheren Erbschaftsteuer durchaus in den Griff bekommen.

12.2 Wovon der Reichtum unserer Kinder und Enkel wirklich abhängt

Wie die „Bilanz für Deutschland" zeigt, kommt es für die Verteilungseffekte *zwischen* den Generationen auf etwas ganz anderes an. Ob unsere Nachkommen im Jahr 2040 arm oder reich sind, hängt allein davon ab, wie hoch ihr Sachvermögen und ihr Humankapital sein werden. Unseren Nachkommen wird es in den nächsten Jahrzehnten umso besser gehen, je mehr

■ die Unternehmer investieren, so dass wir international wettbewerbsfähig bleiben,

■ der Staat durch Investitionen für eine gute Infrastruktur sorgt, und

■ privat und öffentlich in die Ausbildung der Kinder und Jugendlichen investiert wird.

Hiervon allein hängt es ab, ob wir mit unserer heutigen Politik die zukünftigen Generationen beeinträchtigen oder aber ihnen helfen, in Wohlstand und Sicherheit zu leben.

Beginnen wir mit dem, was die Ökonomen als Investitionen in das *Humankapital* bezeichnen. Hierfür gibt es detaillierte Statistiken der OECD, die ein echter Grund zur Panik sind. Wenn man sich die Bildungsausgaben in Relation zum Bruttoinlandsprodukt ansieht (Schaubild 12.1), liegt Deutschland abgeschlagen im hinteren Bereich, insbesondere bei den Ausgaben im „tertiären Bildungsbereich", d.h. für die Hochschulen. Ist es wirklich im Interesse der zukünftigen Generationen, wenn der Staat hier spart?

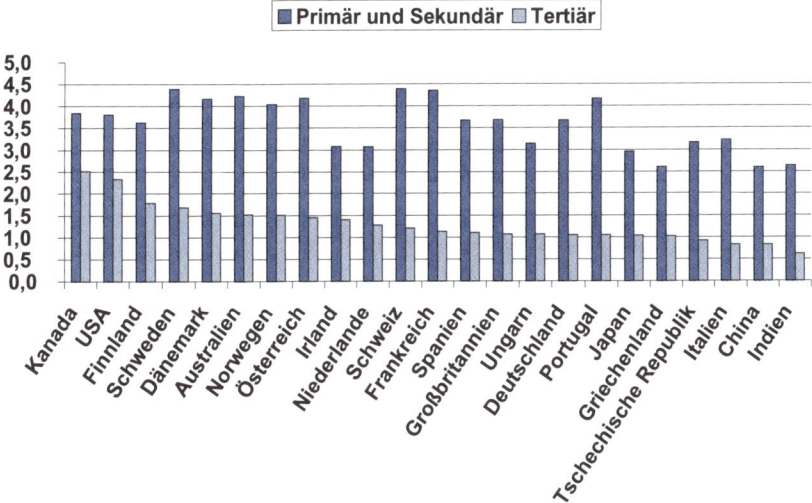

Schaubild 12.1: Bildungsausgaben in Prozent des Bruttoinlandsprodukts im Jahr 2002
Quelle: OECD, Education at a Glance

Diese Frage muss man sich auch stellen, wenn man die Entwicklung der öffentlichen Investitionen in den letzen Jahren betrachtet. Trotz seines Bekenntnisses zur „politischen und moralischen Verantwortung für die Zukunft und die künftigen Generationen" (Plenarprotokoll des Bundesrates vom 21. Mai 1999) hatte Hans Eichel 1999 keine Hemmungen, die Investitionen des Bundes, die ohnehin schon sehr gering waren, noch weiter nach unten zu fahren. Zusammen mit den ebenfalls extrem niedrigen Bauinvestitionen und einer ebenfalls undynamischen Investitionstätigkeit der Unternehmen (Ausrüstungsinvestitionen) hat Deutschland in der Tat selten so wenig für die zukünftigen Investitionen getan wie heute.

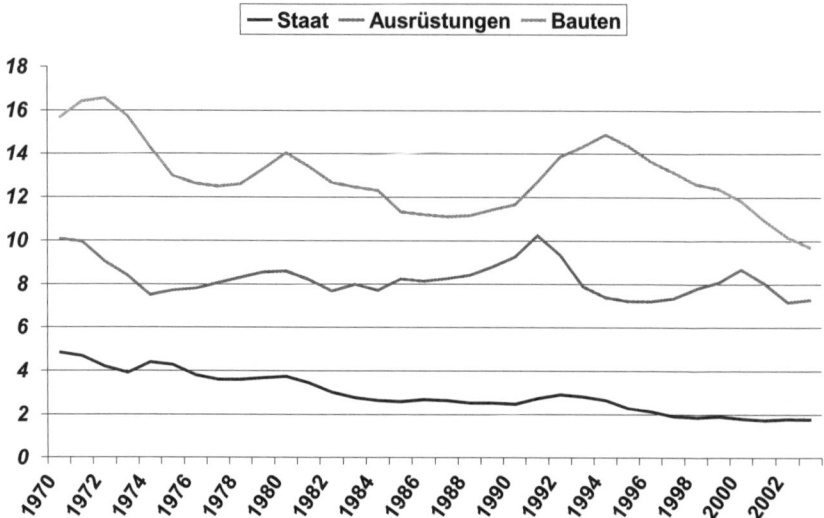

Schaubild 12.2: Investitionen in % des Bruttoinlandsprodukts
Quelle: Sachverständigenrat

12.3 Finanzpolitisch denken heißt, wie ein Unternehmer denken

Was ist die Moral von der Geschichte? Wenn wir uns wirklich Gedanken um die zukünftigen Generationen machen, dürfen wir nicht völlig eindimensional nur an den Schuldenstand denken. Die Familienvater-Perspektive ist hier einfach deplatziert. Die richtige Sichtweise ist die eines Unternehmers, der seinem Sohn in – sagen wir – zehn Jahren das Familienunternehmen übergeben möchte. Was würde man von diesem Unternehmer denken, wenn er auf die Idee käme, das Unternehmen schuldenfrei zu überlassen und deshalb die nächsten zehn Jahre keinerlei Investitionen mehr vorzunehmen? Das Resultat ist offensichtlich: Der Sohn hätte dann tatsächlich keine Schulden mehr, aber das Unternehmen wäre auch nicht mehr viel wert. Also muss der Unternehmer anders an die Sache herangehen. Er muss sich fragen, welche Investitionsprojekte Erfolg versprechend sind. Und wenn es sich dabei um Investitionen handelt, die hohe Erträge in Aussicht stellen, verhält er sich richtig, wenn er diese zumindest teilweise über Kredite finanziert.

Nicht anders müssen die Finanzpolitiker an die Frage der öffentlichen Verschuldung herangehen. Dafür gibt es auch schon seit langem eine gute Faustregel, die „*Goldene Regel der Finanzpolitik*". Sie besagt, dass ein Staat seine Investitionen jederzeit mit Krediten finanzieren kann. Diese Regel steht auch in Artikel 115 unseres Grundgesetzes:

> *„Die Einnahmen aus Krediten dürfen die Summe der im Haushaltsplan veranschlagten Ausgaben für Investitionen nicht überschreiten; Ausnahmen sind nur zulässig zur Abwehr einer Störung des gesamtwirtschaftlichen Gleichgewichts."*

Solange der Staat also Erfolg versprechende Investitionen vornimmt, gibt es keinen Grund, diese nicht auch über Kredite zu finanzieren. Wie man in Schaubild 12.2 erkennen kann, beliefen sich die öffentlichen Investitionen in den achtziger Jahren auf rund 3% des Bruttoinlandsprodukts. Dabei sind jedoch die Personalausgaben für Lehrer an Schulen und Hochschulen nicht berücksichtigt, obwohl sie ohne Zweifel als Investitionen in das Humankapital angesehen werden können. Defizite in einer Größenordnung von 2 – 3% sind also auch mittelfristig völlig unproblematisch, allerdings nur dann, wenn damit klug für die Zukunft investiert wird.

Wenn es uns also ernst ist mit den zukünftigen Generationen, sind wir gut beraten, die kurzsichtig machende Brille des Familienvaters abzulegen. Mit ausgeglichenen öffentlichen Haushalten, die zu Lasten von Investitionen in das Humankapitel und die Infrastruktur erreicht werden, gefährden wir die Zukunft unseres Landes. Es gibt nichts Widersinnigeres, als bei der Bildung und der Infrastruktur zu sparen, um damit den zukünftigen Generationen etwas Gutes zu tun.

12.4 Die Staatsverschuldung als „sicherer Hafen"

Schließlich ist die Staatsverschuldung auch für die Finanzmärkte von großer Bedeutung: Deutsche Staatsanleihen gelten bei den internationalen Investoren als eine extrem sichere Anlageform. So bekommt die Bundesrepublik Deutschland als Schuldner von den internationalen Rating-Agenturen (allen voran *Moodys* und *Standard & Poors*) stets die bestmögliche Bewertung. Gott sei Dank hören diese nüchternen Analysten nicht auf die Angstattacken unserer Politiker und anderer „Experten". Für deutsche Euro-Anleihen müssen deshalb auch niedrigere Zinsen gezahlt werden als für vergleichbare Schuldtitel unserer Nachbarländer.

Bei den extremen Schwankungen auf den Aktienmärkten ist es wichtig, dass es solche „sicheren Häfen" für die Anleger gibt. So sind deshalb nur diejenigen unter unseren Lebensversicherungen und Banken noch einigermaßen glimpflich durch die Börsenstürme der letzten Jahre gekommen, die den größten Teil ihres Portfolios direkt oder indirekt in öffentlichen Anleihen und Krediten investiert haben. Und bei der steigenden Notwendigkeit selbst für die Alterssicherung anzusparen, dürften auch die meisten privaten Anleger ganz dankbar dafür sein, dass sie einen größeren Teil ihres Ersparten in Bundesanleihen oder Rentenfonds investieren und so stets gut schlafen können.

12.5 Die deutsche Einheit und die Generationengerechtigkeit

Schließlich sollte man bei der Diskussion über die Generationengerechtigkeit die besondere Problematik der deutschen Einheit nicht ganz unberücksichtigt lassen. Wir haben schon darauf hingewiesen, dass die Transfers von West nach Ost etwa 4% des westdeutschen Bruttoinlandprodukts betragen. Ohne diese Zahlungen könnte Deutschland also einen in etwa ausgeglichenen Haushalt vorweisen. Nun dürfte außer Zweifel stehen, dass die Lasten der deutschen Einheit auf die politischen Fehler einer ganzen Reihe von Vorgängergenerationen zurückzuführen sind. Wie in Kapitel 5 dargelegt, wird es wohl noch einige Zeit dauern, bis dieser Prozess zu einem allgemein befriedigenden Abschluss finden wird. Wenn man also überhaupt daran glaubt, dass sich mit der Staatsverschuldung Lasten in die Zukunft transferieren lassen, wäre es ohne weiteres vertretbar, dass ein solches Jahrhundertereignis nicht nur von einer Generation, sondern von mehreren Generationen der deutschen Bevölkerung getragen wird.

Teil 4

Nach der Reform ist vor der Reform

In den letzten fünf Jahren ist wohl kein Begriff so oft in den Medien verwendet worden wie das Wort „Reform". Und in der Tat gab es in der deutschen Geschichte bisher keine Phase, in der so viele grundlegende Änderungen der Wirtschaftsordnungen vorgenommen wurden:

■ Im Jahr 2000 wurde die „große Steuerreform" beschlossen (Kapitel 14),

■ kurz darauf folgte im Jahr 2001 eine grundlegende Neuausrichtung des Rentensystems (Kapitel 15) der sich im Jahr 2004 gleich eine weitere Rentenreform anschloss,

■ dann stellte im Sommer 2002 die Hartz-Kommission ihr Reformpakt für den Arbeitsmarkt vor (Kapitel 16),

■ und schließlich einigten sich Horst Seehofer und Ulla Schmidt in einer „schönen Nacht" im Juli 2003[1] auf eine umfassende Reform des Gesundheitssystems (Kapitel 17).

Und was folgt? Aller Voraussicht nach wird bald eine drastische Reform der Sozialhilfe kommen, die bereits mit dem wohl klingenden Namen „aktivierende Sozialhilfe" betitelt ist (Kapitel 18).

---

1. Horst Seehofer sagte danach: „Ich kann für meine Person sagen, dass es eine der schöneren Nächte in meinem Leben war." Auch das, was Gesundheitsministerin Ulla Schmidt zu sagen hat, deutet auf Erleichterung hin: „Ich hatte heute eine schöne Nacht, aber ich hatte auch schon viele schöne Nächte." (*www.zdf.de*)

13

„Wirtschaftspolitik unter Reformdruck"

Die Überschrift dieses Kapitels hat der Sachverständigenrat als Titel für sein Jahresgutachten 1999/2000 gewählt. In der Tat beschreibt diese Diagnose zusammen mit dem allgemeinen Sparzwang die mentale Verfassung, in der sich seither die deutsche Politik und unsere Gesellschaft insgesamt befinden. Der Ruf nach „Reformen" ist inzwischen zum nationalen Mantra geworden. Entscheidend ist, dass man sich zu „Reformen" bekennt, dass man möglichst tief greifende „Reformen" fordert, auch wenn diese „schmerzen", und dass man für eine möglichst rasche Umsetzung der „Reformen" plädiert. Von der SPD und der rot-grünen Bundesregierung wird seit dem März 2003 das Schlagwort der „Agenda 2010" als Synonym für „Reformen" verwendet. Und so erleben wir seit mehr als vier Jahren den permanenten Reformprozess, bei dem die Politiker immer mehr wie Hamster im Rad agieren. Kaum ist eine „Reform" vollbracht, steht schon die nächste vor der Tür.

13.1   Fahrt ins Blaue mit sinkendem Reisekomfort

Bei so viel Aktionismus kann es nicht ausbleiben, dass heute kaum noch ein Grundkonzept für den gesamten Reformprozess erkennbar ist. Dies gilt für die Regierungsparteien ebenso wie für die Opposition. Und so ist es nicht überraschend, dass trotz eines ungewöhnlich hohen Reformtempos bisher keine echte wirtschaftliche Belebung eingesetzt hat. Im Gegenteil, wenn jeden Tag eine neue „Reform-Sau" durchs Dorf getrieben wird, führt das zu wachsender Verunsicherung in der Bevölkerung wie auch bei den Investoren. Die Bürger erkennen zu Recht, dass der Reformprozess einer Fahrt ins Blaue gleicht und es ist dabei auch nicht zu übersehen, dass der Fahrkomfort in den letzten Jahren immer schlechter geworden ist.

Damit haben die „Reformen" immer weniger mit dem gemeinsam, was Gerhard Schröder zu Beginn seiner Regierungszeit darunter verstanden hat:

> *„Wir wollen den Begriff der Reform wieder in sein Recht setzen. Reform – das Wort war einmal klar definiert als Programm oder Projekt, das die Lebensverhältnisse der Menschen verbessert. So war das damals bei der Einführung des Frauenwahlrechts vor – fast auf den Tag genau – 80 Jahren, eine Reform, die August Bebel und die Sozialdemokraten erkämpft hatten. So war das auch in den 70er Jahren, als Sozialdemokraten und ihre Bündnispartner unter Willy Brandt und Helmut Schmidt tatsächlich „mehr Demokratie wagten" und mehr Chancengleichheit herstellten. Heute stehen wir erneut vor der Notwendigkeit von Reformen, die das Leben der Menschen verbessern sollen. Es geht nicht zuletzt darum, die gewaltig entfalteten Produktivkräfte, den immensen Reichtum an Waren und Dienstleistungen, den wir erwirtschaften, wieder in einen sozialen, in einen Sinn stiftenden Zusammenhang zu integrieren; denn das ist verloren gegangen." [2]*

Das klingt sehr überzeugend, doch man kann bei den meisten „Reformen" der letzten Jahre nur schwer erkennen, dass sie die „Lebensverhältnisse der Menschen verbessert" haben.

13.2 Gefährlicher Aktionismus

Aktionismus ist ein besonderes Merkmal des Reformprozesses der letzten Jahre. Das begann schon mit der Steuerreform, die das so genannte Anrechnungsverfahren in der Körperschaftsteuer durch das so genannte Halbeinkünfteverfahren ersetzte, obwohl von namhaften Ökonomen davor gewarnt wurde.[3] Die fatalen Folgen sind in Kapitel 14 nachzulesen. Aktionismus kennzeichnet auch die Hartz-Reformen (ausführlich in Kapitel 16). Im Frühjahr 2002 hatte sich keines der Kommissionsmitglieder die Zeit genommen, zunächst einmal eine klare Diagnose zu stellen. Nein, es sollte möglichst schnell gehen. Und so ist seit der Veröffentlichung der poppigen Reformideen des Peter Hartz und seiner Crew die Zahl der sozialversicherungspflichtigen Erwerbstätigen um eine Million zurückgegangen. Hartz hatte geglaubt, sein Konzept werde innerhalb von drei Jahren zu einer Reduzierung der Arbeitslosen um zwei Millionen führen.

---

2. Bundestag-Plenarprotokoll 14/3 vom 10.11.1998
3. Die Professoren Siegel, Bareis, Herzig, Schneider, Wagner und Wenger warnten die Bundesregierung im Namen weiterer 72 Professoren, die„Abschaffung des Anrechnungsverfahrens wäre der größte konzeptionelle Fehler, der im Steuerrecht in Deutschland jemals begangen worden wäre". Das Manifest ist abgedruckt in: Betriebsberater, 55. JG (2000), S. 1269-1270.

Ein anderes Beispiel für das heute vorherrschende, völlig orientierungslose Modernisieren sind Konzepte der CDU, die auf dem „Reformparteitag" im Jahr 2003 in Leipzig präsentiert wurden. Da wurde zum einen eine große Steuerreform gefordert und zum anderen das Modell der Gesundheitsprämien für die Krankenversicherung (siehe Kapitel 20). Doch weder die Delegierten noch die Journalisten sind auf die Idee gekommen, die Kompatibilität der beiden Reformpläne zu überprüfen. Und so wurde völlig übersehen, dass die geplante Steuerreform zu Steuerausfällen von rund 30 Mrd. Euro führen würde, während die Gesundheitsprämien zusätzliche Steuereinnahmen von rund 15 Mrd. Euro erforderte. Per saldo wies das Programm also einen Fehlbetrag von 45 Mrd. Euro auf. Und natürlich reichte bei der Umsetzung beider Pläne der Merz'sche Bierdeckel für die Steuererklärung nicht mehr aus. Denn wenn das Konzept der Gesundheitsprämien umgesetzt würde, müssten Ehepaare mit geringem Einkommen einen steuerlichen Ausgleich erhalten – und um diesen zu berechnen, wäre auf jeden Fall ein zweiter Bierdeckel erforderlich.

Der Reformaktionismus ist also alles andere als produktiv. Genau aus diesem Grunde habe ich im Februar 2004 für eine „Reformpause" plädiert. Von den „Workaholics", die heute die Medienlandschaft bestimmen, wurde das sofort als ein Plädoyer für einen „Reformstopp" interpretiert. Ich habe dann daran erinnert, dass man bei Bergtouren häufiger Pausen macht, weil man wieder Kräfte sammeln und sich auch orientieren muss, ob man auf der richtigen Route ist und wie der Weg weitergehen soll. Die Pause ist also keine Entscheidung dafür, die Gipfelbesteigung auszulassen. Im Gegenteil: Sie ist unverzichtbar, wenn die Tour erfolgreich sein soll.

13.3 Die Alternative: Konstanz der Rahmenbedingungen

Ich bin deshalb überzeugt, dass es auch für unsere Politiker sehr hilfreich wäre, wenn sie bei ihrem Reformmarathon einmal einen „Boxenstopp" einlegen würden. Sie würden diese Zeit besonders sinnvoll nutzen, wenn sie dabei einen Blick in eines der fundamentalen ökonomischen Bücher des letzten Jahrhunderts werfen würden. Trotz meiner Sympathie für Keynes, würde ich seine Schriften diesbezüglich nicht für geeignet halten, denn sie sind extrem unverständlich geschrieben. Ich würde ein deutsches Buch empfehlen: die „Grundsätze der Wirtschaftspolitik" von Walter Eucken (1891-1950), einem der geistigen Väter unserer Sozialen Marktwirtschaft, das in den vierziger Jahren des letzten Jahrhunderts geschrieben wurde. Eucken formuliert dort eine Reihe fundamentaler Prinzipien für eine funktionsfähige marktwirtschaftliche Ordnung. Zu den sieben „konstituierenden Prinzipien" zählt für ihn insbesondere die „Konstanz der Rahmenbedingungen". Was Eucken vor mehr als einem halben Jahrhundert schrieb, klingt heute erstaunlich aktuell:

> *„Die außerordentliche Instabilität der experimentierenden Wirtschaftspolitik – so der Währungs-, Handels-, Steuer- und Lohnpolitik-, wie sie während der letzten Jahrzehnte in den meisten Industrieländern bestand, hat das Element der Unsicherheit wesentlich vergrößert. Das Risiko ist zu hoch."* [4]

Für Eucken folgt daraus:

> *„Eine gewisse Konstanz der Wirtschaftspolitik ist nötig, damit eine ausreichende Investitionstätigkeit in Gang kommt (...). Die langfristige Festlegung von Steuern, von Handelsverträgen, von Währungseinheiten usw. ist von erheblicher Bedeutung."* [5]

Genau das ist es, was wir heute dringend brauchen. Das bedeutet nicht, dass die Politik die Hände in den Schoß legen sollte. Aber wenn man dieses Prinzip ernst nimmt, sollte man erst einmal eine umfassende Diagnose der Probleme vornehmen, dann ein in sich schlüssiges Gesamtkonzept entwickeln und schließlich die einzelnen Reformschritte formulieren, die konsequent darauf hinführen. Es mag sein, dass ein solches Vorgehen damit verbunden ist, dass wir einmal zwölf Monate oder sogar länger keine neuen Reformenideen in den Zeitungen finden werden. Aber das erscheint mir sinnvoller als die unkoordinierten Reformschritte der letzten Jahre und die weiteren Umbau- und Abriss-Maßnahmen, die heute gefordert und diskutiert werden.

---

4. Walter Eucken (1952), S.288
5. Walter Eucken (1952), S.288

14

Vom „größten Steuersenkungs-programm der Nachkriegszeit" zur permanenten Steuerreform

Wenn man laufend mehr ausgibt als man einnimmt, und wenn man diesen Zustand ändern will, gibt es zwei Möglichkeiten: Man muss die Einnahmen erhöhen oder die Ausgaben reduzieren. Erstaunlicherweise hatte sich der so auf das Sparen fixierte Hans Eichel als eines seiner ersten Ziele eine umfassende Steuerreform vorgenommen, von der er wusste, dass sie ihm erhebliche Einnahmeausfälle bescheren würde. Wie die Tabelle 14.1 verdeutlicht, wurden für den Zeitraum von 2001 bis 2005 Steuerentlastungen von rund 93 Mrd. Euro erwartet. Bezogen auf das Bruttoinlandsprodukt ging es dabei um Größenordnungen zwischen rund 0,5% (2002) und 1,4% (2005) des Bruttoinlandsprodukts. So gesehen kann man dieses Programm zu Recht als „größtes Steuersenkungsprogramm der Nachkriegszeit" bezeichnen.

Tabelle 14.1

Geplante Steuermehreinnahmen/-mindereinnahmen durch das Steuersenkungsgesetz 2000
Quelle: Sachverständigenrat, Jahresgutachten 2000/2001, Tabelle 36

	2001	2002	2003	2004	2005	2001-2005
Privat-Haushalte	-10,2	0,9	-4,3	-4,1	-16,4	-34,1
Mittelstand	-7,0	-5,1	-7,4	-6,6	-12,0	-38,1
Groß-Unternehmen	-6,0	-5,6	-3,2	-2,1	-3,7	-20,7
Summe	**-23,2**	**-9,8**	**-15,0**	**-12,8**	**-32,1**	**-92,9**
In % des Brutto-inlandsprodukts	-1,1	-0,5	-0,7	-0,6	-1,4	

Da Hans Eichel trotz dieses gewaltigen Steuersenkungsprogramms sparen wollte, d.h., das Finanzierungsdefizit des Bundes sollte von 2000 auf 2003 um rund 20 Mrd. Euro reduziert werden, handelte es sich dabei keinesfalls um eine keynesianische Nachfragepolitik. Jeder Euro, der an Steuereinnahmen verloren ging, sollte durch Einsparungen an anderer Stelle, insbesondere bei den Investitionen und den Ausgaben für den Arbeitsmarkt, wieder hereingeholt werden.

14.1 Die falsche Diagnose

Natürlich freuen sich alle, wenn die Steuern gesenkt werden und deshalb gab es in den Jahren 1999 und 2000 keine große Diskussion über die grundsätzliche Notwendigkeit einer Steuerreform. Im Rückblick ist das nicht ohne weiteres nachvollziehbar. In Kapitel 3 haben wir bereits gezeigt, dass die Steuerbelastung der deutschen Wirtschaft im internationalen Vergleich sehr niedrig ist, während wir bei der Belastung mit Sozialabgaben an der Spitze liegen (Schaubild 3.5) Die Tabelle 14.2 vergleicht das Aufkommen der wichtigsten Steuern in Deutschland im Jahr 1999 mit den Strukturen in den Vereinigten Staaten, in der Europäischen Union sowie in den OECD-Ländern insgesamt.

Tabelle 14.2

Internationaler Vergleich des Steueraufkommens einzelner Steuern in % des nominellen Bruttoinlandsprodukts im Jahr 1999
Quelle: OECD, Revenue Statistics 1965-2001

	Körperschafts-steuer	Einkommen-steuer	Umsatz-steuer	Vermögens-steuer	Steuern ohne Sozialabgaben	Sozialabgaben
Deutsch-land	1,8	9,5	10,6	0,9	23,0	14,9
USA	2,4	11,8	4,7	3,1	22,0	6,9
EU-15	3,5	10,9	12,4	2,0	30,2	11,3
OECD	3,3	10,1	11,6	1,9	27,7	9,4

Wenn man sich diese Zahlen im Jahr 1999 angesehen hätte, hätte die Diagnose eigentlich eindeutig ausfallen müssen:

- **Die Belastung der Kapitalgesellschaften in Form der *Körperschaftsteuer* war in Deutschland auffallend niedrig,**

- **weit unterdurchschnittlich waren auch die Einnahmen aus *Vermögensteuern*,**

- **bei den *Umsatzsteuern* und der *Einkommensteuer* erzielte Deutschland weniger Aufkommen als der Durchschnitt der EU und der OECD insgesamt,**

- **die Steuerbelastung war *ohne* die Sozialabgaben gerechnet geringer als im Durchschnitt von EU und OECD und sie war kaum höher als in der Vereinigten Staaten,**

- **weit überdurchschnittlich hoch wurde der Faktor Arbeit in Deutschland durch die *Sozialabgaben* belastet.**

Bei allen Messproblemen solcher internationaler Vergleiche steht der Befund außer Zweifel: Deutschland hätte im Jahr 2000 massive Entlastung bei den Sozialabgaben benötigt. Auf diese Weise hätte der in Kapitel 6 beschriebene Missbrauch der Sozialen Versicherungssysteme durch den Bund wenigstens teilweise wieder zurückgeführt werden können. Wie kann man sich als Regierung das Ziel setzen, die Arbeitslosigkeit massiv zu reduzieren, ohne die im internationalen Vergleich exzessive Belastung des Faktors Arbeit grundlegend zu reduzieren?

Mit der Steuerreform 2000 gab die Bundesregierung in Zeiten knapper Mittel viel Geld aus, um dort zu entlasten, wo ohnehin schon wenig Steuern gezahlt wurden. Sie verpasste so die große Chance eines Befreiungsschlags bei den Sozialen Sicherungssystemen, der, wie wir in Kapitel 20 sehen werden, nicht zum Nulltarif zu haben ist.

14.2 Einbruch bei der Körperschaftsteuer

Im Ergebnis kam aber alles noch schlimmer. In den Jahren 2001 und 2002 brach die Körperschaftsteuer buchstäblich ein. Wurden von den Unternehmen im Jahr 2000 noch 23,6 Mrd. Euro für diese Steuer gezahlt, bekamen sie 2001 vom Finanzamt per Saldo 0,4 Mrd. erstattet, im Jahr 2002 floss ein Rinnsal von 2,9 Mrd. an den Fiskus, im Jahr 2003 dürften wieder rund 10 Mrd. zusammenkommen. Die Ausfälle bei der Körperschaftsteuer beliefen sich in 2001 und 2002 somit jeweils auf rund 1% des Bruttoinlandsprodukts.

Im Ganzen hat die Steuerreform 2000 dazu geführt, dass das Aufkommen aus unternehmerischen Aktivitäten (Körperschaftsteuer, Kapitalertragsteuer, veranlagte Einkommensteuer und Gewerbesteuer) massiv zurückgegangen ist. Wie das Schaubild 14.1 verdeutlicht, entwickelten sich aber auch die anderen Steuern schwächer als das nominelle Bruttoinlandsprodukt.

Und wie sieht das Finanzministerium diese Reform? In einer Stellungnahme vom 18. Februar 2002 kann man Folgendes nachlesen:

> *„Die Unternehmenssteuerreform gehört zu den besonderen Leistungen der Bundesregierung in dieser Legislaturperiode. Die Unternehmenssteuerreform hat die deutsche Wirtschaft international wieder wettbewerbsfähig gemacht und den Steuerpflichtigen insgesamt und gerecht verteilt die längst überfällige Entlastung gebracht, ohne den Konsolidierungskurs zur Sanierung der öffentlichen Haushalte zu verlassen. "*

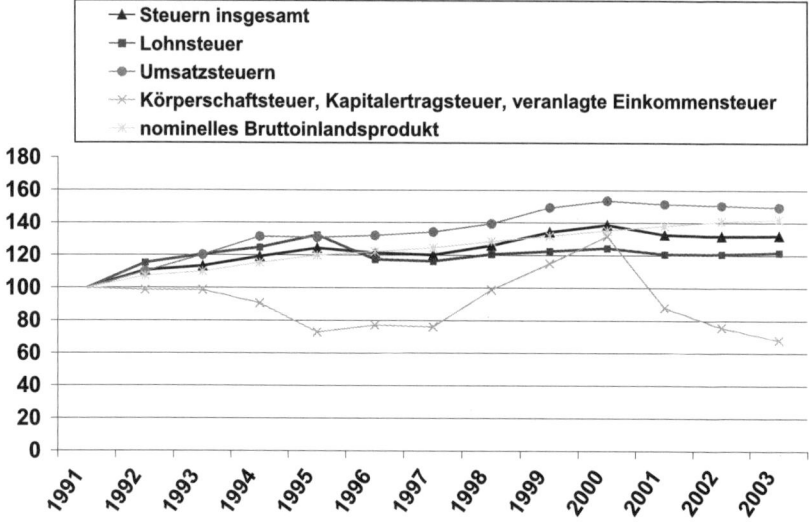

Schaubild 14.1: Aufkommen wichtiger Steuerarten (1991=100)
Quelle: Deutsche Bundesbank

Wenn nun schon die Unternehmen in ungewöhnlich hohem Maße entlastet wurden, hätte man erwarten können, dass sich dies in einer deutlich steigenden Investitionsbereitschaft niederschlägt. Doch davon ist beim besten Willen nichts zu erkennen. Die Ausgaben für neue Maschinen gingen von 2000 auf 2002 um 15% zurück, die Investitionen im Baubereich, die allerdings auch von den privaten Haushalten vorgenommen werden, sanken um fast 12%. Natürlich hat sich die Weltkonjunktur in den Jahren 2001 und 2002 erheblich verschlechtert, aber der Investitionsrückgang war in anderen Ländern deutlich schwächer als in Deutschland.

Dieses Scheitern der Steuerreform ist ein deutlicher Beleg dafür, wie sehr die Rolle der Angebotsbedingungen in der Diskussion der letzten Jahre überschätzt wurde und noch immer überschätzt wird. Wenn eine derart massive Steuersenkung, die zudem noch von einer Lohnpolitik flankiert wurde, die sogar der Sachverständigenrat ausdrücklich lobte,[1] völlig verpufft, wie kann man dann von den sehr viel schwächer dosierten angebotspolitischen Maßnahmen der Agenda 2010 ernsthaft eine nachhaltige Besserung der Lage erwarten?

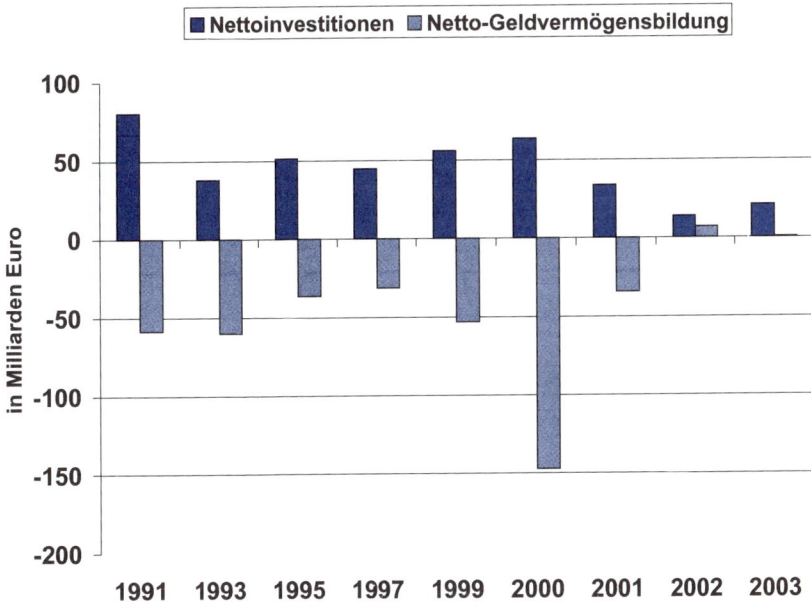

Schaubild 14.2: Investitionen und Netto-Geldvermögensbildung des Unternehmenssektors (in Mrd. Euro)
Quelle: Deutsche Bundesbank, Gesamtwirtschaftliche Finanzierungsrechnung

Bleibt die Frage, was die großen Unternehmen in den letzten Jahren mit dem ganzen Geld gemacht haben. Die Antwort findet man im Schaubild 14.2. Es zeigt zum einen noch einmal, wie sehr die Investitionen trotz der steuerlichen Entlastung eingebrochen sind. Zum anderen erkennt man daran, dass offensichtlich nicht wenige Unternehmen einfach das Geld zur Bank gebracht haben, um erst einmal abzuwarten, was passiert. Wie wir in Kapitel 12 dargestellt haben, ist es eigentlich typisch für den Unternehmenssektor, dass er

---

1. Sachverständigenrat (2000), Tz. 412: „Die Tarifanhebungen bleiben unter der trendmäßigen Zuwachsrate der Arbeitsproduktivität pro Stunde. Damit hat die Tarifpolitik dazu beigetragen, dass die Nachfrage nach Arbeitskräften gestärkt wird und die Beschäftigung sich günstiger entwickeln kann."

seine Investitionen zu einem größeren Teil über Bankkredite finanziert und somit ein Finanzierungsdefizit gegenüber dem Rest der Volkswirtschaft aufweist. In den Jahren 2002 und 2003 war dies jedoch anders. Jetzt benötigten die Unternehmen insgesamt keinerlei Finanzierung durch die Banken und sie wurden stattdessen sogar noch in Höhe von 6,9 Mrd. Euro (2002) und 0,6 Mrd. Euro (2003) als Kreditgeber für andere Sektoren der Volkswirtschaft tätig.

14.3 Die permanente Steuerreform

Nun sollte man glauben, dass nach dieser massiven Steuerentlastung das Thema „Steuerreform" zumindest für einige Jahre erledigt sei. Doch weit gefehlt. Noch bevor im Januar 2005 die allerletzte Stufe der Reform 2000 in Kraft tritt, scharren überall die Steuerreformer mit den Hufen, um nun endlich „die" große Steuerreform zu verwirklichen. Internationale Vergleiche der Steuer- und Abgabenquoten werden dabei in der Regel ebenso wenig vorgenommen wie in den Diskussionen der Jahre 1999/2000.

14.4 Oh wie schön wäre ein einfaches Steuersystem

Die meisten der neuen Reformpläne stellen dabei das Ziel der Steuervereinfachung in den Vordergrund. Dies ist unter Marketing-Gesichtspunkten nicht ungeschickt, da sich die meisten Menschen nur mit großem Unbehagen an ihre Steuererklärung setzen und in der Regel auch nicht so genau wissen, wie sich ihre Steuerschuld im Einzelnen errechnet. Nur drei Steuersätze bei einem proportionalen Tarif verspricht das von Friedrich Merz für die CDU entwickelte Steuerkonzept. Ein Bierdeckel reiche aus, um die eigene Steuerschuld zu berechnen. Abgesehen davon, dass das wegen der gleichzeitig von der CDU beschlossenen Gesundheitsreform nicht ganz so einfach geht, kann man heute via Internet die Steuerschuld schon sehr viel bequemer ermitteln.

Das Ziel der Steuervereinfachung ist gewiss löblich. Doch wie bei vielen Dingen liegt auch hier der Teufel im Detail. Eine umfassende Analyse der kursierenden Steuerreformmodelle durch die Finanzministerien der Bundesländer[2] zeigt, dass es hier keinen „Stein der Weisen" gibt:

> *„Das Bestreben, Normen zu reduzieren, darf nicht übersehen, dass hoch komplexe Lebenssachverhalte auch eines angemessenen Maßes an steuerlichen*

---

2. Bericht der Abteilungsleiter (Steuer) der obersten Finanzbehörden des Bundes und der Länder: Grundlegende Reform des Steuerrechts, Bewertung der verschiedenen Steuerreformkonzeptionen, vom 16. Februar 2004.

Regelungen bedürfen und eine übermäßige Verkürzung zwangsläufig zu Problemen führt." (S. 82)

Zu den Reformen im Bereich der Unternehmensbesteuerung stellen die Experten aus den Finanzministerien fest:

„Sämtliche Vorschläge zur Unternehmensbesteuerung sind aus dem Blickwinkel der Steuervereinfachung problematisch." (S. 83)

Mit Steuergesetzen ist es wahrscheinlich nicht anders als mit der Grammatik. Es wäre schön, wenn man mit einfacheren Regeln zu Recht käme, aber wenn man komplexe Sachverhalte und Anreizmechanismen weiterhin angemessen berücksichtigen will, sind die Vereinfachungspotenziale sehr begrenzt. Dies wird auch von dem Steuerexperten Franz W. Wagner so gesehen: [3]

„Das größte Defizit der gesamten Diskussion um eine Steuervereinfachung liegt darin, dass den Bürgern verschwiegen wird, dass stark vereinfachte Steuersysteme die bisherigen Umverteilungs- und Anreizfunktionen des Steuersystems nicht übernehmen können. Die öffentliche Diskussion wird so geführt, als ob bei der Steuervereinfachung um lästigen und unnützen Papierkram ginge, aber alle sonstigen Eigenschaften des Steuersystems bestehen blieben. Würden die Bürger hingegen darüber informiert, dass tief greifende Eingriffe in Anreiz- und Verteilungsmechanismen das eigentliche Problem jeder Steuerreform sind, würde das Schlagwort der Steuervereinfachung seine konsensmobilisierende Funktion vermutlich schnell einbüßen."

14.5   Riesige Löcher in den öffentlichen Haushalten

Doch das Ziel der Steuervereinfachung ist nur die Verpackung. Im Kern geht es bei allen Steuerreformvorschlägen um weitere massive Steuersenkungen. Wohlweislich haben sich die Autoren der einzelnen Konzepte zu dieser zentralen Frage in der Vergangenheit sehr bedeckt gehalten. Es ist das Verdienst der schon angesprochenen Studie der Finanzminister, dass sie Schätzungen für die Steuerausfälle vornimmt, die bei den verschiedenen Reformmodellen zu erwarten sind (Tabelle 14.3).

Die Tabelle verdeutlicht, dass vor allem kurzfristig mit enormen Löchern im Bundeshaushalt zu rechnen wäre. Aber auch längerfristig ist netto bei den meisten Modellen mit zweistelligen Einnahmeverlusten zu rechnen. Die besonders starken Ausfälle in den Anfangsjahren sind darauf zurückzuführen, dass die Tarifentlastungen unmittelbar wirksam werden würden, während die von den Modellen geforderten Subventionskürzungen erst im Laufe der Zeit zu zusätzlichen Staatseinnahmen führen.

---

3. Franz Wagner (2004), S. 6

Tabelle 14.3

Steuerausfälle bei verschiedenen Steuerreformmodellen (in Milliarden Euro)

Quelle: Bericht der Abteilungsleiter (Steuer) der obersten Finanzbehörden des Bundes und der Länder

| | **Mittelfristig** | | | **Kurzfristig** | |
	Entlastung durch geringeren Tarif sowie Kinderfrei- betrag/bzw. Kindergeld	Belastung durch Reduktion von Sub- ventionen	Saldo	2005	2006
CDU	- 45.640	20.351	- 25.289	- 31.497	- 30.187
CSU	- 23.000	10.276	- 12.724	- 15.984	- 15.775
FDP	- 32.900	18.386	- 14.514	- 20.287	- 22.824
Kirchhof	- 60.900	49.504	- 11.396	- 42.874	- 31.579
Lang	- 48.700	16.834	- 31.866	- 36.830	- 38.960
Sachverständigenrat	- 15.600	11.515	- 4.085	- 9.488	- 6.749

Problematisch an diesen Modellen ist zudem, dass die Steuerentlastungen zu einem großen Teil den Beziehern hoher Einkommen zu Gute kämen. Tabelle 14.4 verdeutlicht die Auswirkungen auf einzelne Einkommensgruppen. Die massiven Steuerausfälle gingen also einher mit einer enormen Umverteilung zu Gunsten besonders gut verdienender Bürger.

Dieser Umverteilungseffekt zeigt den fragwürdigsten Aspekt aller Steuer-konzepte. Sie sehen durchweg eine deutliche Absenkung des Spitzensteuer-satzes vor. Im Modell von Kirchhof sind nur noch 25% vorgesehen, beim gemeinsamen Modell von CDU und CSU, das am 7. März 2004 vorgestellt wurde, sind es 36%.

Schauen wir uns zunächst einmal den Spitzensteuersatz nach geltendem Recht an. Er wird im Jahr 2005, d.h. nach Inkrafttreten der letzten Stufe der Steuerreform 2000, bei 42% zuzüglich des Solidaritätszuschlags von 5,5%,

Tabelle 14.4

Steuerentlastung für einen Ledigen bei konkurrierenden Modellen zur Steuerreform (in Euro)

Quelle: Bericht der Abteilungsleiter (Steuer) der obersten Finanzbehörden des Bundes und der Länder

Zu versteuerndes Einkommen	CDU	FDP	Kirchhof	CSU
15.000	-787	-507	-441	-286
30.000	-1.569	-1.015	-1.115	-769
60.000	-3.551	-3.103	-5.313	-1.752
150.000	-9.248	-9.749	-21.454	-4.601
500.000	-31.403	-35.597	-84.227	-15.678

d.h. also bei 44,3% liegen. Wie das Schaubild 14.3 verdeutlicht, kann sich Deutschland damit im internationalen Vergleich durchaus sehen lassen. In vielen der wohlhabenden EU-Mitgliedsländer beträgt der Spitzensatz 50% und

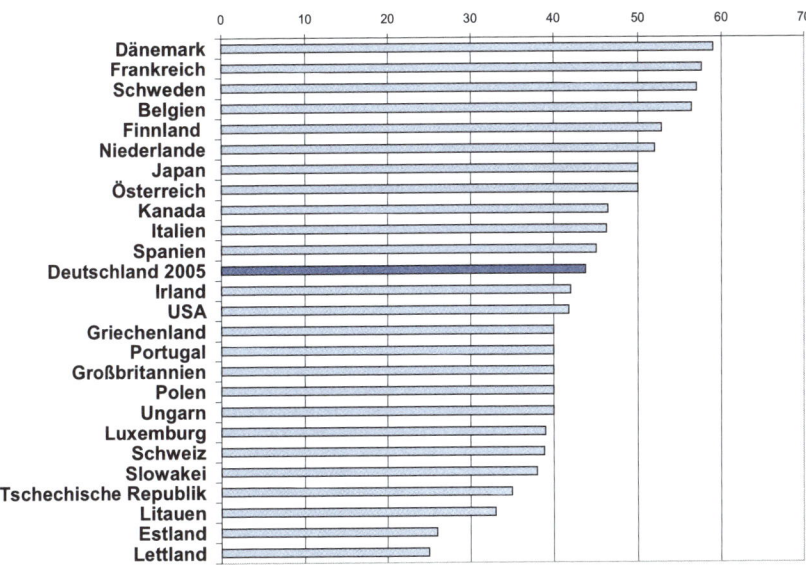

Schaubild 14.3: Einkommenssteuerspitzensätze im Jahr 2003 (in Prozent)
Quelle: Bundesministerium der Finanzen, die wichtigsten Steuern im internationalen Vergleich

mehr. Die von den Reformmodellen geforderten Sätze von 36% oder sogar 25% würden Deutschland in den Bereich von Ländern wie Litauen oder Estland bringen. Die Notwendigkeit für einen Steuer-Wettbewerb mit diesen Ländern erscheint wenig zwingend.

14.6 Rätsel Unternehmensbesteuerung

Im internationalen Vergleich weist Deutschland ein ausgesprochen niedriges Steueraufkommen aus unternehmerischer Tätigkeit auf. Nach Berechnungen der Europäischen Kommission[4] beliefen sich 2002 die Steuern und Einkommen aus Kapital- und Unternehmenseinkommen in Deutschland auf 4,5% des Bruttoinlandsprodukts. Der Durchschnittswert der Europäischen Union belief sich auf 5,7%. Selbst wenn man für die besonders hohen temporären Ausfälle bei der Körperschaftsteuer im Jahr 2002 eine Korrektur um einen Prozentpunkt nach oben vornähme, würde die Belastung der Unternehmen noch immer unter dem EU-Durchschnitt liegen.

Ein ähnliches Bild zeigen die Berechnungen der Komission für den „impliziten Steuersatz" auf das Kapital.[5] Hier liegt Deutschland an zweitletzter Stelle. Nur in Griechenland ist die Belastung noch geringer. Auch hier ist das Ergebnis möglicherweise durch das Jahr 2002 nach unten verzerrt. Doch selbst der in der Phase von 1995 bis 2002 erreichte Spitzenwert bei dem für Deutschland ermittelten impliziten Steuersatz auf Kapital ist mit Ausnahme Griechenlands niedriger als die Werte in den übrigen EU-Ländern.

Demgegenüber wird vom Sachverständigenrat in seinem Jahresgutachten 2003/2004 in diesem Bereich ein besonders gravierendes Problem gesehen:

> *„Insgesamt ist der Standort Deutschland gleichermaßen für inländische wie für ausländische Investoren unattraktiv, wenn ausschließlich die steuerliche Belastung von Erträgen betrachtet wird." (Tz. 523)*

Die Berechnungen des Rates zeigen dass die effektive Steuerbelastung von Investitionserträgen nur noch in Frankreich höher ist als in Deutschland. Dabei wird die Steuerbelastung allerdings anhand völlig willkürlicher Durchschnittsberechnungen für unterschiedliche Finanzierungsformen ermittelt, bei denen völlig offen bleibt, in welcher Form die Investitionen tatsächlich finanziert werden. Unerwähnt bleibt zudem, dass die Investitionen in den Vereinigten Staaten ähnlich besteuert werden wie in Deutschland, ohne dass dies der Investitionsneigung der amerikanischen Unternehmen

---

4. Europäische Kommission (2004)
5. Dabei werden nicht nur Ertragsteuern, sondern auch Vermögens- und Grundsteuern sowie die Kraftfahrzeugsteuer berücksichtigt.

geschadet hätte. Dieser Befund ist schließlich nur schwer mit der Tatsache zu vereinbaren, dass Frankreich und Deutschland in den Jahren 2002/03 zu den Ländern zählen, die besonders hohe Zuflüsse von Direktinvestitionen verzeichnen konnten (Schaubild 2.2). Auch lässt die Investitionsdynamik in der Phase von 1999 bis 2004 nicht erkennen, dass sich die hohe Steuerbelastung im Fall Frankreichs nachteilig ausgewirkt hätte (Schaubild 14.4). Und umgekehrt haben sich im Niedrigsteuerland Irland die Investitionen noch ungünstiger entwickelt als in Deutschland.

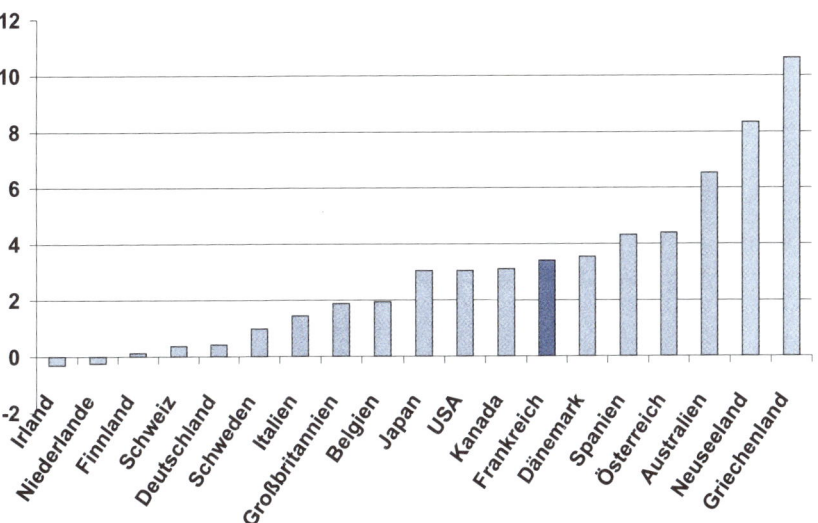

Schaubild 14.4: Investitionsdynamik in wichtigen Industrieländern (durchschnittliche jährliche Wachstumsrate der realen Ausrüstungsinvestitionen in den Jahren 1999 bis 2004)
Quelle: OECD, Economic Outlook

15

Wie geht man am besten mit der „demografischen Zeitbombe" um?

Kaum ein Thema macht den Deutschen mehr Sorgen als die Zukunft der Rentenversicherung. Wer will schon im Alter am Bettelstab gehen? Doch die Spatzen pfeifen es von den Dächern: Wir bekommen immer weniger Kinder und wir werden immer älter. Horrorszenarien machen die Runde: Heute finanzieren drei Erwerbstätige einen Rentner, in vierzig Jahren wird es nur noch einer sein.

Doch wie sicher oder unsicher sind die Renten wirklich? Wovon hängt es ab, wie hoch unser Lebensstandard sein wird, wenn wir in zehn, zwanzig oder vierzig Jahren aus dem Arbeitsleben ausscheiden? Welche Möglichkeiten gibt es, um das Schlimmste noch zu verhindern?

15.1 Wer hätte das gedacht: Helmut Kohl und Norbert Blüm haben nicht geschlafen

Fangen wir zunächst einmal mit einer guten Nachricht an. Anders als es in der öffentlichen Diskussion häufig dargestellt wird, wurden die demografischen Probleme von Helmut Kohl und seiner Regierung nicht einfach verschlafen. Im Gegenteil, bereits in den Jahren 1992 und 1996 wurden unter der Ägide von Norbert Blüm weit reichende Reformen eingeleitet, die zu erheblichen Einschränkungen bei Rentenleistungen führten:

- die Anhebung der Altersgrenzen für eine Altersrente von 60 Jahren (Frauen) und 63 Jahren (Männer) auf 65 Jahre im Jahr 2001,
- die Anpassung der Renten nicht mehr in Abhängigkeit von den Brutto-, sondern den Nettolöhnen
- die Verkürzung der Anrechnungszeiten für die Schulausbildung von 13 auf 3 Jahre,
- die Verringerung der Bewertung von beruflichen Ausbildungszeiten,
- die Abschaffung der Renten wegen Arbeitslosigkeit ab dem Jahr 2012, sowie
- die Einführung eines demografischen Faktors, der allerdings von der rot-grünen Regierung sofort abgeschafft wurde.

Die damit verbundenen Leistungseinschränkungen sind enorm. Der Rentenexperte Bert Rürup beziffert sie auf 30% der im Jahr 2030 ohne diese Reformen erzielbaren Leistungen.[1] Trotz ihrer Tragweite wurden diese Maßnahmen erstaunlich wenig beachtet, wahrscheinlich weil sie nicht zum Bild des „Reformstaus" passten, das in den Jahren 1999 und 2000 die politische Debatte beherrschte. So konnten dann Gerhard Schröder und sein Sozialminister Walter Riester die Ärmel hochkrempeln und eine Rentenform in die Wege leiten, die im Jahr 2001 eigentlich von allen politischen Kräften als großer Schritt nach vorn betrachtet wurde.

15.2 Der Generationenvertrag: Vom Bauernhof zum Umlagesystem

Bevor wir auf diese Reformen eingehen, sollten wir zunächst betrachten, wie die Gesetzliche Rentenversicherung in Deutschland funktioniert. Das Grundprinzip ist am Modell eines traditionellen Bauernhofs nachvollziehbar, in dem drei Generationen zusammenleben. Der Jungbauer und seine Frau erwirtschaften ein Einkommen, mit dem sie sich selbst, ihre Kinder und die im Altenteil lebenden Eltern ernähren. Irgendwann sterben der alte Bauer und seine Frau, die Jungbauern rücken ins Altenteil ein und einer der Söhne übernimmt den Hof. Die Basis dieses Modells der Altersversorgung ist ein *Generationenvertrag*, der allerdings nie in schriftlicher Form festgehalten wird: Demnach zieht die *aktive* Generation die Kinder groß und unterstützt *gleichzeitig* die eigenen Eltern. Als Ausgleich erhält sie im Alter dann von den Kindern ein angemessenes Auskommen, die dann auch den gesamten Hof erben.

An diesem Grundmodell kann man zwei wichtige Prinzipien erkennen:

■ **Die Leistungen der Aktiven an die ältere Generation sind kein Beitrag für die eigene Alterssicherung, sie stellen lediglich einen Ausgleich für die als Kind erhaltenen Leistungen dar.**

■ **Die Höhe der eigenen Altersversorgung wird vor allem davon bestimmt, wie viele Kinder man hat und wie gut man diese mit Sachkapital ausstattet. Im Beispiel des Bauernhofs hängt sie auch davon ab, wie fähig der Sohn als Bauer ist (man spricht hierbei auch von seinem Humankapital) und in welchem Zustand der Hof ist, wenn die Eltern in den Ruhestand gehen (man spricht hierbei vom Sachkapital).**

---

1. Interview mit der Berliner Zeitung vom 9. August 2003 („Arbeitsbienen und Drohnen")

Nun gibt es heute nicht mehr so viele Bauernhöfe, so dass diese Art des intra-familiären Generationenvertrages kaum noch von Bedeutung ist. Deshalb wird bei uns die gesetzliche Altersvorsorge über das Umlagesystem organi-siert, bei dem dieses Grundprinzip auf die Volkswirtschaft insgesamt übertra-gen wird. Konkret heißt das:

- **In unserer aktiven Zeit bezahlen wir Beiträge an die Gesetzliche Rentenversicherung, die ausschließlich für Leistungen an Menschen im Ruhestand verwendet werden.**

- **Was wir als Rentnergeneration später an Einkommen erhalten, wird allein davon bestimmt, wie viele Kinder wir in die Welt gesetzt haben und welche Einkommen sie erzielen werden. Dies hängt wiederum vor allem davon ab, wie hoch ihre Ausbil-dung – ihr „Humankapital" – sein wird und wie gut und reichlich das private öffent-liche Sachkapital sein wird, mit dem die dann Aktiven ihre Einkommen erzielen.**

Dieses einfache Beispiel verdeutlicht unmittelbar, dass wir heute in der Dis-kussion nur über die Zahl der Erwerbstätigen in der Zukunft sprechen, ohne uns größere Gedanken darüber zu machen, wie qualifiziert diese sind und ob diese über eine gute Infrastruktur und leistungsfähige Unternehmen verfü-gen. Es wird dabei aber auch deutlich, dass man als Generation, die weniger Kinder in die Welt setzt, nicht einfach dasselbe Rentenniveau einfordern kann, wie die Eltern der Nachkriegszeit, die die „geburtenstarken Jahrgänge" großgezogen haben.

15.3 Das Umlagesystem ist besser als sein Ruf

Nun kann man sich zunächst fragen, ob dieses staatlich organisierte System des „kollektiven Altenteils" überhaupt noch zeitgemäß ist. So plädiert der Jurist Meinhard Miegel (2002, S. 267) schon seit langem für eine „staatlich organisierte Grundsicherung in Verbindung mit einer breit angelegten, vermö-gensfundierten privaten Versorge." Er gerät dabei geradezu ins Schwärmen:

> *„Durch die Vorsorge für ihr Alter sollen die Bürger früh ihre Gestaltungsmöglich-keiten erkunden und die Dimensionen ihres Handelns erweitern. (...) Das lässt Perspektiven sichtbar werden, die von der gegenwärtigen gesetzlichen Alters-sicherung verstellt werden." (S. 266)*

Leider ist die Logik eines Umlagesystems nicht so einfach, dass sie sich dem ökonomischen Laien[2] von selbst erschließt. Worin besteht die Besonderheit dieses Systems gegenüber einer rein privaten Vorsorge? Das Umlagesystem räumt jedem, der sich daran beteiligt, einen Anteil an den Erwerbseinkom-men der Zukunft ein. Diese Beteiligung hat den großen Vorteil, dass sie sehr

---

2. Miegel hält das Umlagesystem für „ein wirtschaftliches dummes System" (S. 270).

sicher ist, weil die Risiken sehr breit gestreut sind. Anders als der Bauer, der im Alter schlecht dasteht, wenn sein Sohn zu viel säuft oder zu dumm ist, hat der Rentner beim Umlagesystem die Sicherheit, dass er an den Einkommen aller Erwerbstätigen, der erfolgreichen wie der weniger erfolgreichen, beteiligt ist. Diese geniale Beteiligungsform kann man aber nur mit dem Staat organisieren, da nur dieser die Möglichkeit hat, auf die Einkommen zukünftiger Generationen zuzugreifen.

Ein weiterer großer Vorteil dieses Verfahrens besteht darin, dass es für die Versicherten sehr billig ist. Man benötigt für diese Risikostreuung keine hoch bezahlten Analysten oder Anlageberater, es fallen auch keine Bankgebühren oder Provisionen für Versicherungsvertreter an. Das versteht Herr Miegel wahrscheinlich recht gut und deshalb ist er auch so gegen dieses System eingestellt, da er als Lobbyist von der Deutschen Bank bezahlt wird. So offen wird das natürlich nicht zum Ausdruck gebracht und deshalb fungiert Herr Miegel vornehm als „Wissenschaftlicher Berater" des „Deutschen Instituts für Altersvorsorge". Das klingt nach unabhängiger Wissenschaft, doch das Institut wird direkt und indirekt voll von der Deutschen Bank finanziert. Wie heißt es in seinem Buch so schön: „Täuschung und Betrug oder zumindest Irreführung sind das Salz in der herrschaftlichen Suppe." (S. 240).

Und schließlich ist es mit dem von Miegel geforderten „Raum für die Verwirklichung (...) individueller Vorsorgekonzepte" (S. 265) auch so eine Sache. Wenn man den Bürgern in den neunziger Jahren völlig freie Wahl bei der Alterssicherung eingeräumt hätte, gäbe es heute viele Menschen, die von schlecht ausgebildeten Anlageberatern beeinflusst, einen großen Teil ihrer Ersparnis in den Sand gesetzt hätten und jetzt der Sozialhilfe zur Last fallen würden. Dies wird auch durch die Erfahrungen in den Vereinigten Staaten belegt, wo die gesetzliche staatliche Rentenversicherung eine viel geringere Rolle als bei uns spielt. Das Ergebnis ist nicht überraschend: Nach dem Eintritt in die Rentenphase nimmt die Ungleichverteilung der Einkommen in den USA zu. In Deutschland ist ein solcher Effekt nicht zu beobachten.[3]

Es spricht also vieles dafür, das Umlagesystem in seiner jetzigen Form beizubehalten, dabei aber dafür zu sorgen, dass es seine Effizienz auch unter den Bedingungen einer zunehmenden Überalterung der deutschen Bevölkerung bewahren kann.

---

3.   J. Schwarze und J.R. Fricke (2000)

15.4 Wie gefährlich ist die demografische Zeitbombe wirklich?

Doch wie können und wie sollen wir uns dann vor der „demografischen Zeitbombe" schützen? Die Horrorzahlen sind hinreichend bekannt. Aber geben sie wirklich ein zutreffendes Bild der Situation in den Jahren 2030 und 2040 wieder?

Da ist zunächst einmal der Befund, dass die Zahl der Erwerbstätigen in den nächsten Jahrzehnten deutlich weniger zurückgehen wird als die Bevölkerungszahlen insgesamt. Nach den Daten der Rürup-Kommission nimmt die Bevölkerung im Alter zwischen 15 und 64 Jahren bis zum Jahr 2030 um rund 7 Millionen ab, die Zahl der Erwerbstätigen sinkt jedoch nur um eine knappe Million, die Beitragszahler der Sozialversicherungen vermindern sich sogar nur um eine halbe Million (Schaubild 15.1)

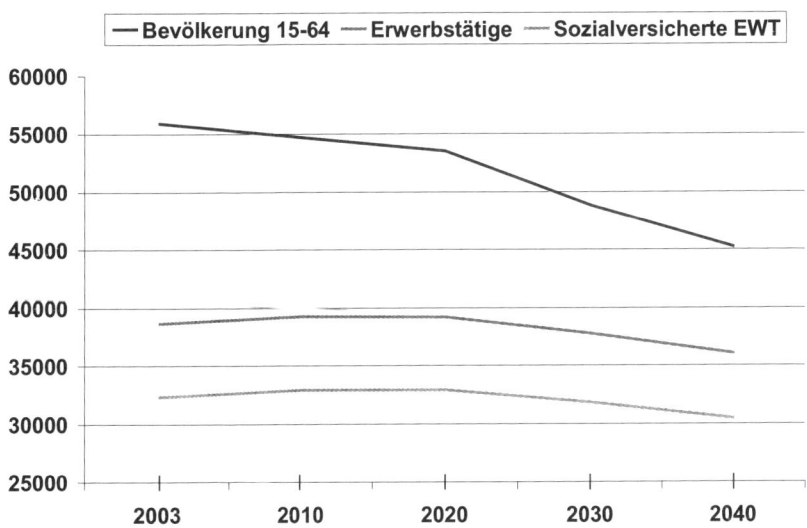

Schaubild 15.1: Entwicklung der Bevölkerung und der Erwerbstätigen bis 2040
Quelle: Rürup-Kommission

Wie ist dieser überraschende Befund zu erklären? Zum einen muss man sehen, dass wir heute über vier Millionen Arbeitslose haben. Bei zunehmender Überalterung ist kaum damit zu rechnen, dass die zurückgehende Bevölkerung im erwerbsfähigen Alter ohne Beschäftigung bleiben wird. Zum anderen ist heute die Erwerbstätigkeit bei Menschen über 50 Jahren extrem gering, was ebenfalls Ausdruck der schlechten Arbeitsmarktsituation ist. Auch bei

Frauen ist zu erwarten, dass sich die Erwerbsbeteiligung in den nächsten Jahrzehnten noch steigern wird. Soweit die erste gute Botschaft.

Bei den Horror-Szenarien wird außerdem unberücksichtigt gelassen, dass wir bis 2030 zwar mehr Rentner, aber zugleich auch deutlich weniger Kinder und Jugendliche haben werden. Konkret: Von 2000 bis 2030

■ nimmt die Zahl der Menschen über 65 Jahre um 6,7 Millionen zu,

■ sinkt die Zahl der Kinder und Jugendlichen um 4,1 Millionen.

Diese gegenläufige Entwicklung ist natürlich unter dem Aspekt der Dynamik einer Volkswirtschaft nicht begeisternd, für die Finanzierung der Sozialen Sicherungssysteme bietet sich jedoch eine teilweise Entwarnung. Der Staat wird weniger Mittel für Schulen und Universitäten benötigen und auch die Leistungen für das Kindergeld können reduziert werden.

Tabelle 15.1

Relation von „Aktiven zu Passiven" bei unterschiedlichen Abgrenzungen
Quelle: Statistisches Bundesamt

	Über 65 Jahre zu 20-65 Jahren	Über 67 Jahre zu 20-67 Jahren	Unter 20 Jahre und über 65 Jahre zu 20-65 Jahren	Unter 20 Jahre und über 67 Jahre zu 20- 67 Jahre
2001	3,6		1,6	
2030	2,1	2,6	1,3	1,5

Die Tabelle 15.1 zeigt zunächst das allseits bekannte Schreckenszenario: Während heute 3,6 Erwerbstätige für einen Rentner aufkommen müssen, sind es im Jahr 2030 nur noch 2,1, d.h. es ist fast eine Halbierung zu erwarten. Wenn nun jedoch berücksichtigt wird, dass die Erwerbstätigen ja nicht nur für die Alten, sondern auch für die Jungen aufkommen, kommt man für 2001 auf eine Relation von 1,6, d.h. rund 1,5 Erwerbstätige müssen für einen „Passiven" aufkommen. Bis zum Jahr 2030 geht auch diese Relation zurück, aber lediglich auf 1,3. Das sieht also sehr viel weniger dramatisch aus als die Horrorgeschichten, die uns ständig von „Experten" für das Jahr 2030 an die Wand gemalt werden.

Nun sollte man bei einer längeren Lebenserwartung durchaus auch die Möglichkeit einer längeren Lebensarbeitszeit in Betracht ziehen. Es ist absolut nicht einleuchtend, dass Menschen, die länger leben, ihre zusätzliche Lebenszeit vollständig als Rentner zubringen sollen. Wenn man die Relation „Aktive pro Passive" im Jahr 2030 für einen Renteneintritt mit 67 Jahren berechnet, dann ergibt sich ohne Berücksichtigung der Jungen ein Rückgang von 3,6 auf 2,6 Erwerbstätige je Rentner. Das klingt ebenfalls schon nicht mehr so bedrohlich. Berücksichtigt man jetzt noch, dass auch für die Jungen erhebliche staatliche und private Mittel benötigt werden und errechnet für den Renteneintritt mit 67 die Relation Aktive zu Rentner plus Kinder und Jugendliche, dann sinkt die bisherige Relation von 1,6 auf gerade einmal 1,5.

Natürlich werden auch im Jahr 2030 nicht alle Menschen bis 67 arbeiten können. Doch für die meisten dürfte gelten, dass man eine längere Lebenszeit nicht ausschließlich als zusätzliche Rentenphase nutzen sollte. Nicht unerhebliche Spielräume gibt es auch beim Berufseintritt der jungen Menschen. Derzeit liegt dass durchschnittliche Alter eines deutschen Hochschul-Diplomabsolventen bei 28 Jahren. Es müsste eigentlich für die meisten Studenten möglich sein, mit 23 oder 24 Jahren die Hochschule erfolgreich abzuschließen. Dies wäre nicht nur für die Gesellschaft von Vorteil, sondern auch für die jungen Frauen und Männer, die dann nicht mehr ihre besten Jahre mit Klausuren und Seminararbeiten verbringen müssten. Natürlich entlastet ein früherer Berufseintritt das Rentensystem nur dann, wenn die Zahl der Beitragsjahre, die für eine volle Rente erforderlich sind, verlängert wird. Aber das ist durchaus zu vertreten: Wenn ich als Rentner über einen größeren Zeitraum hinweg meine Rente beanspruchen will, ist es ganz logisch, dass ich dafür auch länger arbeiten muss.

Im Ganzen zeigt sich also, dass wir der „demografischen Zeitbombe" nicht völlig hilflos ausgesetzt sind. Dies gilt insbesondere für die Zeit nach 2030. Viele der dann erwerbstätigen Menschen sind heute noch nicht geboren. Wäre es da nicht sinnvoll, Familien mit Kindern finanziell zu unterstützen und möglichst viel Geld in deren Ausbildung zu stecken?

15.5 Die Riester-Rente zielt in die falsche Richtung

Doch Walter Riester entschied sich für eine ganz andere Lösung. Seine Devise lautete: Wenn es in dreißig Jahren an Menschen mangelt, dann braucht man eben mehr Sparkapital.

Der Ausgangspunkt für diese Reform war das Ziel, den Beitragssatz für die Rentenversicherung auch langfristig nicht über 22% des Bruttoeinkommens steigen zu lassen. Um dies zu erreichen, sollte das Netto-Rentenniveau, d.h. die Relation der Renten zu den Netto-Einkommen von 70,8% im Jahr 2000 auf faktisch 64,5% im Jahr 2030 abgesenkt werden.[4] Natürlich sind diese Zahlen schon heute zu Makulatur geworden. Durch das „Gesetz zur Sicherung der nachhaltigen Finanzierungsgrundlage der gesetzlichen Rentenversicherung (RV-Nachhaltigkeitsgesetz)" vom 21.07.2004 wurde das Rentenniveau noch weiter abgesenkt. Da in Zukunft die Renten auch der Besteuerung („nachgelagerte Besteuerung") unterliegen werden, gilt jetzt das Brutto-Rentenniveau, d.h. die Höhe der Renten in Relation zu den Bruttoeinkommen dient als Richtschnur. Durch die Rentenreform 2001 sinkt das Bruttorentenniveau bis 2030 von derzeit 48% um sechs Prozentpunkte. Durch das Nachhaltigkeitsgesetz kommen noch einmal zwei Punkte dazu, so dass das Bruttoniveau im Jahr 2030 bei nur noch 40% liegen wird.

Um nun den Versicherten einen Ausgleich für diese drastische Kürzung zu verschaffen, führte die Bundesregierung mit der Rentenreform 2001 erstmals ein Element der *Kapitaldeckung* in die staatliche Altersvorsorge ein. Danach können alle Beschäftigten jährlich bis zu 4% ihres Einkommens in ausgewählten Anlageformen für ihre Alterssicherung sparen. Sie erhalten dann entweder staatliche Zulagen oder sie können den gesamten Betrag (bis zu maximal 2.100 Euro) als Sonderausgaben bei der Steuer geltend machen. Diese Förderung begann im Jahr 2002 zunächst mit einer Subvention auf Beträge bis zu 1% des Einkommens; dieser Satz stieg im Jahr 2004 auf 2%, im Jahr 2006 geht es auf 3%, die Endstufe von 4% wird im Jahr 2008 erreicht sein.

Diese Förderung ist enorm teuer. Nach Schätzungen des Ministeriums für Gesundheit und Soziales kostet sie in der Endstufe rund 13 Mrd. Euro pro Jahr. Wie konnte man Hans Eichel hierfür gewinnen? Die Antwort ist einfach und komplex zugleich. Der einfache Teil lautet: Diese Förderung wird voll von den derzeitigen Rentnern finanziert. Der komplexe Teil funktioniert so: Durch die Riester-Reform wurde für die Rentenversicherung das *Netto-Einkommen* einfach neu definiert. Traditionell wird das Netto-Einkommen wie folgt berechnet:

Bruttoeinkommen

– Sozialabgaben

– Steuern

= **Nettoeinkommen**

---

4. Offiziell lag der Wert für das Netto-Rentenniveau im Jahr 2030 bei 68,0%. Da jedoch das Netto-Einkommen im Jahr 2000 anders definiert ist als im Jahr 2030 (hier werden die freiwilligen Beiträge zur Riester-Rente wie Sozialabgaben behandelt) und somit um rund 4% höher liegt, ergibt sich die oben genannte Reduktion des Rentenniveaus. Ausführlicher hierzu der Sachverständigenrat (2001, Tz. 242).

Für die Rentenberechnung wird seit der Riester-Reform vom Nettoeinkommen noch der Betrag abgezogen, der maximal in die Riester-Rente eingezahlt werden kann.

Nettoeinkommen

– Beitrag zur Riester-Rente (4% des Bruttoeinkommens im Jahr 2008)

= Nettoeinkommen für die Rentenversicherung

Dieser Abzug wird vorgenommen, obwohl die meisten Arbeitnehmer überhaupt nicht bei der privaten Vorsorge mitmachen. Allein durch diese neue Definition kommt es von 2002 bis 2008 dazu, dass die Renten deutlich unter dem allgemeinen Zuwachs der Einkommen zurückbleiben. Mit dem Geld, das dadurch frei wird, kann ein großer Teil der staatlichen Förderung für die Riester-Rente finanziert werden.

Wie gut, dass diese Logik kaum jemand versteht. Sonst hätte man sich schon fragen können, wieso gerade die Generation, die für die geburtenstarken Jahrgänge gesorgt und auch den Wiederaufbau Deutschlands zu Wege gebracht hat, noch im Rentenalter dazu beitragen muss, dass ihre schon erwachsenen Kinder später einmal die Riester-Rente beziehen können?

15.6 Teure und wenig treffsichere Subvention der privaten Ersparnis

Das Ganze wird noch absurder, wenn man betrachtet, wofür die 13 Mrd. Euro konkret ausgegeben werden. Im Grunde handelt es sich dabei um nichts anderes als eine Subvention für das Sparen in den eng begrenzten Anlageformen, die sich für die Riester-Rente eignen. Nun steht der Abbau von Subventionen seit Jahren auf der Agenda aller Reformer. Wie kommt es dazu, dass sie nun die Einführung einer so massiven Subvention unisono begrüßen? Liegt es an der erfolgreichen Lobbytätigkeit der deutschen Finanzindustrie? Oder hat sich die Regierung von der Vorstellung leiten lassen, dass die deutsche Bevölkerung zu wenig spart? Und da es – wie oben angesprochen – für die Altersvorsorge vor allem auf einen hohen Kapitalbestand einer Volkswirtschaft ankommt – ist es nahe liegend, dass man als Staat diesen Prozess durch ordentliche Subventionen unterstützt. Das klingt völlig plausibel, aber ist trotzdem alles andere als zutreffend.

In jedem Fall ist die These falsch, wonach die Deutschen zu wenig sparen. Wie das Schaubild 15.2 verdeutlicht, gehören wir im internationalen Vergleich zu den besonders sparsamen Gesellschaften. Insbesondere wird bei uns sehr viel mehr Geld auf die hohe Kante gelegt als in den Vereinigten Staaten und Großbritannien, die wiederum ihren Bürgern sehr viel weniger soziale Absicherung bieten.

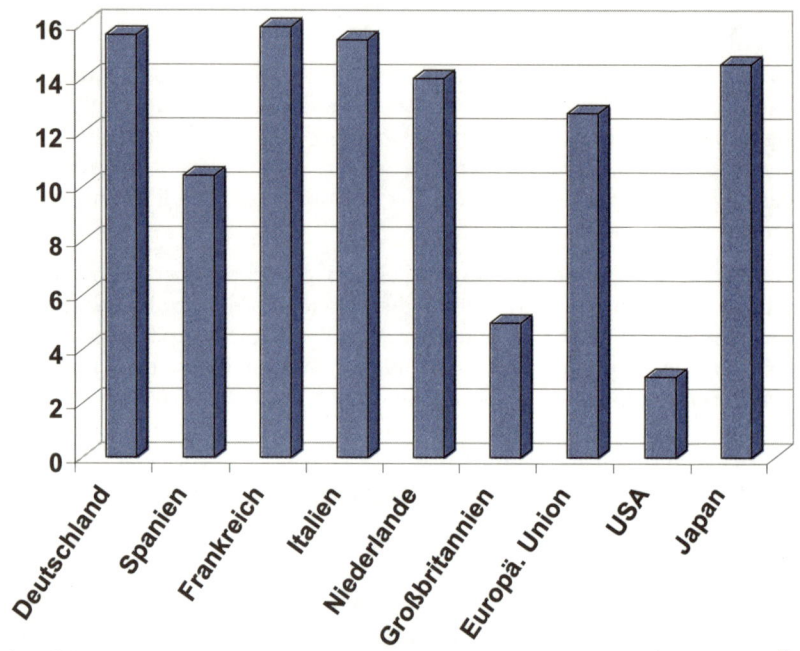

In % der verfügbaren Einkommen

Schaubild 15.2: Brutto-Sparquoten der privaten Haushalte im internationalen Vergleich[5]
Quelle: Deutsche Bundesbank

Auf tönernen Füssen steht auch die Annahme, dass in Deutschland mehr gespart wird, wenn die Bürger durch die Riester-Rente gefördert werden. Um in den Genuss der großzügigen Förderung zu kommen, reicht es jedoch völlig aus, wenn Sie den Betrag, den Sie ohnehin fürs Alter auf die Seite legen wollten, in einen der Töpfe legen, der für die Förderung vorgesehen ist. Die einzigen Effekte, die zweifelsfrei feststehen, sind eine massive Verzerrung der Anlageentscheidungen sowie erhebliche Steuerausfälle.

Aber was wäre, wenn es durch die Riester-Rente tatsächlich zu einer höheren Ersparnis der privaten Haushalte käme? Würde dann tatsächlich auch mehr investiert? Wie wir am Beispiel der Sparparadoxons gezeigt

---

5. Durchschnitt der Jahre 1999 bis 2002, für Japan 2000 bis 2002.

haben, kann man keinesfalls davon ausgehen, dass es für die Investitionstätigkeit der Unternehmen förderlich ist, wenn sich die Privaten entschließen, mehr Geld als bisher auf die hohe Kante zu legen. Im Gegenteil: Wenn der private Verbrauch schwächelt, geht das zu Lasten der Unternehmensgewinne, was sich nachteilig auf die Investitionsneigung auswirkt. Dies führt dazu, dass die zukünftigen Generationen über einer geringeren Kapitalstock verfügen. Wie in Kapitel 12 dargestellt, ist das das Schlimmste, was sich eine alternde Gesellschaft antun könnte.

15.7 Wovon es wirklich abhängt, wie wir als Rentner leben werden

Die entscheidende, allerdings viel zu wenig beachtete Größe in der gesamten Diskussion über die „demografische Zeitbombe" ist deshalb das Wirtschaftswachstum. Es wird heute in der Regel allein über die prozentualen Rentenniveaus des Jahres 2030 spekuliert. Dabei wird aber übersehen, dass unser tatsächlicher Lebensstandard als Rentner in erster Linie nicht von der Relation der Renten zu den Erwerbseinkommen im Jahr 2030 bestimmt wird, sondern vor allem davon, wie hoch die Einkommen eines Arbeitnehmers in dreißig oder vierzig Jahren sein werden.

■ **Bei einem realen Wachstum von 2% pro Jahr käme es in 35 Jahren zu einer Verdopplung der Realeinkommen.** Wenn ich als Rentner davon brutto nicht 48%, sondern nur 40% oder gar 35% erhalte, kann ich mir trotzdem einen erheblich besseren Lebensstandard leisten als dies einem Rentner heute möglich ist.

■ **Sollte es umgekehrt bis 2030 zu keinerlei Wachstum mehr kommen, ist es für mich als Rentner ein vergleichsweise schwacher Trost, wenn das Rentenniveau bei 48% der Bruttoeinkommen bleibt. Mein Lebensstandard ist dann deutlich geringer als zu meiner aktiven Phase.**

Für die Rentenversicherung wie auch für alle anderen sozialen Sicherungssysteme kommt es daher vor allem auf das Wirtschaftswachstum in den nächsten Jahrzehnten an. Gefährlich sind Wissenschaftler wie der Soziologe Ulrich Beck, die einer „Gesellschaft des Weniger" das Wort reden:

> *„Es gibt einen Zwang zum Weniger. (...) Ja heute ahnen Eltern, dass es ihren Kindern vermutlich nicht besser, sondern schlechter gehen wird." (Interview in der ZEIT vom 7. August 2003)*

Die Sparförderung durch die Riester-Rente führt so geradewegs in die Gesellschaft des Weniger. Diese Tendenz wurde noch verstärkt durch eine in der öffentlichen Debatte kaum beachtete Ausweitung der staatlichen Förderung der *betrieblichen Altersversorgung*. Danach kann ein Arbeitnehmer bis zu

4% der Beitragsbemessungsgrenze in der gesetzlichen Rentenversicherung steuer- und sozialabgabenfrei in Pensionsfonds oder Pensionskassen einzahlen. Der Sachverständigenrat schrieb dazu in seinem Jahresgutachten 2000/ 01 (Tz. 250):

> *„Letztere (d.h. die staatliche Förderung der betrieblichen Altersversorgung, P.B.) fällt im Vergleich zur bereits großzügigen Förderung der individuell privaten Altersvorsorge durchaus generös aus. Durch Kombination der verschiedenen Förderungsmöglichkeiten können ab dem Jahr 2008 bis nahezu 8 vH der dann gültigen Bemessungsgrenze steuerfrei gespart werden."*

Bei dieser „generösen" Förderung, die für große Löcher in den Kassen der Sozialversicherung wie der Haushalte von Bund und Ländern verantwortlich ist, stellt sich schließlich das schon angesprochene Problem, dass man gar nicht mehr sparen muss, um in den Genuss dieser Subventionen zu kommen.

Es besteht also die große Gefahr, dass zunehmendes Sparen der privaten Haushalte letztlich die Wachstumschancen für die Zukunft nimmt. In diesem Zusammenhang ist es äußerst kritisch zu sehen, wenn nun zunehmend gefordert wird, die bisher freiwillige Riester-Rente zur Pflicht zu machen und zudem das Prinzip der privaten Kapitaldeckung auch auf die Kranken- und die Pflegeversicherung auszuweiten.

In Anbetracht der hohen fiskalischen Kosten und der sehr zweifelhaften Effekte aller staatlichen Subventionen für die private Altersvorsorge wäre es ratsam, diese Form der Förderung auf die Menschen zu begrenzen, die dazu aus eigener Kraft wirklich nicht in der Lage sind. Dies würde dafür sprechen, auf die steuerliche Abzugsfähigkeit aller Beiträge zu einer kapitalgedeckten Alterssicherung zu verzichten. Die Förderung im Rahmen der Riester-Rente würde sich dann auf die Zulagen beschränken, die sich ab dem Jahr 2008 auf 154 Euro jährlich belaufen. Für Verheirate liegt die Zulage bei 308 Euro, für jedes Kind gibt es eine zusätzliche Zulage von 185 Euro.

Auf diese Weise würde ein größerer Betrag von den 13 Mrd. Euro frei, die bisher für die Sparförderung vorgesehen sind. Die beste Verwendung hierfür wären Bildungsinvestitionen, mit denen wir dafür sorgten, dass die zukünftigen Generationen hohe Einkommen erzielen. Daraus würden dann auch entsprechend hohe Zahlungen in die Rentenkasse fließen. Wie in Kapitel 12 dargestellt, liegt Deutschland bei den Bildungsausgaben im internationalen Vergleich im hinteren Drittel. Staatliche Investitionen in das Humankapital versprechen auf jeden Fall sehr viel höhere Erträge als eine Subvention des Sparkapitals, die zudem durch massive Mitnahmeeffekte gekennzeichnet ist.

15.8 Ein von der Politik unabhängiges Rentensystem durch das Modell einer „Rentenverfassung"

Wie bei keinem anderen Bereich der Sozialen Sicherung kommt es bei der Gesetzlichen Rentenversicherung auf Kontinuität und Vorhersehbarkeit an. Ein Arbeitnehmer, der in zehn Jahren „in Rente geht", hat kaum noch die Möglichkeiten, durch sein Sparverhalten auf Einschränkungen bei den Rentenleistungen zu reagieren. Die Erfahrung der letzten Jahre zeigt, dass Rentengesetze eine extrem kurze Halbwertszeit besitzen. So ist es schon unwahrscheinlich, dass die in dieser Legislaturperiode beschlossenen Gesetze auch nur die nächste überleben werden. Und es ist so gut wie ausgeschlossen, dass ein heute Aktiver in zwanzig oder dreißig Jahren einmal Leistungen beziehen wird, die auf der Grundlage der aktuellen Regelungen bestimmt werden. Niemand wird sich dann noch an eine Ministerin Ulla Schmidt erinnern, auf deren Zusagen sich die heute Aktiven bei ihren Plänen für die Altersvorsorge orientieren. Die Rentenpolitik nach „Guthsherrenart" ist eine wesentliche Ursache für die geringe Glaubwürdigkeit des Rentensystems. Eine weitgehend nach dem Prinzip von Leistung und Gegenleistung bestimmte Rentenversicherung eröffnete die Möglichkeit einer „Rentenverfassung", in der alle wesentlichen Bestimmungen fixiert und nur noch mit einer 2/3-Mehrheit von Bundestag und Bundesrat geändert werden können. Auf diese Weise würde ein hohes Maß an Verlässlichkeit geschaffen, das die Glaubwürdigkeit der Rentenversicherung erhöht und somit der Gefahr eines „Angstsparens" entgegenwirkt.

In einer solchen Verfassung wäre zunächst zu bestimmen, von welchem Grundprinzip das Rentensystem bestimmt sein soll. Dafür gibt es zwei unterschiedliche Modelle:

- *Modell konstanter Beiträge*: Hier legt die Politik die Beitragssätze über einen längeren Zeitraum fest. Auf diese Weise verfügt die Rentenversicherung über einen vorgegebenen Bestand an Mittel, den sie dann auf die Rentner aufteilen kann. Das Rentenniveau ist bei diesem Verfahren also eine von den Einnahmen abhängige Größe.

- *Modell des konstanten Rentenniveaus*: Hier garantiert die Politik den Rentnern ein festes Rentenniveau. Dies ist nur möglich, wenn die Beitragssätze laufend so angepasst werden, dass die Einnahmen erzielt werden, die zur Zahlung des garantierten Rentenniveaus erforderlich sind.

Die deutsche Rentenpolitik orientierte sich in der Vergangenheit lange Zeit am Modell des konstanten Rentenniveaus, das seit 1976 – netto – mit gewissen Schwankungen bei rund 70% liegt. Entsprechend erhöhte sich der Beitragssatz von 17% im Jahr 1970 auf derzeit 19,5%. Mit den Rentenreformen von 2001 und 2004 fand im Prinzip ein Übergang auf das Modell der konstanten Beiträge statt. Jetzt soll der Beitragssatz bis zum Jahr 2020 nicht über

20% und bis zum Jahr 2030 nicht über 22% ansteigen. Als Konsequenz sinkt das Bruttorentenniveau von derzeit 48% auf 40% im Jahr 2030. Vom Modell des konstanten Rentenniveaus bleibt nur noch eine „Niveausicherungsklausel". Diese soll den Rentnern garantieren, dass das „steuerbereinigte Nettorentenniveau"[6] bis zum Jahr 2020 nicht dauerhaft unter 46% und bis zum Jahr 2030 nicht unter 43% sinkt.

Grundsätzlich wäre es denkbar, diese Eckpunkte in einer Rentenverfassung festzuschreiben. Dabei wären natürlich viele Detailfragen zu klären, insbesondere die Höhe des Bundeszuschusses, durch den derzeit rund 77 Mrd. Euro in den Finanztopf der Rentenversicherung fließen. Und es wäre sinnvoll, in einer Rentenverfassung auch die Frage des Kreises der Versicherten und die Höhe der Beitragsbemessungsgrenze zu fixieren (siehe dazu auch Kapitel 20).

---

6. Ausgangspunkt für die Bestimmung dieser Größe ist die Regelaltersrente eines langjährig Versicherten mit durchschnittlichem Einkommen, die so genannte Standardrente. Diese wird netto, d.h. abzüglich der Beiträge zur Kranken- und Pflegeversicherung aber ohne Steuerabzüge, zu dem durchschnittlichen Bruttoeinkommen ins Verhältnis gesetzt, das ebenfalls um den jahresdurchschnittlichen Beitragsanteil zur Krankenversicherung und den Beitrag zur sozialen Pflegeversicherung vermindert wird.

16

Hartz I bis IV: Daniel Düsentrieb reformiert den Arbeitsmarkt

Der dritte Akt im großen Reformtheater wurde am 16. August 2002 feierlich im Französischen Dom in Berlin eröffnet. Dies erschien dem VW-Personalvorstand Peter Hartz offensichtlich als der angemessene Rahmen, um der Öffentlichkeit sein umfangreiches Reformprogramm für den Arbeitsmarkt vorzustellen. Es bot einen bunten Strauß an Reform-Bausteinen: den Job-Floater, die Ich-AG, die Personal-Service-Agenturen, die Profis der Nation, die familienfreundliche Quick-Vermittlung, das Bridge-System und noch einiges mehr. Das in der Zeit des damaligen Bundestagswahlkampfs fast wie eine „Wunderwaffe" gehandelte Konzept sollte in nur drei Jahren zu einer Reduzierung der Arbeitslosenzahlen um 2 Millionen führen. Es sollte natürlich vor allem dazu dienen, Gerhard Schröder die Wiederwahl in der Bundestagswahl 2002 zu sichern. Dieser Marketing-Schachzug war überraschend erfolgreich. Zu den wenigen kritischen Stimmen zählte im Sommer 2002 der Autor dieser Zeilen. In der Frankfurter Allgemeinen Zeitung vom 17. Juli 2002 verglich er Peter Hartz mit Daniel Düsentrieb, dem genialischen, aber stets glücklosen Erfinder aus Entenhausen.

Aus ökonomischer Sicht ist eines unstrittig: Mittlerweile sind in Deutschland fast 400.000 Menschen mehr bei den Arbeitsämtern registriert als im Sommer 2002. Zugleich ist die Zahl der sozialversicherungspflichtigen Arbeitsplätze um eine Million zurückgegangen. Es besteht zudem kein Zweifel, dass auch im Jahr 2005 mit keiner grundlegenden Besserung am Arbeitsmarkt zu rechnen ist. Schlimmer noch: Durch die Einbeziehung arbeitsfähiger Sozialhilfeempfänger in die Arbeitslosenstatistik sorgt Hartz IV für den psychologisch äußerst problematischen Effekt, dass im Januar 2005 über 5 Millionen Menschen arbeitslos gemeldet sein werden.

16.1 Die große Fehldiagnose des Doktor Hartz

Wie konnte es dazu kommen, dass das Hartz-Konzept so fehlgeschlagen ist?[1] Das Grundproblem von Peter Hartz und seinen Mitstreitern lag darin, dass sie voller Tatendrang eine ganze Batterie von Therapievorschlägen entwickelten, ohne sich jedoch zuvor systematisch mit den Ursachen der Massenarbeitslosigkeit auseinandergesetzt zu haben. Das verleitete sie dazu, vorschnell eine einzige Diagnose in Betracht zu ziehen: Die Arbeitslosigkeit ist vor allem auf Probleme bei der Arbeitsvermittlung und eine mangelnde Arbeitbereitschaft vieler Arbeitsloser zurückzuführen. Dementsprechend drehen sich ihre Lösungsvorschläge immer nur um die Frage: Wie kann man die Arbeitslosen besser zu den verfügbaren Stellen bringen? Also bemühte man sich um

- eine effizientere Organisation der Bundesanstalt für Arbeit,

- eine Förderung der Zeitarbeit über die Personal-Service-Agenturen,

- eine Ausweitung der Teilzeitarbeit in Form von 400/800 Euro-Jobs,

- eine Verminderung der finanziellen Unterstützung von Arbeitslosen, um so die Anreize für Arbeitslosigkeit zu vermindern (Zusammenlegung von Arbeitslosenhilfe und Sozialhilfe in der Form des Arbeitslosengeldes II, Verkürzung der Bezugsdauer für ältere Arbeitslose, Verschärfung der Zumutbarkeitsbestimmungen) sowie

- eine Förderung von selbstständiger Tätigkeit über die Ich-AG.

All das steht und fällt jedoch mit der Annahme, dass es in Deutschland genug Arbeit für alle gibt – zumindest für zwei Millionen zusätzliche Erwerbstätige. Dass die Arbeitslosigkeit überwiegend auf eine unzureichende gesamtwirtschaftliche Nachfrage zurückzuführen sein könnte, lag außerhalb der Denkmuster, in denen sich die Mitglieder der Hartz-Kommission bewegten.

Dabei hätte ein Blick in die Statistik zumindest zu Zweifeln Anlass geben können. Da ist zunächst die bereits erwähnte Tatsache, dass es sich bei den rund 4 Millionen Arbeitslosen in Deutschland nicht um eine konstante Gruppe von Faulenzern handelt. Vielmehr kommen jedes Jahr rund 7 Millionen Menschen neu in den Zustand der Arbeitslosigkeit, aber etwa die gleiche Zahl von Arbeitslosen wird wieder erwerbstätig oder geht in den Ruhestand. Es tut sich also eine ganze Menge auf dem Arbeitsmarkt.

---

1. Man kann sich auch fragen, wieso dies nicht schon von Anfang an allgemein erkannt wurde. In einem Kommentar für DIE WELT am 5. Juli 2002 habe ich die anfängliche Medien-Begeisterung mit der Geschichte von des „Kaisers neuen Kleidern" verglichen. Bekanntlich endet dieses schöne Märchen von Hans Christian Andersen damit, wie ein Junge erkennt, dass der – angeblich exquisit gekleidete – Kaiser nackt ist.

Und wenn es im Durchschnitt rund 33 Wochen dauert, bis ein Arbeitsloser wieder Arbeit findet, dann hat das nur sehr bedingt etwas mit der Effizienz der Arbeitsämter zu tun. Wie das Schaubild 16.1 verdeutlicht, war es dem technisch sicherlich nicht besonders gut ausgestatteten Arbeitsamt des Jahres 1961 durchaus möglich, für einen Arbeitslosen in 4,5 Wochen einen neuen Arbeitsplatz zu finden. Die Dauer der Arbeitslosigkeit nahm dann parallel mit dem Anstieg der Arbeitslosenzahlen zu. Und daran lässt sich auch mit einer noch so effizienten Arbeitsvermittlung nur wenig ändern. Auf rund 4,4 Millionen Arbeitslose kommen heute gerade einmal 300.000 offene Stellen. In Ost-Deutschland liegt die Relation zwischen Arbeitssuchenden und offenen Stellen bei 36:1. Wie soll da eine schnellere Vermittlung wesentlich weiterhelfen?

Schließlich hätte man bei einer genaueren Diagnose erkennen können, dass der Arbeitsmarkt in Deutschland bei weitem nicht so inflexibel ist, wie das in vielen Medien dargestellt wird. In Kapitel 4 haben wir gezeigt, dass Deutschland sowohl bei befristeten Tätigkeiten als auch bei der Teilzeitarbeit genauso flexibel ist wie die meisten anderen Industrieländer.

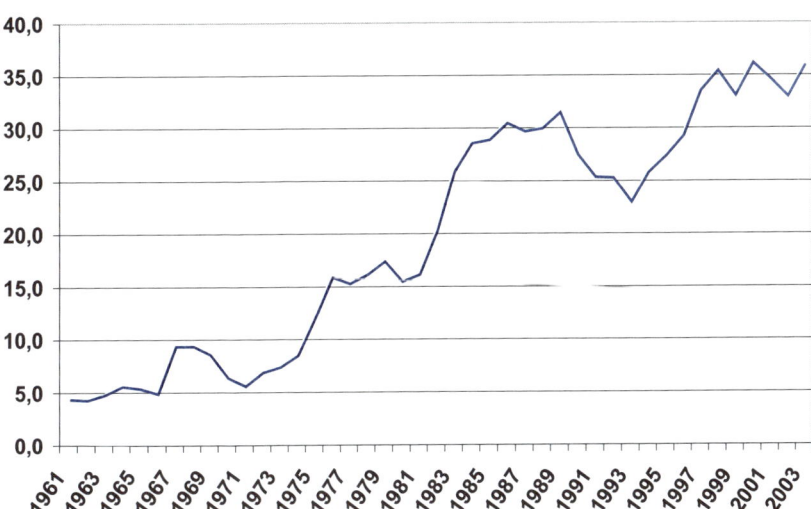

Schaubild 16.1: Dauer der Arbeitslosigkeit (Wochen) in Deutschland
Quelle: Bundesanstalt für Arbeit

16.2 Die Therapien versagen

Und so kam es wie es kommen musste: Der Weihrauch verzog sich rasch und es wurde zunehmend deutlich, dass die Vorschläge der Hartz-Kommission weitgehend ins Leere gingen:

■ Von den *Personal-Service-Agenturen*, dem „Herzstück der Hartz-Reformen" hatte man sich einen Abbau der Arbeitslosigkeit um eine halbe Million erwartet. Arbeitslose sollten über diese Agenturen befristet an Unternehmen „ausgeliehen" werden. Im Jahr 2003 sind jedoch gerade einmal 5.439 Arbeitslose auf diese Weise in eine neue Beschäftigung gekommen. Derzeit werden rund 25.000 Menschen in einer Personal-Service-Agentur geführt, von denen rund ein Drittel Aussicht auf einen regulären Arbeitsplatz hat. Die geringe Nachfrage nach Leiharbeit zeigt deutlich, dass die Flexibilität des deutschen Arbeitsmarktes erheblich größer ist, als dies allgemein angenommen wird.

■ Durch den *Job-Floater* wurden im Jahr 2003 gerade einmal 11.000 neue Stellen geschaffen: Peter Hartz hatte sich hiervon 50.000 zusätzliche Arbeitsplätze erhofft. In Ost-Deutschland war der Effekt mit 1.388 Stellen noch wesentlich geringer. Bei diesem Instrument erhielt ein Unternehmen einen zinsvergünstigten Kredit, wenn es einen Arbeitslosen einstellt. Naturgemäß sind bei solchen Maßnahmen die Mitnahmeeffekte recht hoch. Ein Unternehmen, dass ohnehin einen Arbeitslosen einstellen wollte, was bei dem hohen Umschlag auf dem Arbeitsmarkt häufig der Fall ist, nimmt dann auch noch die Zinsvergünstigung mit. Umgekehrt war es für viele Unternehmen wegen ihrer schlechten Finanzlage nicht möglich, in den Genuss der verbilligten Kredite zu kommen. Der Job-Floater ist wegen mangelnden Erfolgs mittlerweile in einem Programm der Kreditanstalt für Wiederaufbau aufgegangen.

■ Auf den ersten Blick könnte man dagegen das Modell der *Ich-AG* als Erfolg betrachten. Mittlerweile haben sich auf diese Weise immerhin rund 150.000 Menschen auf diese Weise selbstständig gemacht. Diese Entwicklung ist nicht überraschend[2], denn die Ich-AG bietet den Arbeitslosen eine recht attraktive finanzielle Unterstützung. Arbeitslose, die sich selbstständig machen, erhalten im ersten Jahr eine monatliche Förderung von 600 Euro, im zweiten Jahr sind es noch 360 Euro und im dritten 240 Euro. Das Einkommen darf 25.000 Euro nicht übersteigen. Dabei wurde vom Arbeitsamt bisher jedoch nicht geprüft, ob die geplante selbstständige Tätigkeit überhaupt erfolgversprechend ist. Da die Ich-AG nicht als Zeit der Arbeitslosigkeit gerechnet wird, kann ein Arbeitsloser auf diese Weise seine Bezugs-

---

2. Siehe dazu meinen Beitrag in der WELT vom 29. August 2002 mit dem Titel „Dammbruch bei den sozialen Sicherungssystemen".

dauer von Arbeitslosenunterstützung um mindestens ein Jahr verlängern. Dies ist besonders attraktiv für Arbeitssuchende, die nur einen geringen Anspruch auf Arbeitslosengeld haben. Die Ich-AG stellt für Arbeitgeber und Arbeitnehmer zudem ein äußerst interessantes Sozialabgaben-Sparmodell dar. Ein Unternehmer kündigt seiner Sekretärin, diese wird arbeitslos. Sie gründet nun ein Schreibbüro, in dem sie als Ich-AG wie bisher alle Schreibarbeiten ihres früheren Chefs ausführt. Der große Vorteil für beide: Die Sozialabgaben, die bei einem monatlichen Brutto-Einkommen von z.B. 2.000 Euro 840 Euro betragen hätten, sind bei der der Ich-AG zum Sparpreis zu haben. Sie betragen nur 400 Euro (230 Euro für die Rente und 170 Euro für die Krankenkasse). Wenn die Sekretärin verheiratet ist und ihr Mann sozialversicherungspflichtig ist, muss sie nicht einmal den Beitrag für die Krankenkasse zahlen. Außerdem kommt noch die monatliche steuerfreie Förderung durch das Arbeitsamt in Höhe von 600 Euro hinzu, wodurch sich im ersten Jahr eine Einsparung von 1.040 Euro pro Monat ergibt; bei der verheirateten Sekretärin sind es sogar 1.210 Euro. Der Effekt ist sogar noch größer, da auf den Arbeitnehmeranteil von 420 Euro auch noch die Lohnsteuer von 17% hätte gezahlt werden müssen.

■ Auf den ersten Blick erfolgreich scheinen auch die Mini-Jobs zu sein. Ulla Schmidt glaubte, dass so in wenigen Monaten 930.000 neue Jobs entstanden seien. „Die Zahlen zur Entwicklung der Mini-Jobs belegen eine Erfolgsstory unserer arbeitsmarktpolitischen Weichenstellungen im Bereich des Niedriglohnsektors"[3], verkündete die Ministerin voller Stolz am 18. Juli 2003. Doch wie passt das zu dem Befund, dass die Wirtschaftsleistung im Jahr 2003 stagnierte und dabei die Zahl der Erwerbstätigen um 382.000 gesunken ist? Ganz einfach: Durch den Anstieg der Mini-Jobs kam es zu einem deutlich Rückgang der Zahl der Vollzeitarbeitsplätze und dabei vor allem der Beschäftigungsformen, die der vollen Sozialversicherungspflicht unterliegen. Mittlerweile verzeichnet die Mini-Job-Zentrale für den Juni 2004 rund 8 Millionen geringfügige Beschäftigungsverhältnisse. Im Juni 2003 waren es noch 5,8 Millionen. Wenn man davon ausgeht, dass vier Mini-Jobs einem Vollzeit-Job entsprechen, ergibt sich damit ziemlich genau der in der gleichen Zeit zu beobachtende Rückgang von sozialversicherungspflichtigen Vollzeit-Jobs in Höhe von rund 500.000 Beschäftigten. Auch diese Entwicklung hätte man vorhersehen können. In einem Beitrag für die Süddeutsche Zeitung am 12. Dezember 2002 habe ich die Mini-Jobs als „Job-Killer" bezeichnet. Genau so ist es gekommen. Kein Wunder, dass durch die Verdrängung von sozialversicherungspflichtigen Jobs durch Mini-Jobs immer größere Löcher in die Kassen der Renten-, Kranken- und Arbeitslosenversicherung gerissen wurden. Diese Problematik haben wir bereits in Kapitel 4 ausführlicher diskutiert.

---

3. *www.minijob-zentrale.de*

16.3 Alg 2: „Eigenverantwortung" reduziert die Risikobereitschaft

Eine zentrale Stoßrichtung des Hartz-Konzeptes besteht darin, die Leistungen für Arbeitslose zu reduzieren. Dies soll von 2005 an durch die Zusammenlegung von Arbeitslosenhilfe und Sozialhilfe in der Form des Arbeitslosengeldes II geschehen. Entscheidend ist dabei nicht so sehr, dass die laufenden Leistungen für Langzeitarbeitslose reduziert werden. Was zu Recht zu großer Empörung geführt hat, ist die Tatsache, dass schon nach einem Jahr Arbeitslosigkeit auf das Vermögen der Betroffenen zugegriffen wird. Dabei bestehen nur sehr geringe Freibeträge: 200 Euro pro Lebensjahr, maximal 13.000 Euro; für über 56-jährige gibt es etwas großzügigere Grenzwerte. Konkret werden also z.B. für einen Ledigen, der 40 Jahre alt ist, gerade einmal 8.000 Euro „eingeräumt". Für die Alterssicherung werden ihm weitere 8.000 Euro zugebilligt. Dies gilt allerdings nur dann, wenn es sich dabei um Versicherungsverträge handelt, die keine vorzeitige Verfügung über den Versicherungsbetrag erlauben, was jedoch bei den Kapitallebensversicherungen der Fall ist. Zu den Merkwürdigkeiten von Hartz IV zählt dabei, dass der Besitz eines Eigenheims „von angemessener Größe" sowie der Besitz eines angemessenen Kraftfahrzeugs vor dem Zugriff der Bundesagentur geschützt ist. Wer 50.000 Euro auf dem Sparbuch hat, gilt offensichtlich als weniger schützenswert als der Eigentümer eines Hauses, das 300.000 Euro wert ist. Die „Kleinen" sind also die Dummen.

Bei der großen politischen Unruhe, die durch das Alg 2 (so heißt das Arbeitslosengeld 2 im Behördendeutsch, wobei es meist auch noch wie „Alk 2" ausgesprochen wird) fragt man sich, ob denn damit tatsächlich positive Effekte auf den Arbeitsmarkt zu erwarten sind. Die Ratio des Ganzen liest sich bei Hartz wie folgt:

> *„Eigenaktivitäten auslösen – Sicherheit einlösen. Die Arbeitsförderungspolitik wird im Sinne einer aktivierenden Arbeitsmarktpolitik umgebaut. Im Zentrum steht die eigene Integrationsleistung der Arbeitslosen, die durch das Dienstleistungs- und Förderangebot gestützt und abgesichert wird." [4]*

Das klingt gut, doch es bleibt abzuwarten, wie das in Ostdeutschland bei nur 44.000 offenen Stellen und 1,6 Millionen Arbeitslosen in der Praxis zu realisieren sein wird.

---

4. Hartz-Kommission (2002), S. 19

Im Grunde basiert das gesamte Konzept von Hartz IV auf der Vorstellung, dass die Arbeitslosigkeit durch hohe Löhne verursacht ist. Da ein Alg-2-Bezieher auch Tätigkeiten annehmen muss, die bis zu 30% unter der ortsüblichen Entlohnung liegen, kommt es so zu einem massiven Druck auf das allgemeine Lohnniveau. Dieser wird noch verstärkt, wenn es zusätzlich zu einer deutlichen Absenkung der Sozialhilfe käme, wie das im Konzept der „aktivierenden Sozialhilfe" angestrebt wird (Kapitel 18).

Im nächsten Kapitel wird ausführlich diskutiert, ob es tatsächlich möglich ist, die Arbeitslosigkeit durch eine Absenkung des Lohnniveaus zu bekämpfen.

Unabhängig davon besteht ein erhebliches Problem des Alg 2 darin, dass auf diese Weise einer der wichtigen automatischen Stabilisatoren unserer Volkswirtschaft geschwächt wird. Darunter versteht man Mechanismen, die dafür sorgen, dass sich Nachfrageschocks wie z.B. ein Aktiencrash oder eine Weltrezession, nicht ungebremst auf den privaten Konsum auswirken und sich selbst verstärken. Einen derartigen Stabilisator in einer konjunkturellen Schwächephase zu reduzieren, ist ähnlich sinnvoll, wie der Verzicht auf einen Motorrad-Helm an einem heißen Sommertag, für den man sich eine besonders kurvenreichen Strecke ausgesucht hat. Hier ist der Blick in die Vereinigten Staaten wieder einmal hilfreich. Was machte der US-Congress als sich die US-Wirtschaft nach dem 11. September abschwächte? Er beschloss, die Dauer des Bezugs von Arbeitslosengeld durch die „Temporary Extended Unemployment Compensation" um 19 Wochen auf 39 Wochen zu *verlängern*!

Aber auch in störungsfreien Phasen kommt der Arbeitslosenversicherung eine wichtige Rolle zu. Als Versicherung hilft sie dem Einzelnen, das mit einem Arbeitsplatzverlust verbundene Risiko eines vollständigen Einkommensausfalls zu transformieren in eine vergleichsweise geringe, laufende Zahlung für das Arbeitslosengeld und eine deutlich geringere finanzielle Einbuße beim Fall des Arbeitsplatzverlustes. Was kann nun der Einzelne tun, wenn der Staat den Umfang dieser Versicherung reduziert? Es wird ihm nichts anderes übrig bleiben, als aus eigener Kraft zu versuchen, die mit der Arbeitslosigkeit verbundenen Risiken zu reduzieren. Er kann dies zum Beispiel dadurch erreichen, dass er Verträge vermeidet, die ihn zu längerfristig festgeschriebenen Zahlungen verpflichten. Konkret wird er sich also noch mehr als bisher überlegen, ob er sich ein Auto auf Kredit kauft oder gar eine Eigentumswohnung. Ein junges Paar wird auch darüber nachdenken, ob sie Kinder in die Welt setzen sollen, die sie im Fall der Arbeitslosigkeit zusätzlich finanziell belasten. Und die Menschen werden verstärkt sparen. Doch das Gesparte legen sie besser nicht bei einer Bank an, da es im Fall einer längeren Arbeitslosigkeit dem Zugriff des Sozialamtes unterliegen würde. Wer schlau ist, wird seine Reserven in Bargeld halten oder, wenn es ihm möglich ist, am besten im Ausland.

Alle diese negativen Effekte sind darauf zurückzuführen, dass Risiken, die bisher von der Gesellschaft kollektiv getragen wurden, nunmehr verstärkt auf den Einzelnen abgewälzt werden. Die Notwendigkeit, das nicht geringe Risiko eines Arbeitsplatzverlustes aus eigener Kraft abzufedern, senkt zwangsläufig die Risikobereitschaft des Einzelnen und schwächt so die Wachstumsdynamik. Wer mehr Eigenverantwortung von den Menschen fordert, darf sich nicht wundern, wenn das Angstsparen zunimmt.

Wenig überzeugend ist in diesem Zusammenhang das Argument, der Sozialstaat könne sich solche „großzügigen" Systeme nicht mehr leisten. Die Arbeitslosenversicherung wäre wie kein anderer Zweig der sozialen Sicherungssysteme in der Lage, die Zahlungen des Arbeitslosengeldes mit den vorhandenen Beitragseinnahmen zu finanzieren. Dass die Bundesanstalt für Arbeit trotzdem nicht mit ihren Mitteln zurecht kommt, liegt allein daran, dass sie neben der primären Versicherungsfunktion allgemeine sozialpolitische Maßnahmen durchführt, die primär schwer vermittelbaren Arbeitslosen zugute kommen. Insgesamt werden fast 39% der Beitragseinnahmen für derartige „versicherungsfremde Leistungen" verwendet, deren Effizienz zudem fraglich ist (ausführlicher dazu in Kapitel 20). Das heißt nicht, dass man auf eine berufliche Förderung in Zukunft ganz verzichten sollte, aber sie sollte aus Steuergeldern finanziert werden. Die allgemein angestrebte Senkung der Lohnnebenkosten ließe sich so sehr viel effizienter und gerechter erreichen als dies mit den Plänen der Agenda 2010 zu verwirklichen sein wird.

Nun muss man allerdings wissen, dass die Arbeitslosenhilfe nicht aus den Mitteln der Bundesagentur für Arbeit, sondern direkt aus dem Bundeshaushalt finanziert wird. Doch wenn die Beiträge zur Arbeitslosenversicherung nur für das Arbeitslosengeld verwendet würden, bliebe noch eine ausreichende Summe, um auch die Arbeitslosenhilfe aus den Beitragsmitteln zu bezahlen.

Schließlich sind auch die Nebenwirkungen der Arbeitslosenversicherung keinesfalls so eindeutig, wie das häufig dargestellt wird. Es trifft zwar zu, dass die Unternehmen bisher vor allem ältere Arbeitnehmer entlassen haben, weil diese sozial besser abgesichert sind. Diesen Effekt kann man vermindern, wenn man – wie es die Agenda 2010 vorsieht – die Bezugsdauer für ältere Arbeitslose verkürzt. Bei einer insgesamt schwachen Wirtschaftsentwicklung werden dann aber vermehrt junge Menschen arbeitslos.

Und wenn der Bundeskanzler noch zusätzliche Mittel für diese Versicherung benötigt, könnte er einmal darüber nachdenken, die Arbeitslosenversicherung in eine allgemeine Existenz-Versicherung umzuwandeln. Dann müssten auch Selbstständige und die Bezieher von Vermögenseinkommen einen Beitrag von 6,5% ihres Einkommens in eine solche Versicherung leisten. Dies würde kaum zu wesentlich höheren Zahlungen des Staates führen, da in finanzielle Not geratene Selbstständige bisher schon Sozialhilfe bekommen. Die Regierung wäre deshalb gut beraten, anstelle von isolierten Reformmaßnahmen erst einmal ein umfassendes und von klaren ordnungspolitischen Prinzipien geprägtes Konzept für die sozialen Sicherungssysteme im Jahr 2020 zu entwickeln. Mit einer solchen langfristigen Perspektive wäre es dann möglich, eine sinnvolle Abfolge von Reformschritten zu definieren, die dafür sorgen würde, dass es sich heute und morgen gut in Deutschland leben lässt. Wir werden das in Kapitel 20 ausführlicher diskutieren.

17

Die Mutter aller Reformen: „Löhne runter"

Für meinen Kollegen Sinn, der ausgezogen ist, die deutsche Wirtschaft zu retten, gibt es vor allem eine Lösung, um die Arbeitslosigkeit zu beseitigen: Die Löhne müssen um 10-15% gesenkt werden, wobei für die Arbeitnehmer mit einer geringen beruflichen Qualifikation sogar eine Lohnsenkung um ein Drittel benötigt werde (Sinn 2003, S. 94). Es ist Hans-Werner Sinn hoch anzurechnen, dass er das so deutlich sagt. Natürlich teilen viele Volkswirte und Politiker in Deutschland diese Meinung, in der Regel versuchen sie, die Medizin „Lohnsenkung" jedoch zu kaschieren. Man redet lieber über die zu hohen Lohnnebenkosten als über zu hohe Löhne, obwohl es sich dabei um das Gleiche handelt. Oder man fordert längere Arbeitszeiten bei gleichem Lohn, was besser klingt, aber ökonomisch nichts anderes als eine Lohnsenkung darstellt.

17.1 Eine als Gesundheitsreform verpackte Lohnsenkung

Wie man eine Lohnsenkung als „Reform" verpackt, lässt sich am besten an der im Sommer 2003 beschlossenen *Gesundheitsreform* verdeutlichen. Dabei ging es angeblich in erste Linie darum, die Lohnnebenkosten zu reduzieren. Dies sollte durch eine Senkung der Beiträge zur Krankenversicherung von derzeit rund 14,5% des Bruttolohns auf nur noch 12,15% im Jahr 2007 erreicht werden.

Mittlerweile erscheinen die noch vor einem Jahr angestrebten Beitragssenkungen als zu optimistisch. Verzichtet wurde auch auf die Idee, das Krankengeld und den Zahnersatz ganz aus den gesetzlichen Versicherungsleistungen zu streichen und dafür eine private Pflichtversicherung einzurichten, für die vom Einkommen unabhängige Beiträge gezahlt werden. Dies wäre der erste Schritt in das Modell der Gesundheitsprämien gewesen (Kapitel 20). Jetzt sollen das Krankengeld und der Zahnersatz nicht mehr paritätisch, d.h. von Arbeitgebern und Arbeitnehmern gemeinsam, sondern vom 1. Juli 2005 an allein von den Beschäftigten gezahlt werden. Konkret sinken dadurch die Lohnkosten für die Unternehmen um 0,45 Prozentpunkte. Die Beschäftigten müssen diesen Betrag aus ihrem Nettoeinkommen finanzieren, das sich dadurch um rund 0,7 Prozentpunkte vermindert. Auch die bereits zu Beginn des Jahres 2004 eingeführten Praxisgebühren und Zuzahlungen für Medikamente und Krankenhausaufenthalte wirken im Prinzip wie eine Lohnsenkung. Anders als bei der Umfinanzierung von Zahnersatz und Krankengeld kann man hierbei immerhin auch eine gewisse Lenkungsfunktion erkennen. Versicherte werden sich vor Arztbesuchen überlegen, ob sie dafür die Praxisgebühr in Kauf nehmen.

Aus ökonomischer Sicht hätte man die für den 1. Juli 2005 beschlossene Umfinanzierung deshalb auch durch eine einfache Lohnsenkung um 0,45 % erreichen können.

Das hätte für die Kosten der Unternehmen denselben Effekt gehabt, wäre aber für die Arbeitnehmer besser gewesen, da ihre Nettolöhne dann nicht um 0,7% sondern ebenfalls nur um 0,45% zurückgegangen wären. Doch das wäre natürlich auf den erbitterten Widerstand der Gewerkschaften gestoßen, die sich zu Recht gegen einen solchen Eingriff in die Tarifautonomie gewehrt hätten. Und es hätte sich dann die Diskussion nicht mehr um die Gesundheit gedreht, sondern um die fundamentale volkswirtschaftliche Frage, ob man mit Lohnsenkungen die Arbeitslosigkeit beseitigen kann.

17.2 Was den Arbeitsmarkt vom Kartoffelmarkt unterscheidet

Auf den ersten Blick klingt es ja sehr überzeugend, wenn Doktor Sinn die Arbeitslosigkeit mit einer Lohnsenkung therapieren möchte. Mein akademischer Lehrer, Wolfgang Stützel, pflegte zu sagen: „Wer seine Kartoffeln zu teuer auf den Markt bringt, muss sie wieder nach Hause tragen." Diese ebenso triviale, wie für eine Marktwirtschaft aber auch zentrale Einsicht, wird angehenden Wirtschaftswissenschaftlern über Jahre hinweg in allen Varianten eingetrichtert. Kein Wunder, dass sie dann glauben, damit alles erklären zu können: Wo immer auf einem Markt das Angebot höher ist als die Nachfrage, muss der Preis zu hoch sein.

Doch wenn alles so einfach wäre, sollte man am besten alle volkswirtschaftlichen Lehrstühle und Forschungsinstitute in Deutschland abschaffen. Man würde damit eine Menge Geld sparen, ohne dass man auf wesentliche volkswirtschaftliche Einsichten verzichten müsste. Doch gemach, die Volkswirte werden gebraucht – zumindest solche, die in gesamtwirtschaftlichen Zusammenhängen denken können, und so nicht gleich in jeder Rationalitätenfalle landen.

Beginnen wir mit dem Kartoffelmarkt. Was geschieht, wenn der Kartoffelpreis sinkt? Genau, die Konsumenten können sich *bei einem gegebenen Ein-*

kommen mehr Kartoffeln leisten und es werden deshalb mehr Kartoffeln nachgefragt. Und wie ist das bei einer Lohnsenkung am Arbeitsmarkt? Wenn die Löhne sinken, wird die Arbeit billiger. Werden die Unternehmen jetzt mehr Arbeitskräfte nachfragen? Bei den Kartoffelkonsumenten konnten wir davon ausgehen, dass ihr Einkommen von dem geringeren Kartoffelpreis nicht beeinflusst wird. Eine Lohnsenkung führt jedoch dazu, dass die Konsumnachfrage zurückgeht. Damit sinken die Erlöse der Unternehmen und ihr Einkommen nimmt ab. Wenn durch eine Lohnsenkung also die Beschäftigung zunehmen soll, muss für die Unternehmen der Effekt der geringeren Lohnkosten stärker zu Buche schlagen als die Verschlechterung ihrer Absatzlage.

Wer Unternehmer kennt, wird von ihnen in der Regel hören, dass die Auftragsbücher sehr viel wichtiger bei der Frage der Neueinstellung sind als die Lohnkosten. Warum soll man bei einer stagnierenden Nachfrage und freien Kapazitäten mehr Arbeiter einstellen, nur weil die Löhne etwas gesunken sind? Natürlich gibt es auch noch das Ausland, wo man nun mit den günstigeren Kosten wettbewerbsfähiger geworden ist. Dabei muss man jedoch berücksichtigen, dass die Inlandsnachfrage in Deutschland eine sehr viel größere Rolle spielt als die Exporte. Die inländische Verwendung ist mehr als doppelt so hoch wie unsere Ausfuhr. Die Erfahrung der letzten Jahre verdeutlicht, dass man durch eine verbesserte Wettbewerbsfähigkeit zwar immer wieder positive außenwirtschaftliche Impulse erhalten kann, dass es aber ohne eine dynamische Binnennachfrage nicht möglich ist, einen sich selbst tragenden Aufschwung in Gang zu setzen. Man darf also nicht die Erfolge einer zurückhaltenden Lohnpolitik, die in kleineren und sehr viel offeneren Volkswirtschaften, wie zum Beispiel den Niederlanden, erzielt worden sind, einfach auf große Ökonomien wie Deutschland oder Japan übertragen. Der Anteil der Exporte am Bruttoinlandsprodukt ist in den Niederlanden mit rund zwei Dritteln doppelt so hoch wie in Deutschland. In Japan belaufen sich die Exporte auf nur rund 10 % des Bruttoinlandsprodukts.

Japan bietet dabei auch ein sehr anschauliches Beispiel für die Wirksamkeit von Lohnsenkungen. In Anbetracht der schlechten Wirtschaftslage kam es dort bereits im Jahr 1998 zu einem Rückgang der Nominallöhne. Im Zeitraum von 1998 bis 2003 sind diese im Durchschnitt um 0,6% jährlich gesunken. Und was ist mit der Arbeitslosigkeit geschehen? Sie ist von 3,4% im Jahr 1997 auf 5,6% im Jahr 2003 gestiegen. Auch der Verweis auf die niedrigen Löhne in Osteuropa ist mit Vorsicht zu genießen. In Polen betragen die Lohnkosten pro Stunde 15% des deutschen Niveaus. Die Arbeitslosigkeit liegt aber mit 20% an der Spitze aller OECD-Länder.

Zu denken geben sollte auch die sehr unterschiedliche Beschäftigungssituation in den alten und den neuen Bundesländern. In Ost-Deutschland sind die Lohnkosten pro Stunde um 35% niedriger als in West-Deutschland.

Wie schon in Kapitel 4 gezeigt, ist die nach internationalen Standards berechnete Arbeitslosenrate im Westen mit 5,7% nicht wesentlich höher als in Großbritannien (5,0%) oder in den Vereinigten Staaten. Im Niedrig-Lohnland Ost-Deutschland liegt sie aber mit 17,5% weit darüber. Nun kann man dieser Argumentation entgegenhalten, die Produktivität im Osten sei ebenfalls deutlich niedriger als im Westen. Das stimmt für die dort bereits tätigen Betriebe, wenn sich aber ein Unternehmen neu in Ost-Deutschland niederlassen möchte, kann es davon ausgehen, dass die Produktivität einer neuen Produktionsanlage in etwa gleich hoch ist wie im Westen.

Das zentrale Problem bei der Therapie der Lohnsenkung sind also die Rückwirkungen auf die gesamtwirtschaftliche Nachfrage. Man kann es sich ganz einfach machen und wie Hans-Werner Sinn (2003) dekretieren:

> *„Nein, mehr gesamtwirtschaftliche Nachfrage und mehr Kaufkraft sind es wirklich nicht, was Deutschland braucht." (S. 102)*

Hierin zeigt sich in erstaunlicher Klarheit, wie sehr die Nachfrageseite heute in der deutschen Ökonomie in den Hintergrund gerückt ist. Wir werden uns damit in Kapitel 21 noch ausführlicher befassen. Wenig überzeugend ist auch die Argumentation, mit der der Sachverständigenrat in seinem Jahresgutachten 2003/2004 auf diese Thematik eingeht. Lesen wir dazu auszugsweise die Textziffer 648:

> *„Zu Mindersteigerungen der gesamtwirtschaftlichen Nachfrage könnte es kommen, wenn die Unternehmen aufgrund des moderaten Kurses der Lohnpolitik (…) plötzlich ihre geplanten Produktionszuwächse nach unten korrigieren. Eine solche Reaktion ist (…) in hohem Maße unwahrscheinlich: Die Unternehmen werden vielmehr darauf setzen, dass zusätzliche Nachfrageimpulse von den nunmehr beschäftigten früheren Arbeitslosen und aufgrund der gestiegenen internationalen Wettbewerbsfähigkeit vom Ausland ausgehen, ganz abgesehen davon, dass sich im Zuge des aufgrund der moderaten Lohnpolitik bedingten Rückgangs der Arbeitslosigkeit das Vorsorgesparen verringern mag. "*

Hieran kann man noch einmal sehr schön das Grundproblem der Kartoffelmarkt-Philosophie erkennen. Wer in solchen Mustern denkt, erwartet von einer Lohnsenkung auf jeden Fall eine höhere Nachfrage nach Arbeit. Wenn das zutrifft, hat der Rat Recht, wenn er auf „zusätzliche Nachfrageimpulse von den nunmehr beschäftigten früheren Arbeitslosen" hofft. Aber was geschieht, wenn wegen der geringeren Nachfrage überhaupt keine Arbeitslosen neu eingestellt werden? Wer gesamtwirtschaftlich denkt, weiß, dass es in der Situation unterausgelasteter Kapazitäten nur dann zu mehr Nachfrage nach Arbeit kommt, wenn zunächst die Nachfrage der Verbraucher und damit der Absatz der Unternehmen steigt. Doch genau das ist nicht gewährleistet.

17.3 Die Gefahr der Deflation

Deshalb würde es bei einer forcierten Lohnsenkung mit hoher Wahrschein-lichkeit zu einer Deflation in Deutschland kommen. Auch Hans-Werner Sinn (2003) scheint mit einer solchen Entwicklung zu rechnen, wenn er davon spricht,

> *„(...) dass es in Folge der Lohnkostensenkung im Niedriglohnbereich zu einer erheblichen Preissenkung bei den auch von den Geringverdienern nachgefragten Waren und Dienstleistungen kommt." (S. 206).*

Eine „erhebliche Preissenkung" ist genau das, was Ökonomen als „Deflation" bezeichnen. Das Schaubild 17.1 zeigt nicht nur, wie stark die deutsche Infla-tionsrate von der Lohnentwicklung bestimmt wird. Es lässt auch erkennen, dass die Nominallohnsenkung in Japan geradewegs in die Deflation geführt hat.

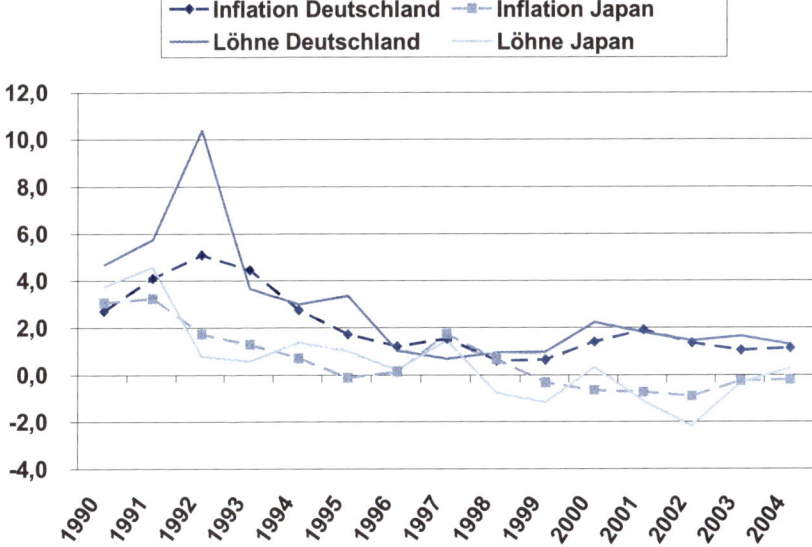

Schaubild 17.1: Nominallöhne und Inflationsrate in Japan und Deutschland von 1986 bis 2004 (Veränderung gegenüber dem Vorjahr) in Prozent
Quelle: OECD, Economic Outlook

Für den Zusammenhang zwischen Lohnsenkung und Inflation sind auch die Erfahrungen aus der Weimarer Republik illustrativ. Am 8. Dezember 1931 wurde vom Reichskanzler Brüning durch die „Vierte Verordnung des Reichs-präsidenten zur Sicherung von Wirtschaft und Finanzen und zum Schutze des inneren Friedens" eine allgemeine Lohnsenkung von 10% bis 15% ver-ordnet. Insgesamt kam es in Deutschland von 1929 zu einem Preisverfall von rund 20% und einem Anstieg der Arbeitslosigkeit auf 5,6 Millionen Menschen. Die Folgen des Ganzen sind hinlänglich bekannt.

Schon seit Mitte 2002 liegt die deutsche Inflationsrate mit rund 1% in einem Bereich, den man als deflationsnah bezeichnen kann. Im Jahr 2004 hat sich der Preisauftrieb statistisch zwar etwas verstärkt. Rechnet man jedoch die Sondereffekte durch die Einführung der Praxisgebühren, die Energieverteuerung und die höhere Tabaksteuer heraus, bewegt sich die Inflationsrate weiterhin unter der 1%-Marke. Viele wissenschaftliche Studien zeigen, dass es bei der Messung der Preisentwicklung systematische Messfehler gibt, durch die der Preisanstieg überzeichnet wird. Das kommt zum Beispiel daher, dass die Preisermittler des Statistischen Bundesamtes nur die regulären Preise notieren, obwohl die Zahl der Schnäppchen-Jäger ständig steigt. Das Ausmaß dieser Überzeichnung wird allgemein auf rund einen Prozentpunkt geschätzt.

Was wäre so schlimm an einer Deflation? Ist es nicht eine feine Sache, wenn alle Güter immer billiger werden und sich damit unsere Wettbewerbsfähigkeit verbessert? Dabei muss man zum einen daran denken, dass die Zinsen für Deutschland von der Europäischen Zentralbank bestimmt werden. Anders als dies der Bundesbank bis 1998 möglich war, kann bei dieser europäisch ausgerichteten Geldpolitik immer nur die Preisentwicklung im gesamten Währungsraum des Euro berücksichtigt werden. Wie schon in Kapitel 8 angesprochen, liegt die deutsche Inflationsrate schon seit einiger Zeit um rund 1,5 Prozentpunkte unter dem Durchschnitt der übrigen Mitgliedsländer der Währungsunion. Die von der EZB für Euroland insgesamt festgelegten Nominalzinsen sind also für Deutschland zu hoch. Konkret wirkt sich das darin aus, dass die für die Unternehmen relevanten Realzinsen, d.h. die um die Inflationsrate bereinigten Zinsen, genau um den Inflationsabstand höher sind als im Rest der Währungsunion. Die deutsche Wirtschaft muss also mit deutlich ungünstigeren Zinskonditionen als ihre europäischen Nachbarländer leben. Durch eine einseitige Lohnsenkung würde sich dieses Problem noch weiter verschärfen. Je mehr sich die Inflationsraten in Euroland auseinander entwickeln, desto schwieriger wird es für die EZB mit ihrer „one-fits-all"-Zinspolitik, die monetären Bedingungen in der Währungsunion insgesamt angemessen zu steuern.

Damit dürfte schon deutlich geworden sein, wer unter einer Deflation am meisten leidet. Es sind die Schuldner, vor allem dann, wenn sie nicht mit einem solchen Rückgang des Preisniveaus gerechnet haben. Sehen wir uns das an einem kleinen Zahlenbeispiel an: Nehmen wir an, ein Unternehmen nimmt für ein Jahr einen Kredit von 1.000 Euro auf. Gehen wir außerdem davon aus, dass allgemein eine Inflationsrate von 2% erwartet wird. Als Zinssatz werde ein Wert von 6% vereinbart, wobei 2% als Inflationsausgleich betrachtet werden und 4% als „Realzins". Wenn ein Jahr später alles wie erwartet kommt, hat das Unternehmen tatsächlich einen Realzins in dieser Höhe geleistet: Der Rückzahlungsbetrag von 1.000 Euro ist „real" nur noch 980 Euro wert. Das Unternehmen hat hier also einen Gewinn von 20 Euro gemacht, der mit der Zinszahlung von 60 Euro verrechnet werden kann, so dass real nur 40 Euro gezahlt werden müssen.

In Tabelle 17.1 unterstellen wir nun als alternatives Szenario, dass es anstelle einer Inflation von 2% zu einer unerwarteten Deflation von 2% gekommen ist. Für das Unternehmen bedeutet das nun, dass sein Rückzahlungsbetrag von 1.000 Euro „real" im Wert auf 1.020 Euro gestiegen ist: Mit 1.000 Euro kann man mehr Güter kaufen als ein Jahr zuvor. Zusätzlich müssen wiederum die Zinsen von 60 Euro gezahlt werden. Insgesamt hat der Kredit real also nicht wie erwartet 4%, sondern 8% gekostet.

	Tabelle 17.1	
Reale Kreditkosten bei Inflation und Deflation von 2%		
	Inflation 2%	**Deflation 2%**
Kreditbetrag	1.000	1.000
realer Wert bei Rückzahlung in einem Jahr	980	1.020
Gewinn/Verlust für Schuldner	20	-20
Zinszahlung	60	60
reale Zinskosten	40	80

Von einer Deflation würden in Deutschland vor allem die Unternehmen betroffen werden, da – wie in Tabelle 12.1 dargestellt – der Unternehmenssektor mit netto 1.200 Milliarden Euro der größte Schuldner in der deutschen Volkswirtschaft ist. Schon heute leiden viele Unternehmen an einer sehr restriktiven Kreditvergabe der Banken. Eine Deflation würde die Finanzierungssituation der deutschen Wirtschaft daher noch weiter verschärfen. Profitieren würden die privaten Haushalte, deren Geldvermögen netto bei 2.150 Milliarden Euro liegt; dabei ist jedoch fraglich, ob sie sich eines solchen Vermögenszuwachses bewusst würden. Ökonomen sprechen hier von der „*Geldillusion*". Diese besteht darin, dass die meisten Menschen davon ausgehen, dass 1 Euro heute genauso viel wert ist wie ein Euro morgen, auch wenn sich zwischenzeitlich das Preisniveau erhöht oder gesenkt hat.

17.4   Lohnzurückhaltung hat nichts gebracht

Schließlich sollte man auch nicht so tun, als hätten die deutschen Gewerkschaften in den letzten Jahren eine unverantwortliche Lohnpolitik betrieben. Im Gegenteil: Nach Zahlen der OECD sind Nominallöhne in Deutschland von 1999 bis 2003 deutlich weniger angestiegen als in allen anderen Ländern, mit der Ausnahme des deflationären Japans (Schaubild 17.2).

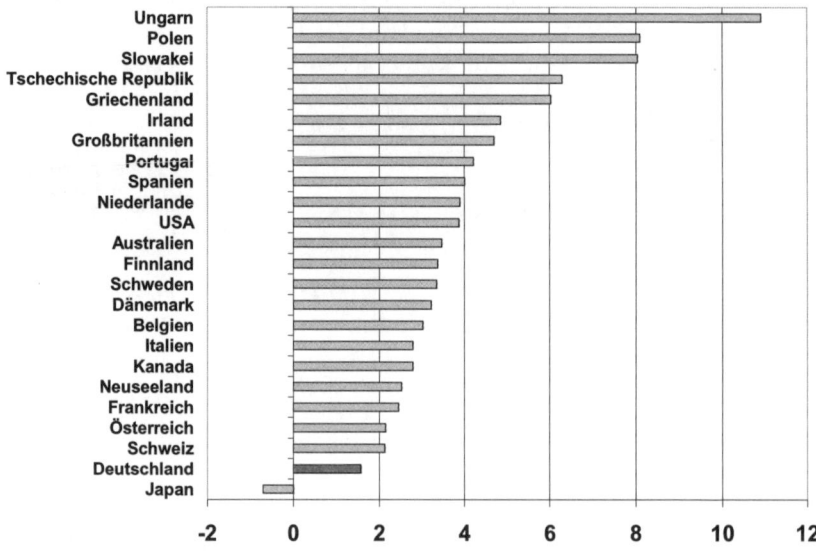

Schaubild 17.2: Anstieg der Nominallöhne je Beschäftigten von 1999 bis 2004 (durchschnittliche jährliche Veränderung in Prozent)
Quelle: OECD, Economic Outlook

Dieses Schaubild enthält nebenbei auch die beruhigende Nachricht, dass es bei der Globalisierung nicht generell zu einem „race-to-the-bottom" kommt. Die osteuropäischen Länder haben in den letzten Jahren mächtig in der Lohnentwicklung aufgeholt.

Die zurückhaltende deutsche Lohnpolitik spiegelt sich auch in den Veränderungen der Komponenten der gesamtwirtschaftlichen Nachfrage. Wie das Schaubild 17.3 verdeutlicht, erhöhte sich die Binnennachfrage in Deutschland von 1999 bis 2004 sehr viel schwächer als in Euroland. Demgegenüber stiegen unsere Exporte in diesem Zeitraum erheblich stärker als in unseren europäischen Partnerländern. All das spricht dafür, dass bei uns niedrige Löhne gezahlt wurden, und nicht für das Gegenteil.

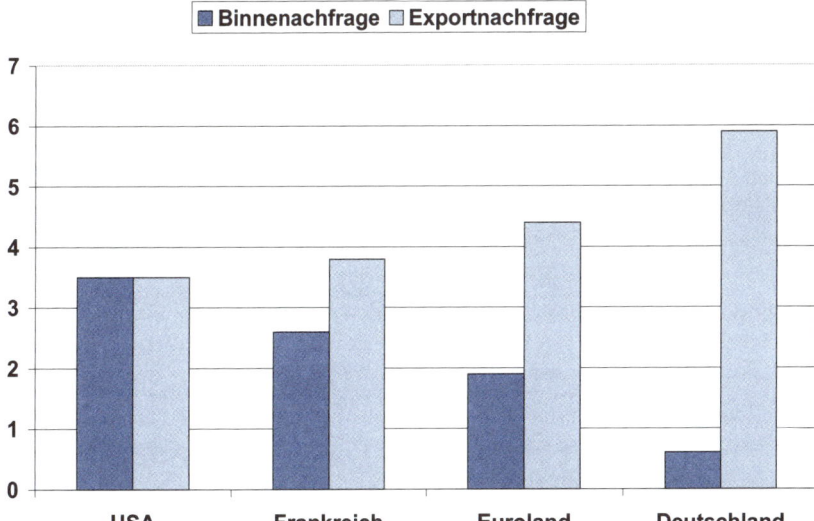

Schaubild 17.3: Durchschnittliche reale Wachstumsrate der Binnennachfrage und der Exporte in Prozent (1999-2004)
Quelle: OECD, Economic Outlook und IMF, World Economic Outlook

Wäre die Lohnentwicklung in Deutschland exzessiv gewesen, müsste man eigentlich eine sehr dynamische Binnennachfrage bei einer schlechten internationalen Wettbewerbsfähigkeit diagnostizieren. Doch es ist genau umgekehrt. Und damit stimmt es eben auch nicht, wenn Sinn behauptet:

„Wettbewerbsfähige Produkte suchen sich die Nachfrage selbst." (S. 102)

Die letzten Jahre zeigen, dass deutsche Produkte international sehr wettbewerbsfähig sind und deshalb auf den Weltmärkten in der Tat eine entsprechende Nachfrage auf sich ziehen konnten. Auf dem Markt „Deutschland" war dies jedoch nicht möglich, weil es dort an der gesamtwirtschaftlichen Nachfragedynamik fehlte.

17.5 Der Flächentarifvertrag ist besser als sein Ruf

Wer die Lohnkosten als die Ursache allen Übels ansieht, ist dann auch schnell dabei, die Gewerkschaften für die wirtschaftliche Misere in Deutschland verantwortlich zu machen. Und so fordert Hans-Werner Sinn in seinem Buch unter dem „TOP 2: Weniger Macht den Gewerkschaften":

„Weg mit den starren Flächentarifen, mehr Tarifautonomie für die Betriebe." (S. 457)

Auf den ersten Blick klingt das wieder einmal durchaus einleuchtend. Ist es nicht eine feine Sache, wenn ein Unternehmen, das in Schwierigkeiten kommt, einfach niedrigere Löhne bezahlt und sich so das Überleben sichert?

An diese Frage müssen wir grundsätzlicher herangehen. Die Wertschöpfung, die in einem Unternehmen erbracht wird, entsteht immer aus dem Zusammenwirken verschiedener *Produktionsfaktoren*: Dem Kapital, der Arbeit, der Energie und dem Wissen, das zum Beispiel in der Form von Patenten verfügbar gemacht wird. Für die Beteiligung an der Wertschöpfung kann man einen Produktionsfaktor nun prinzipiell in zwei alternativen Formen entlohnen:

- Bei der *Festbetragsbeteiligung* erhält ein Produktionsfaktor einen im Voraus festgelegten Betrag, der unabhängig von der tatsächlichen Wertschöpfung und dem daraus resultierenden Gewinn geleistet wird.

- Bei der *Restbetragsbeteiligung* erhält ein Produktionsfaktor eine Entlohnung, die sich aus der Wertschöpfung ergibt, abzüglich der Beträge, die an die Festbetragsbeteiligten geleistet werden.

Diese beiden Entlohnungsformen lassen sich am Beispiel des Faktors Kapital gut verdeutlichen. *Kredite*, die als Fremdkapital von einer Bank bereitgestellt werden, sind üblicherweise eine Form der Festbetragsbeteiligung. Das Unternehmen muss die Zinsen und die Tilgung bezahlen, völlig unabhängig wie sich seine Geschäftslage entwickelt. Bei den Mitteln, die sich ein Unternehmen über die Ausgabe von *Aktien* beschafft, handelt es sich demgegenüber um eine Form der Restbetragsbeteiligung. Die Aktionäre erhalten nur dann eine Dividende, wenn vom Umsatzerlös nach Abzug der Löhne, Zinsen, Mieten und dem Aufwand für Rohstoffe am Ende noch etwas übrig bleibt.

Für den Faktor *Arbeit* galt bisher, dass er durch die Tarifverträge eine vom individuellen Unternehmenserfolg unabhängige Entlohnung erhält. So gesehen läuft das Plädoyer für die Abschaffung des Flächentarifs durch betriebliche Lohnvereinbarungen tendenziell darauf hinaus, die Arbeitnehmer – ähnlich wie die Aktionäre – als Restbetragsbeteiligte zu behandeln. Damit wird also ein Teil des unternehmerischen Risikos auf die Arbeitnehmer abgewälzt. Das zeigt schon, dass die Forderung nach betrieblichen Lohnabschlüssen keine Einbahnstraße sein kann: Wenn die Arbeitnehmer in schlechten Zeiten weniger Lohn bekommen, muss man ihnen in guten Zeiten entsprechend mehr bezahlen. Doch das ist nicht alles. Da die Arbeitnehmer jetzt auch noch zumindest partiell unternehmerisch tätig sind, müssen sie für das von ihnen übernommene Risiko im Durchschnitt einen höheren Anteil am Unternehmensergebnis erhalten als bisher.

Wenn man die Arbeitnehmer stärker am Erfolg und Misserfolg seines Unternehmens beteiligen möchte, muss man auch damit rechnen, dass es nicht immer ganz einfach ist, die tatsächliche wirtschaftliche Lage eines

Betriebs zu ermitteln. Für die Kapitalgeber gibt es hierfür mit dem Aktienrecht, dem GmbH-Gesetz, dem Handelsgesetzbuch sowie internationalen Regelwerken wie dem IAS (International Accounting Standards) und den GAAP (Generally Accepted Accounting Principles) allgemein anerkannte Verfahren. Die dabei verfolgten Bilanzierungszwecke sind jedoch nicht unbedingt hilfreich, wenn man einen „fairen" Anteil der Arbeitnehmer am Unternehmensergebnis ermitteln möchte. Dies könnte zu erheblichen Spannungen zwischen dem Management und seine Arbeitnehmern führen.

Doch das Hauptproblem betrieblicher Lohnvereinbarungen liegt wieder in einer Rationalitätenfalle. In einer schlechten Konjunkturlage ist es für jeden einzelnen Betrieb durchaus attraktiv, seine Wettbewerbsposition über niedrigere Löhne und damit auch geringere Kosten zu verbessern. Aber wenn alle Unternehmen so vorgehen, sinkt die Kaufkraft der Konsumenten, wodurch die gesamtwirtschaftliche Nachfrageschwäche noch verstärkt wird. Natürlich stellt sich diese Rationalitätenfalle umso stärker, je geringer die Nachfrage des Auslandes ist. Deshalb hat ein kleineres Land wie die Niederlande, bei dem die Exporte 67% des Bruttoinlandsprodukts betragen, mit einer Lohnsenkung sehr viel mehr Erfolg als die Bundesrepublik, wo diese Relation nur halb so groß ist.

Damit sind die Arbeitgeber gut beraten, wenn sie jetzt nicht – auf Teufel komm heraus – jede Möglichkeit der Lohnkostensenkung in Deutschland nutzen. Vielleicht sollten sie einmal einen Blick in Ludwig Erhards „Wohlstand für Alle" werfen. Auf S. 211 ist zu lesen:

> „Wer meine Auffassung kennt, weiß, dass zu dieser Konzeption als wesentliches Element eine freizügige Lohnentwicklung gehört. Zum wiederholten Male habe ich darum erklärt, dass der oft geübte Widerstand der Arbeitgeber gegenüber Lohnerhöhungen (...) nicht in das System der Marktwirtschaft passt. Ein solcher Widerstand missachtet die Zielsetzung der Marktwirtschaft, so wie ich sie verstehe, sogar gröblich. Es erscheint mir misslich, wenn die Arbeitgeber niemals von sich aus eine Aktivität zugunsten einer an sich möglichen Lohnerhöhung ergreifen, sondern immer erst dann tätig werden, wenn die Gewerkschaften darauf drängen. "

Wenn wir in Deutschland wieder eine dynamische Binnennachfrage erreichen wollen, müssen die Löhne gemäß dem Produktivitätsanstieg und der zu erwartenden Inflationsentwicklung angepasst werden. Es wäre dabei sinnvoll, dass sich die Inflationskomponente an der Zielinflationsrate der Europäischen Zentralbank von „knapp unter 2%" orientiert. Damit käme es rasch zu einer Angleichung der deutschen Inflationsrate auf den Durchschnittswert der Währungsunion. Für die deutschen Unternehmen bedeutete dies kurzfristig einen leichten Kostennachteil. Sie würden jedoch dauerhaft davon profitieren, dass sie nicht länger mit höheren Realzinsen belastet werden als ihre Konkurrenten in den Nachbarländern.

Für die Lohnpolitik in der Europäischen Währungsunion würden dann dieselben Regeln gelten, wie sie von vielen Ökonomen für den früheren Währungsraum der D-Mark gefordert wurden. Die Lohnentwicklung soll sich am regionalen Produktivitätsfortschritt orientieren und zudem einen Ausgleich für die Inflationsentwicklung des gesamten Währungsraums vornehmen. Und so wie vor 1999 niemand auf die Idee gekommen wäre, die bayerische Inflationsrate für die Tarifabschlüsse in Bayern heranzuziehen, so sollte man auch in der Europäischen Währungsunion davon abgehen, die Löhne nach Maßgabe der nationalen Inflationsraten zu bestimmen. Es käme so zu einer Angleichung der Preisentwicklungen in den Mitgliedsländern, womit die Geldpolitik der Europäischen Notenbank erheblich an Effizienz gewinnen würde.

18

Der nächste Streich: „Aktivierende Sozialhilfe"

Wenn man in zu hohen Löhnen das größte Problem der deutschen Wirtschaft sieht, ist es folgerichtig, als nächsten Reformschritt eine deutliche Senkung der Sozialhilfe zu fordern. Konzepte hierfür wurden insbesondere vom ifo-Institut unter dem Schlagwort der „aktivierenden Sozialhilfe" präsentiert. Die Forderung nach einer Verminderung der Sozialhilfe um ein Drittel geht von der bereits in Kapitel 2 dargestellten Stammtisch-Weisheit aus, dass es sich heute für viele Menschen gar nicht mehr lohne zu arbeiten. Wie schon erwähnt, ist der Abstand zwischen einem regulären Netto-Einkommen und der „Stütze" bei Familien mit zwei und mehr Kindern wirklich nicht sehr hoch. Aber anders als zu vermuten wäre, stellt diese Personengruppe nur einen relativen kleinen Teil der Sozialhilfeempfänger dar. Bei der großen Gruppe der Alleinstehenden beträgt der Abstand zwischen einem Vollzeit-Job und der Sozialhilfe immerhin rund 312 Euro im Monat oder etwas mehr als 2 Euro pro Stunde. Für einen gut verdienenden Universitätsprofessor sind das vielleicht „Peanuts", aber das muss für einen Alleinstehenden, der sonst nur rund 600 Euro vom Sozialamt bekommt, nicht genauso sein. So gesehen erscheint es also nicht zwingend, die Sozialhilfe generell abzusenken. Stattdessen könnte man auch daran denken, die Förderung von Familien mit Kindern aufzustocken.

18.1 Wie viele Stunden will Herr Müller bei der „Aktivierenden Sozialhilfe" arbeiten?

Aber sehen wir uns das Konzept der „Aktivierenden Sozialhilfe" einmal am Beispiel eines Alleinstehenden, nennen wir ihn Herrn Müller, näher an. Die Grundidee ist einfach: Wenn Herr Müller arbeitsfähig ist, aber nicht arbeitet, erhält er anstelle von bisher 624 Euro (Sozialhilfe und durchschnittliches Wohngeld) nur noch das Wohngeld in Höhe von 293 Euro.[1] Wenn Herr Müller wieder das alte Einkommensniveau erreichen will, muss er dafür arbeiten. Hier sieht die „Aktivierende Sozialhilfe" ein recht komplexes 3-Stufenmodell vor:

---

1. Alle Zahlenangaben orientieren sich an der Studie des ifo-Instituts zu „Aktivierende Sozialhilfe" (Sinn et al. 2002).

- Die ersten 200 Euro, die er dazuverdient, sind für ihn frei von Steuern und Sozialabgaben.[2] Er erhält in diesem Bereich sogar für jeden selbst verdienten Euro noch 0,20 Euro vom Staat als Lohnsteuergutschrift dazu.

- Die nächsten 200 Euro (also der Bereich eines Brutto-Einkommens von 200 bis 400 Euro) werden regulär mit dem Arbeitnehmerbeitrag zur Sozialversicherung belastet.

- Verdient Herr Müller mehr als 400 Euro, dann wird jeder zusätzliche Euro mit 70% belastet. Diese Zone mit einer sehr hohen Grenzbelastung erstreckt sich bis zu einem Einkommen von rund 1.400 Euro.

Was bedeutet das konkret für die Entscheidung von Herrn Müller, ob er überhaupt arbeiten soll, und wenn ja wie viele Stunden pro Monat? Ganz offensichtlich reduziert das Modell den Anreiz, überhaupt nichts zu tun, da Herr Müller mit 293 Euro nicht mehr über die Runden kommen kann. Wenn er das bisherige Sozialhilfe-Niveau von 630 Euro wieder erreichen will, muss er jetzt – je nach dem erzielbaren Stundenlohn – dafür rund 36,4 Stunden (beim derzeitigen Stundenlohn für Geringqualifizierte von 8,70 Euro) bzw. 54,5 Stunden (bei dem von Sinn für die Verhältnisse nach Einführung seines Modells erwarteten Stundenlohn von 5,80 Euro) arbeiten. Die Berechnungen hierfür sind in Tabelle 18.1 zu finden.

Tabelle 18.1

Erforderliche Arbeitszeit zur Sicherung des bisherigen Sozialhilfe-Niveaus von 630 Euro im Modell der Aktivierenden Sozialhilfe für einen Alleinstehenden

	Brutto-Einkommen	Netto-Einkommen	Stunden bei 5,80 €/Stunde	Stunden bei 8,70 €/Stunde
Basis-Sozialhilfe		293,0		
Einkommen im Bereich 0-200	200,0	240,0	34,5	23,0
Einkommen im Bereich 200-400	116,4	97,0	20,1	13,4
Summe	297,5	630,0	54,6	36,4

---

2. Für den Arbeitgeber besteht in allen drei Bereichen eine volle Verpflichtung zur Zahlung des Arbeitgeberbeitrags zur Sozialversicherung.

18.1 Wie viele Stunden will Herr Müller bei der „Aktivierenden Sozialhilfe" arbeiten?

18

Wie sieht es mit dem Anreiz aus, anstelle der Sozialhilfe wieder einen Vollzeit-job anzunehmen? Hier muss Herr Müller feststellen, dass er im Modell von Sinn bei einem Einkommen von mehr als 400 Euro im Monat mit einer enormen Abgabenbelastung konfrontiert wird. Von einem zusätzlichen Euro bleiben ihm nur noch 0,30 Euro netto. Bei einem Stundenlohn von 5,80 Euro sind das gerade noch 1,74 Euro (Tabelle 18.2). Kaum vorstellbar, dass dafür jemand zur Arbeit gehen würde. Sinn selbst arbeitet in seinem Buch mit der Annahme, „dass bei der Arbeit 2,50 Euro beziehungsweise 5 Euro netto herauskommen müssen, weil der Verlust an Freizeit oder anderweitig verwendbarer Arbeit abgegolten werden muss." (Sinn 2003, S. 253). Nimmt man das ernst, dann ist für das Modell der Aktivierenden Sozialhilfe zu prognostizieren, dass die Menschen eine Arbeitszeit von 69 Stunden wählen werden, die dann genau die begünstigten Einkommenszonen von 0 bis 400 Euro ausschöpft.

Tabelle 18.2

Einkommen bei einer Vollzeit-Tätigkeit und einem Stundenlohn von 5,80 € im Modell der Aktivierenden Sozialhilfe

	Brutto-Einkommen	Netto-Einkommen	Stunden bei 5,80 €/Stunde	Netto-Stundenlohn
Basis-Sozialhilfe		293,0		
Einkommen im Bereich 0-200	200,0	240,0	34,5	6,96
Einkommen im Bereich 200-400	200,0	166,7	34,5	4,83
Einkommen im Bereich 400-2.000	499,0	149,7	86,0	1,74
Summe	899,0	849,4	155,0	

Nun könnte man denken, dass das besser als nichts sei. Immerhin werden jetzt die Sozialhilfeempfänger gezwungen, einen knappen halben Tag zu arbeiten. Das Problem bilden jetzt aber die Menschen, die bisher eine gering qualifizierte Beschäftigung ausübten. Wenn Sinn Recht hat, sinkt ihr Lohn auf 5,80 und sie erzielen für ihren Vollzeit-Job nur noch rund 850 Euro netto. Da werden sich viele fragen, ob es nicht besser ist, von bisher 155 Stunden in der Woche auf 69 Stunden zu gehen. Der dabei entstehende Einkommensausfall von netto 150 Euro ist für 84 Stunden Freizeit wirklich nicht sehr hoch.

Zudem besteht ja dann die Möglichkeit, als Schwarzarbeiter den Rest des Tages auf jeden Fall mehr als 1,74 Euro in der Stunde zu verdienen.

Dieser Zusammenhang wird auch durch die Tabelle 18.3 verdeutlicht, die den Nettolohn bei einer Arbeit von Null, bei Halbtagesarbeit und bei Vollzeitarbeit darstellt. Wiederum wird für den Status quo ein Bruttolohn von 8,70 Euro und für Aktivierende Sozialhilfe ein Lohn von 5,80 unterstellt.

Tabelle 18.3

Nettoeinkommen bei unterschiedlicher Arbeitszeit

Arbeitszeit	Status quo (8,70 €/Stunde)	Aktivierende Sozialhilfe (5,80 € pro Stunde)
Keine Arbeit	624	292
Halbtags	767	706
Vollzeit	952	838

Man erkennt daran, dass heute ein Sozialhilfeempfänger immerhin 185 Euro verdient, wenn er einen Vollzeit-Job anstelle einer Halbtags-Beschäftigung annimmt. Im Modell der Aktivierenden Sozialhilfe beträgt der Netto-Lohn für einen halben Arbeitstag im Monat nur noch 132 Euro.

18.2 Der Teufel wird mit dem Beelzebub ausgetrieben

Die Aktivierende Sozialhilfe treibt somit den Teufel mit dem Beelzebub aus. Sie erhöht zwar für die Menschen, die bisher überhaupt nicht arbeiten wollten, den Anreiz, eine Halbtags-Beschäftigung anzunehmen. Gleichzeitig macht sie es jedoch für Sozialhilfeempfänger ebenso wie für die im Niedriglohn-Segment noch als Vollzeit-Beschäftigten völlig unattraktiv, den ganzen Tag über legal zu arbeiten. Es entsteht also eine Sogwirkung zu den staatlich geförderten Halbzeit-Jobs. Dies erfordert zusätzliche Mittel (Lohnsubvention plus Basis-Sozialhilfe) für Menschen, die bisher noch in einem sozialversicherungspflichtungen Vollzeit-Job tätig waren. Es ist dabei völlig offen, ob sich dadurch per Saldo eine Einsparung öffentlicher Mittel ergibt.

Ein zusätzliches großes Problem dieses Ansatzes besteht in der Annahme, dass sich für alle erwerbsfähigen Sozialhilfeempfänger auch Arbeitsplätze finden lassen, in denen sie so viel verdienen, dass die Lücke zwischen der bisherigen und der abgesenkten Sozialhilfe gestopft werden kann. Besonders hoch wäre der Bedarf an solchen 1 oder 2 Euro-Jobs in den Neuen Bundesländern. Hier müssten aus dem Stand insgesamt rund eine Million kommunaler Beschäftigungsmöglichkeiten geschaffen werden. Neben den traditionellen Sozialhilfeempfängern müssten auch noch rund 800.000 der bisherigen Bezieher von Arbeitslosenhilfe in die Aktivierende Sozialhilfe einbezogen werden. Natürlich wird es auch den einen oder anderen zusätzlichen Arbeitsplatz in der privaten Wirtschaft geben, aber auch Herr Sinn schätzt dieses Potenzial auf kurze Sicht als sehr begrenzt an:

> *„Nur wenn die staatlichen Jobs angeboten werden, ist sichergestellt, dass ein jeder die Möglichkeit hat, ein Einkommen in Höhe der jetzigen Sozialhilfe zu verdienen." (Sinn et al. 2002, S. 21)*

Doch wie sollen die ostdeutschen Kommunen aus dem Stand mehr als eine Million Menschen beschäftigen? Für Hans-Werner Sinn gibt es da viele Tätigkeitsfelder:

> *„Landschaftspflege, Gartenbau, Handwerksleistungen, soziale Dienstleistungen, Küchen- und Wäschereidienste, Umweltschutz und Recycling."*
> *(Sinn et al. 2002, S. 27)*

Da werden sich die kleinen und mittelständischen Betriebe, denen es in Ostdeutschland gelungen ist, in diesen Bereichen Fuß zu fassen, aber freuen. Das klingt ironisch, aber Kollege Sinn meint das ganz ernst:

> *„Das lokale Handwerk wird von dieser Regelung profitieren, denn die Aktivierende Sozialhilfe ist ein Programm zur Integration der Schwarzarbeiter in die Handwerksbetriebe. Zum einen hat das Handwerk mehr Kunden, weil den Sozial- und Arbeitslosenhilfebeziehern in Zukunft die Zeit fehlt, ihre Leistungen auf dem Schwarzmarkt anzubieten. Zum anderen stehen die betroffenen Personen dem lokalen Handwerk als billige Arbeitskräfte zur Verfügung, entweder direkt auf dem Weg eines subventionierten Beschäftigungsverhältnisses oder indirekt auf dem Wege eines Leiharbeitsverhältnisses." (Sinn 2003, S. 462)*

Dabei wird von Sinn unterstellt, dass alle bisherigen Sozialhilfeempfänger den ganzen Tag über als Schwarzarbeiter tätig waren, was wohl kaum den Tatsachen entspricht. Und es wird dabei überhaupt nicht berücksichtigt, dass durch die von Vollzeit- auf Halbzeitarbeit umstellenden Beschäftigten ein ganz neuer Pool von Schwarzarbeitern geschaffen wird.

Außerdem wird dabei deutlich, dass es durch das Modell der Aktivierenden Sozialhilfe zu einer noch weitergehenden Lohnsenkung kommen würde. Handwerksbetriebe, die unter diesen Bedingungen überleben wollen, müssten ihre noch regulär beschäftigten Mitarbeiter weitgehend durch von der Kommune vermittelte Leiharbeiter ersetzen. Ein regulärer Vollzeit-Arbeiter würde sie 1.079 Euro kosten (899 Euro Bruttolohn plus der Arbeitgeberbeitrag zur Sozialversicherung), der Leiharbeiter wäre schon zum Tarif von 630 Euro (zuzüglich einer gewissen Vermittlungsgebühr) von der Kommune zu haben.

18.3 Das Todesurteil für den regulären Vollzeit-Arbeitsplatz

Würde die Aktivierende Sozialhilfe umgesetzt, wäre das also das Todesurteil für die noch bestehenden Vollzeit-Jobs im Bereich der niedrig Qualifizierten. Diese – für die Finanzierung der Sozialen Versicherungssysteme unentbehrlichen – Arbeitsplätze gerieten bei der Umsetzung dieses Modells von zwei Seiten massiv unter Druck:

- **Viele derzeit noch Vollzeit-Beschäftigte würden von sich aus den Halbzeit-Job wählen, da es wenig attraktiv ist, für 1,74 Euro/Stunde zu arbeiten. Dies gilt insbesondere für Arbeitnehmer, die eine größere Entfernung zu ihrer Arbeitsstätte zurückzulegen haben, so dass der geringe Nettolohn noch durch die Fahrtkosten geschmälert wird. Die Halbtages-Beschäftigung ist natürlich auch für jene Arbeitnehmer attraktiv, die ihr Potenzial im Bereich der Schwarzarbeit sehen.**

- **Viele Arbeitgeber wären durch den Wettbewerb mit denen sich als Unternehmen gerierenden Kommunen gezwungen, reguläre Arbeitsplätze durch Leiharbeiter zu ersetzen, die dann preisgünstig von den Kommunen ausgeliehen werden können.**

Am Ende wäre es in Ost-Deutschland für Menschen mit einer geringen beruflichen Qualifikation kaum noch möglich und auch nicht mehr attraktiv, eine reguläre Anstellung mit einer ausreichenden sozialen Absicherung zu bekommen. So gesehen würde die „Aktivierende Sozialhilfe", die von ihren Erfindern sicherlich gut gemeint ist, einen erheblichen wirtschaftlichen und gesellschaftlichen Flurschaden anrichten. Gut gemeint ist eben häufig das Gegenteil von gut. Und natürlich gilt dies nicht nur für die Neuen Bundesländer, sondern auch für den Westen Deutschlands.

Teil 5

„Wende zum Weniger" oder „dynamischer Durchbruch nach vorne"

Es mag hart klingen, aber als eine Erfolgsgeschichte kann man die Reformbemühungen der letzten fünf Jahr wohl kaum bezeichnen. Die Alternative, die jetzt vor uns steht, lässt sich auf einen einfachen Nenner bringen. Es geht um die Entscheidung zwischen

- **einer endgültigen „Wende zum Weniger" mit deutlich niedrigeren Löhnen, stark reduzierten Sozialleistungen und insgesamt einem Staatsverständnis angelsächsischer Prägung, und**

- **einer Politik, die man frei nach Ludwig Erhard unter das Motto des „dynamischen Durchbruchs"[1] nach vorn stellen könnte.**

In diesem Teil meines Buchs werden die Prinzipien einer solchen Politik formuliert und in konkrete politische Handlungsanweisungen umgesetzt. Niemand kann mit Gewissheit sagen, welche der beiden Strategien erfolgreicher sein wird. Dazu ist die Ökonomie eine zu weiche Wissenschaft. Aber eines dürfte unstrittig sein: Es wäre falsch, den Versuch einer offensiv angelegten Wirtschaftspolitik zu unterlassen. Wenn sie scheitern sollte, bleibt als Notlösung immer noch die „Wende zum Weniger". Doch wenn wir den Rückzug direkt antreten, wird es sehr schwierig, wieder auf einen grünen Zweig zu kommen. Es ist ähnlich wie bei einem Patienten, dem wegen schlechter Durchblutung die Amputation seines Beines droht. Solange noch die Möglichkeit besteht, die Durchblutung zu verbessern, sollte man nicht vorschnell das Bein abnehmen.

---

1. Ludwig Erhard (1964), S. 7

19

Kulturrevolution – nein danke

„Jedes Land braucht eine Kulturrevolution, wenn der Filz über 50 Jahre akkumuliert wurde. Jetzt ist Deutschland so weit." Markige Worte sind das, die man in der Einleitung von Hans-Werner Sinns Buch findet (Hans-Werner Sinn, 2003, S.14). Kulturrevolution? War das nicht die brutale Unterdrückung der Opposition und insbesondere der Intellektuellen durch Mao Zedong in der Zeit von 1965 bis 1969, eine Phase, die eine Million Tote oder noch mehr forderte und China kulturell an den Rand des Abgrunds führte? Das hat Hans-Werner Sinn mit Deutschland hoffentlich nicht vor. Aber das schreckliche Wort macht doch deutlich, das es vielen „Reformern" offensichtlich darum geht, ein anderes Deutschland zu schaffen:

> „Wir müssen unsere Institutionen an Haupt und Gliedern erneuern, unbequeme Fragen stellen und radikal umdenken." (Hans-Werner Sinn, 2003, S. 14)

Deutschland steht heute tatsächlich am Scheideweg. Es muss eine Grundsatzentscheidung darüber getroffen werden, ob wir weiterhin auf das Modell der Sozialen Marktwirtschaft setzen oder ob wir uns für das Konzept eines Kapitalismus angelsächsischer Prägung entscheiden. In den letzten Jahren ist die deutsche Wirtschaftsordnung deutlich in die Richtung des angelsächsischen Modells verändert worden. Doch gebracht hat das nichts. Unser Wirtschaftswachstum ist deutlich schwächer ausgefallen als in den europäischen Staaten, die, wie Frankreich und die skandinavischen Länder, weiterhin auf einen starken Staatseinfluss in der Marktwirtschaft gesetzt haben.

Das sollte eigentlich zu Zweifeln an der Strategie der bisherigen Reformpolitik Anlass geben. Doch die „Reformer" machen es sich leicht. Der Erfolg bleibe aus, weil bisher einfach viel zu wenig reformiert worden sei. So behauptet das Institut der Deutschen Wirtschaft, dass bisher erst ein Fünftel des „mindestens erforderlichen Reformpakets" erledigt sei.[2] Diese erschreckende Maßlosigkeit lässt sich besonders deutlich an der Forderung nach immer neuen Steuersenkungen belegen. Da war es schon extrem ungerecht, dass Helmut Kohl die gesamte Vereinigung mit Schulden und den Geldern der Sozialkassen finanzierte und die Steuerzahler ungeschoren ließ. Auch wurden von ihm die Gewerbekapitalsteuer und die Vermögensteuer ersatzlos gestrichen. Aber es musste die schon sehr niedrige Steuerquote durch die Steuerreform 2000 noch weiter gesenkt werden, insbesondere weil man glaubte, dass

---

2. iwd – Informationsdienst des Instituts der deutschen Wirtschaft Köln, Nr. 13 vom 25. März 2004

niedrigere Unternehmenssteuern gut für die Investitionen seien.[3] Nun sind die Einnahmen aus den Unternehmenssteuern extrem stark eingebrochen und was ist heute besonders wichtig: Eine Steuersenkung für die Unternehmen.

Das Ganze ähnelt fatal der Geschichte vom Fischer und seiner Frau, die sich im Märchenbuch der Gebrüder Grimm findet: Der Fischer und seine Frau lebten in einer armseligen Hütte. Da fing der Fischer eines Tages einen Butt. Dieser aber war ein verzauberter Prinz. Er sagte zu dem Fischer: „Wenn du mich freilässt, kannst du dir etwas wünschen und es wird dir erfüllt."

Begeistert ging der Fischer nach Hause und erzählte das seiner Frau Ilsebill. Sie wusste sofort, was sie wollte: Ein richtiges Haus mit einem hübschen Gemüsegarten. Also ging der Fischer ans Meer, das ganz ohne Wellen war, rief den Fisch und teilte ihm den Wunsch der Frau mit. Als er zurückkam stand da schon das neue Heim. Ilsebill und der Fischer waren überglücklich. Aber nach einiger Zeit wollte die Frau mehr. Ein großes Bauernhaus mit Wiesen und Feldern, das wär's. „Geh doch wieder zu dem Butt und bitte ihn darum, das kann ja nicht so schwer für ihn sein." Der Fischer ging an den Strand, der Himmel war grau, die Wellen waren recht hoch, der Fisch kam, sobald er gerufen wurde. Auch diesen Wunsch erfüllte er sofort. Doch wie es so ist, bald wurde Ilsebill wieder unruhig und sagte zu ihrem Gemahl: „Ein Schloss mit großen Sälen und einem schönen Forst, in dem du jagen könntest, das hätte schon etwas. Komm, frag den Butt." Also ging der gute Mann wieder an den Strand, die See war sehr stürmisch und er musste laut rufen, damit ihn der Fisch hörte. „Was soll es denn jetzt sein?", fragte der Butt. „Ilsebill will ein kleines Schloss und einen Forst dazu". Auch das wurde erfüllt, aber Ilsebill wollte immer mehr. Sie wollte Königin, dann Kaiserin und sogar Päpstin sein. Und immer ging der Fischer an die See, rief den Fisch, und der Wunsch wurde Realität. Am Ende kam es der Frau in den Sinn, Gott zu werden. Wieder musste der Mann ans Meer. Draußen aber ging der Sturm und brauste, so dass der Fischer kaum auf den Füßen stehen konnte. Da schrie der Fischer und er konnte sein eigenes Wort nicht hören:

„Manntje, Manntje, Timpe Te
Buttje, Buttje in der See,
mine Fru, de Ilsebill,
will nich so, as ik wol will."

„Na, was will sie denn?" fragte der Butt. „Ach", sagte er, „sie will werden wie der liebe Gott." Da erwiderte der Fisch: „Geh nur hin, sie sitzt schon wieder in der Fischerhütte."

Da sitzen sie noch bis zum heutigen Tag.

---

3. Wie hieß es im Schröder-Blair-Papier vom 8. Juni 1999 so schön: „So stärken Körperschaftssteuersenkungen die Rentabilität und schaffen Investitionsanreize". (*www.blaetter.de/kommenta/dok30799.htm*)

So könnte es auch alljenen gehen, die in Deutschland nach mehr und immer mehr Reformen rufen. Ihre Utopie lässt einen schaudern: Längere Arbeitszeiten, weniger Urlaubstage, Spitzensteuersätze wie in Lettland und Estland, kein Kündigungsschutz mehr, keine Gewerkschaften und damit auch kein Flächentarifvertrag und keine Mitbestimmung. Und das alles bei drastisch abgesenkten Löhnen und Renten, die zum Leben zu wenig und zum Sterben zu viel sind. Doch woher nehmen die „Reformer" eigentlich das Vertrauen, dass ein solcher Rückschritt in die sozialpolitische Steinzeit Deutschland wieder nach vorne bringt? Die Schweiz und Japan weisen Staatsquoten von weniger als 40% auf und noch geringere Abgabequoten, die Gewerkschaften sind in beiden Länder ohne jede Bedeutung und doch ist dort das Wirtschaftswachstum ähnlich unbefriedigend wie bei uns. Umgekehrt gedeiht die Wirtschaft in allen skandinavischen Ländern, obwohl diese sehr viel höhere Steuern haben als wir und der Anteil der Staatsausgaben am Bruttoinlandsprodukt mit 50% weit über dem deutschen Niveau liegt.

Der Weg in den „Minimalstaat", von dem Edmund Stoiber und sein Berater Sinn besonders fasziniert zu sein scheinen, käme in der Tat einer Kulturrevolution in Deutschland gleich. Indem man dem Staat immer mehr Mittel entzieht, die sozialen Sicherungsmechanismen schwächt, und die Löhne immer weiter absenkt, führt man die Wirtschaft tiefer und tiefer in einen Morast aus Stagnation und Deflation. Schon heute ist unübersehbar, wie sehr eine solche Stimmung das Zukunftsvertrauen der Menschen und damit auch ihre Risikobereitschaft untergräbt. Wer wird noch Kinder in die Welt setzen und sich vielleicht für sie ein Haus oder eine Wohnung kaufen, wenn er als Arbeitnehmer stets mit einem Bein vor dem Abgrund des Arbeitslosengeldes 2 steht, bei dem ihm jegliche finanzielle Sicherheit genommen wird?

Und so sägen alle jene, die heute wie kleine Nimmersatts nach jeder Reform lauthals nach der nächsten rufen – wie heißt es so schön „Nach der Reform ist vor der Reform?" – an den tragenden Ästen unserer gesamten Gesellschaftsordnung. Unternehmer, die stolz darauf sind, aus ihren Belegschaften zusätzliche Arbeitszeit ohne Lohnausgleich herausgepresst zu haben, verbessern natürlich die Rendite ihres eigenen Betriebs. Aber wie in Kapitel 10 dargestellt, unterliegen sie dabei einer gefährlichen Rationalitätenfalle. Wenn in allen Unternehmen ohne Lohnausgleich länger gearbeitet wird, wird die vorhandene Arbeit von weniger Beschäftigten geleistet, die Lohnsumme sinkt und die kaufkräftige Nachfrage geht damit ebenfalls zurück. Aber wie kann man die einzelnen Unternehmen daran hindern, eine solche für die Wirtschaft insgesamt gefährliche Deflationspolitik zu betreiben? Die Lösung hierfür ist bekannt und sie hat sich bewährt: Der Flächentarifvertrag bietet eine Selbstbindung der Unternehmen, die ein am Ende für sie selbst schädliches Lohnkostendumping verhindert.

China wurde durch die Kulturrevolution in wirtschaftlicher und kulturel-
ler Hinsicht um Jahrzehnte zurückgeworfen. Die Kulturrevolution, die Hans-
Werner Sinn Deutschland angedeihen lassen möchte, hat ein ähnlich negati-
ves Potenzial. Schon jetzt kann man erkennen, dass die Sparpolitik über den
Bereich der Wirtschaft hinaus zu schwer wiegenden Konsequenzen für Kultur und Wissenschaft führt. An Schulen und Universitäten, wo die Basis für
die wirtschaftliche Leistungsfähigkeit der nächsten Jahrzehnte gelegt werden
sollte, regiert der Rotstift. Als Vizepräsident der Universität Würzburg hatte
ich die Aufgabe, die Sparpolitik von Edmund Stoiber zu exekutieren. Es ist
für alle Beteiligten unglaublich demotivierend, wenn die Hochschulleitung
wie ein Gerichtsvollzieher durch die Fakultäten gehen muss, um hier eine
Professur, dort eine Ratsstelle oder einen Assistenten einzuziehen, ohne dass
dabei die Möglichkeit besteht, die eingesparten Mittel an einer anderen
Stelle einzusetzen, wo sie dringend benötigt würden. Finnland hat in der
Pisa-Studie hervorragend abgeschnitten, aber bei der hohen Abgabenquote
kann sich das Land auch ein erstklassiges Schulsystem leisten.

Wer Staatsquoten von unter 40% für Deutschland fordert, muss sich der
Tatsache bewusst sein, dass es damit nicht mehr möglich sein wird, das bisherige 4-Sterne- oder sogar 5-Sterne-Niveau an Infrastruktur, Bildung, Kultur
und Sicherheit zu gewährleisten. Damit ist der Abstieg in die zweite Liga
vorprogrammiert. Deutschland wird dann auch für ausländische Investoren
und hoch qualifizierte Arbeitnehmer an Attraktivität verlieren. Wir werden
dann zum 3- oder 2-Sterne-Haus, mit niedrigen Steuern und Abgaben, in
dem nur noch jene Unternehmen und Menschen bleiben werden, die sich
nichts Besseres leisten können.

Und so werden wir – wie der Fischer und seine Frau – am Ende aller
Reformen gleichsam in der „Hütte Deutschland" enden, mit einem bis auf die
Knochen abgemagerten Staat, einer verrotteten Infrastruktur und schlecht
ausgebildeten Bürgern, die dann bei den längsten Arbeitszeiten die geringsten Löhne verdienen. Natürlich wären die Steuern minimal und neue Staatsschulden würden auch nicht mehr aufgenommen, da niemand bereit wäre,
sein Geld an einen so maroden Staat zu verleihen.

19.1 Ein Richtungswechsel tut Not

Doch wie lässt sich diese Entwicklung noch aufhalten? Die Regierung befindet sich derzeit in der Situation eines Wanderführers, der seine Gruppe seit
längerem in die falsche Richtung geführt hat. Es ist ein heißer Tag und der
Weg war steil und anstrengend. Die Entscheidung umzukehren, würde die
eigenen Fehler offen legen und großen Unmut auslösen. Ist es da nicht

bequemer, einfach den falschen Weg weiterzugehen, in der Hoffnung, dass es keiner merkt oder dass er sich am Ende doch noch als richtig erweist?

Nein, Deutschland braucht jetzt einen wirtschaftspolitischen Kurswechsel. Es war falsch das Sparen und die „Wende zum Weniger" zum Leitmotiv der Wirtschaftspolitik zu machen. Worauf es vielmehr ankommt, sind Strategien, die das ermöglichen, was Ludwig Erhard als „dynamischen Durchbruch nach vorn" beschrieben hat. Natürlich darf man dabei keine Wunderheilung erwarten. Deutschland wird Zeit brauchen, bis es wieder zu den dynamischen Ländern der Weltwirtschaft gehören wird. Was muss also die Wirtschaftspolitik tun, um Deutschland wieder auf die Beine zu bringen? Die Grundprinzipien für eine bessere Wirtschaftspolitik sind einfach und klar; sie lauten: Mehr Konstanz und Verlässlichkeit, mehr Ordnungspolitik, mehr Nachfrageorientierung und mehr Gerechtigkeit in einer globalisierten Welt.

20

Grundprinzipien für eine Reform der sozialen Sicherungssysteme

20.1 Umbau ohne Bauplan

Unserer Gesundheitsministerin, Ulla Schmidt, verdanken wir die schöne Metapher „Haus der sozialen Sicherung", das nun gründlich renoviert und umgebaut werden müsse. Aber um was für ein Gebäude handelt es sich dabei? Wohl kaum um ein Garten- oder Reihenhaus. Bei einem Umfang der Sozialleistungen von rund 660 Milliarden Euro, also etwa einem Drittel des Bruttoinlandsprodukts, haben wir es hier mit einem Bauwerk zu tun, das vielleicht am ehesten noch mit einem Großflughafen vergleichbar wäre. Wie würde man vorgehen, wenn man ein solches Bauvorhaben in Angriff nähme? Natürlich bräuchte man zunächst einmal einen umfassenden Bauplan, in dem festgelegt wird, wie das Ganze am Ende aussehen soll. Auch der Baugrund würde auf seine Stabilität hin überprüft. Und da ein solcher Umbau bei laufendem Betrieb nur innerhalb einer Zeitspanne von zehn oder zwölf Jahren zu realisieren ist, müsste man dann das gesamte Vorhaben schön säuberlich in einzelne Bauphasen unterteilen.

Wie sieht das nun mit dem derzeitigen Umbau des Gebäudes der Sozialen Sicherung aus? Einig ist man sich in allen Lagern, dass wir einschneidende, tief greifende und umfassende Reformen benötigen. Doch vor lauter Aktionismus scheint es kaum jemanden zu stören, dass bisher überhaupt kein Masterplan existiert, der vorgibt, wohin die Reise in zehn oder zwanzig Jahren eigentlich gehen soll. Stattdessen wird munter vor sich hin reformiert: Man baggert da und dort einfach einmal eine Baugrube auf, legt ein Fundament hinein und hofft, dass man dafür schon irgendeine Verwendung finden wird. Man reißt die eine oder andere Mauer ein und vertraut darauf, dass es schon keine tragende Wand sein wird. Oder man renoviert vorab einmal ein Dach und fragt gar nicht danach, ob die darunter liegenden Räume auch noch in Zukunft benötigt werden. Einem Statiker oder Architekten ließe so etwas die Haare zu Berge stehen, doch für unsere Sozialreformer scheint das alles kein Problem zu sein.

Wenn wir uns in Deutschland heute so schwer tun, Reformen umzusetzen, dann liegt das sicherlich daran, dass es vielen Menschen an der Bereitschaft zur Veränderung fehlt. Es hat aber auch ganz wesentlich etwas damit zu tun, dass die Bürgerinnen und Bürger diese Planlosigkeit – bewusst oder unbewusst – durchaus wahrnehmen und es ihnen deshalb schwer fällt, sich auf eine solche Fahrt ins Blaue einzulassen.

20.2 Drei Prinzipien für die Statik des Hauses der Sozialen Sicherung

Wie könnte ein Masterplan für die Modernisierung unserer Sozialen Sicherungssysteme aussehen und was sind die Prinzipien der Statik, die dabei berücksichtigt werden müssen? In den Lehrbüchern der Volkswirtschaftslehre findet man hierzu leider nur wenig Hilfestellung. Ja, in den meisten Einführungswerken kommen die Sozialen Sicherungssysteme überhaupt nicht vor. Und auch bei den Reformvorschlägen der Kommissionen von Peter Hartz, Bert Rürup oder Roman Herzog ist keiner der vielen Mitstreiter auf die Idee gekommen, dass man erst einmal ein ordnungspolitisches Gesamtkonzept benötigt, wenn man ein in sich geschlossenes Reformprogramm entwickeln will. Bei dieser Orientierungslosigkeit ist es kein Wunder, dass Frau Christiansen jeden Sonntagabend immer wieder aufs Neue eine lustige Diskussionsrunde zu den Wirtschaftsreformen zusammenbekommt, bei der die Argumente wie Papierschiffe auf dem Rhein vor sich hintreiben.

Genug geklagt. Welche Grundprinzipien sind es, die die Architekten des Hauses der Sozialen Sicherung zu beachten haben? Wie schon erwähnt, findet man sie nicht im Lehrbuch, aber es hat sich immerhin ein gewisser Grundkonsens unter Ökonomen herausgebildet, dass die folgenden Grundsätze für die Statik Sozialer Sicherungssysteme von besonderer Bedeutung sind:

■ **das Prinzip der Subsidiarität,**

■ **das Prinzip der Äquivalenz,**

■ **das Prinzip der Transparenz und damit verbunden das der Glaubwürdigkeit.**

Das prominenteste dieser Prinzipien ist das *Subsidiaritätsprinzip*. Es hat seine Wurzeln in der katholischen Soziallehre und wurde erstmals in der Enzyklika Quadragesimo Anno (1931) von Papst Pius XI. fixiert. Worum es dabei geht, kann man am besten in den Worten des Nestors dieser Lehre, Oswald von Nell-Breuning[1] (1890-1991) zusammenfassen:

> *„Für dieses Prinzip hat der Volksmund eine zwar scherzhaft klingende dafür aber sehr anschauliche Wendung: ‚Die Kirche nicht aus dem Dorf tragen'. Was im Dorf geleistet werden kann, das trage man nicht an das große öffentliche Gemeinwesen Staat heran; was im Kreis der Familie erledigt werden kann, damit befasse man nicht die Öffentlichkeit; was man selbst tun kann, damit behellige man nicht andere."*

---

1. Oswald von Nell-Breuning (1985)

Konkret heißt das also, dass man sich bei sämtlichen staatlichen Regelungen im Bereich der Sozialen Sicherungssysteme zu fragen hat, ob nicht die Privaten von sich aus in der Lage wären, bestimmte Leistungen von selbst zu erbringen. Das Subsidiaritätsprinzip entspricht dem grundlegenden Vertrauen der Ökonomen, dass privatwirtschaftliche Aktivitäten *in der Regel* perfekt über den Marktmechanismus gesteuert und koordiniert werden können. Staatliche Eingriffe in den Markt sind also nicht die Regel, sondern die Ausnahme. Sie unterliegen stets einem Rechtfertigungszwang.

Das *Äquivalenzprinzip* ist weniger bekannt, es liegt aber den Reformvorschlägen vieler Ökonomen zugrunde. Es besagt, dass die Sozialen Versicherungssysteme, d.h. also die Renten-, Kranken- und Arbeitslosenversicherung, der falsche Ort sind, um verteilungspolitische Zielsetzungen zu verfolgen. Vielmehr sollten diese Systeme möglichst so ausgestaltet werden, dass Leistung und Gegenleistung so weit wie möglich einander entsprechen, also *äquivalent* sind. Für die gesellschaftlich notwendige Umverteilung von den Leistungsstarken auf die Schwachen soll dann ausschließlich das Steuer- und Transfersystem zuständig sein.

Eine unmittelbare Folge eines konsequent angewendeten Äquivalenzprinzips ist die Einhaltung des dritten Grundprinzips, das Prinzip der *Transparenz*. Hiervon ist in der sozialpolitischen Diskussion nicht sehr viel die Rede. Worum es dabei geht, lässt sich gut am Beispiel der Geldpolitik belegen. Nach Jahrzehnten der Inflation haben in den neunziger Jahren viele Notenbanken erkannt, dass sie nur dann die Glaubwürdigkeit der Tarifpartner und Investoren wiedergewinnen können, wenn sie offen legen, welche Ziele sie verfolgen und nach welchen Kriterien sie ihre zinspolitischen Entscheidungen treffen. Auch in der Sozialen Sicherung spielen Transparenz und Glaubwürdigkeit eine zentrale Rolle. Wenn die Soziale Marktwirtschaft auch in Zukunft als Ordnungsprinzip erhalten bleiben soll, muss für den einzelnen Bürger zumindest einigermaßen klar nachvollziehbar sein, wie und wofür seine Sozialabgaben, die sich immerhin auf 40% seines Einkommens belaufen, verwendet werden.

Die Leistungsfähigkeit dieser drei Prinzipien wird deutlich, wenn man einmal den Versuch unternimmt, auf ihrer Grundlage eine Konzeption für die Renten-, Arbeitslosen- und Krankenversicherung zu entwickeln.

20.3 Das Solidaritätsprinzip als Prüfstein für staatliche Eingriffe in die Entscheidungsprozesse seiner Bürger

Beginnen wir mit dem Subsidiaritätsprinzip. Als Prüfstein für die Notwendigkeit von Staatseingriffen stellt es zunächst einmal alle staatlichen Regelungen für den Bereich der Sozialen Sicherung zur Disposition. Konkret hat man sich also zu fragen, worin die Berechtigung für staatliche Eingriffe in diesen Bereichen besteht:

a. Ist es überhaupt notwendig, dass der Staat seine Bürger verpflichtet, eine Renten-, Arbeitslosen- und Krankenversicherung abzuschließen? Und ist es richtig, dass diese Vorschrift in unserem derzeitigen System nur für die abhängig Beschäftigten gilt?

b. Ist es erforderlich, dass diese Versicherungen in staatlicher Regie betrieben werden, oder wäre es nicht auch möglich, dass diese Leistungen auch von privaten Anbietern bereitgestellt werden?

c. Ist der derzeit staatlich vorgeschriebene Umfang der Versicherungen angemessen oder wäre es nicht auch denkbar, dass der Staat mehr Raum für die private Initiative eröffnet?

20.4   Lässt sich ein allgemeiner Versicherungszwang rechtfertigen?

Beginnen wir mit der grundlegendsten Prüfung. Wäre es nicht denkbar, dass man ganz auf einen staatlichen Versicherungszwang verzichtet und es jedem Einzelnen überlässt, ob und in welchem Umfang er eine Vorsorge für Krankheit, Arbeitslosigkeit und Alter trifft? Die meisten Menschen würden sicherlich auch von sich aus eine gewisse private Absicherung für diese Risiken nachfragen. Aber man müsste damit rechnen, dass

- zu viele alte Menschen sich in ihrer Jugend nicht ausreichend Gedanken über die Zukunft gemacht haben,

- zu viele kranke Menschen ihre gesundheitlichen Risiken falsch eingeschätzt haben und

- im Fall einer Rezession zu viele arbeitslose Menschen nicht mehr in der Lage wären, sich und ihre Familien zu ernähren.

In allen drei Fällen würden die Entscheidungen der Privaten wesentlich davon beeinflusst werden, dass sie im Notfall mit dem Auffangnetz der staatlichen Sozialhilfe rechnen würden. Es besteht hier das Problem des *„moral hazard"* (moralisches Risiko). Darunter verstehen die Ökonomen ein Verhalten, bei dem Menschen zu hohe Risiken eingehen, weil sie wissen, dass ihnen im Schadensfall von einem Dritten unter die Arme gegriffen wird.

Die staatliche Versicherungspflicht lässt sich also damit rechtfertigen, dass es bei einer reinen Marktlösung zu einer massiven Überforderung des Systems der Sozialhilfe kommen würde. Doch wenn das so ist, gibt es keinen Grund, diese Verpflichtung nur auf Menschen anzuwenden, die sich in einem abhängigen Beschäftigungsverhältnis befinden. Eine konsequente Anwendung des Subsidiaritätsprinzips erfordert somit vielmehr eine umfassende Versicherungs*pflicht* unabhängig davon, wie die Bürger ihr Einkommen erzielen.[2] Wenn ein Arbeiter seinen Arbeitsplatz verliert und dann eine Absicherung gegen den Einkommensverlust benötigt, warum sollte dann nicht auch der Architekt in gleicher Weise versichert sein? Dieser Grundgedanke ist ein wichtiges Argument für eine *Bürgerversicherung*, d.h. einer staatlich vorgegebenen Verpflichtung für alle Bürger, eine Absicherung für Krankheit, Alter und Einkommensverluste vorzunehmen. Allerdings werden wir gleich sehen, dass man sehr vorsichtig sein muss, wenn man daraus auch die vor allem von Horst Seehofer, der SPD und den Grünen propagierte Forderung ableiten will, alle Bürger zwangsweise in die gesetzliche Krankenversicherung aufzunehmen.

20.5 Lässt sich eine Bereitstellung der Versicherungsleistungen durch den Staat rechtfertigen?

Das Beispiel der Kfz-Haftpflicht verdeutlicht, dass ein staatlich festgelegter Versicherungszwang nicht notwendigerweise bedeutet, dass die dazugehörige Versicherungsleistung auch durch den Staat bereitgestellt wird. Vielmehr hat sich hier der Markt als ein sehr effizientes Organisationsprinzip erwiesen, so dass heute niemand auf die Idee kommen würde, eine staatliche Kfz-Haftpflicht-Versicherungsgesellschaft zu fordern. Aus der Sicht des Subsidiaritätsprinzips muss man deshalb genau prüfen, ob sich die staatliche Bereitstellung der Versicherungsleistung in der Kranken-, Arbeitslosen- und Rentenversicherung rechtfertigen lässt.

Kern der *Gesetzlichen Rentenversicherung* ist das so genannte Umlagesystem. Wie wir bereits in Kapitel 14 gesehen haben, handelt es sich dabei um eine Versicherungsleistung, die durch private Anbieter in dieser Form nicht zu erbringen ist: Wer heute in die Rentenversicherung einbezahlt, erhält dafür im Alter einen relativ festen Anspruch auf eine Beteiligung an den dann erzielten Erwerbseinkünften. Was das Umlagesystem also bietet, ist eine hoch diversifizierte Beteiligung am Humankapital der Zukunft. Es ist offensichtlich, dass ein solches System nur durch den Staat organisiert werden kann, da er allein in der Lage ist, einen Anspruch auf die Einkünfte von Menschen zu versprechen, die heute noch Kinder sind oder überhaupt noch nicht geboren wurden. Im

---

2. Im Fall der Beamten würde das Subsidiaritätsprinzip keine Einbeziehung in die Sozialversicherungen bedingen, da für diese Personengruppe unter den gegebenen Bedingungen eine ausreichende individuelle Absicherung gegeben ist. Dies wäre nur dann geboten, wenn man den Beamtenstatus völlig neu definieren oder ganz abschaffen wollte.

Vergleich dazu wäre eine rein private Kapitaldeckung, bei der die Bürger sich allein durch Anlagen auf den Finanzmärkten für ihr Alter absichern, eine riskantere und auch kostenintensivere Lösung: Viele der Rechenbeispiele, mit denen Ende 1999 noch hohe Renditevorteile der privaten Kapitaldeckung gegenüber dem Umlageverfahren demonstriert wurden, sind heute nach dem Börsencrash 2001/2002 Makulatur. Und im Vergleich zu den hohen Verwaltungskosten von Investmentfonds und privaten Versicherungen ist die Gesetzliche Rentenversicherung eine ausgesprochen kostengünstige Lösung. Nur 1,6% der Beitragseinnahmen werden für die Verwaltung benötigt.

Wie steht es bei der Bereitstellung der Versicherungsleistungen im Fall der *Krankenversicherung.* Auf den ersten Blick erkennt man hier, dass es für private Anbieter durchaus möglich ist, diese Leistungen in zufrieden stellender Weise zu erbringen. Anders als bei der Rentenversicherung, die im Grunde primär einen kollektiven Vermögenstransfer in die Zukunft organisiert und nur sekundär als Versicherung agiert,[3] geht es bei der Krankenversicherung in erster Linie um ein „Poolen" von unterschiedlichen Krankheitsrisiken: Die meisten Versicherten wissen nicht genau, mit welchen Krankheiten sie im Laufe ihres Lebens zu rechnen haben. Wenn sie dafür allein aufkommen müssten, könnte es leicht zu einer Situation kommen, in der ihre finanziellen Reserven nicht mehr ausreichen, um die Kosten einer Erkrankung zu decken. Die Funktion einer Versicherung besteht nun darin, dass sie möglichst viele Menschen zusammenführt, die unterschiedlich hohe Krankheitsrisiken aufweisen. Durch die große Zahl der Versicherten besteht für die Versicherung nur ein *durchschnittliches* Risiko für Krankheiten aufkommen zu müssen, für das sie dann ihre Prämien kalkuliert. Für den Versicherten bietet sie dadurch eine Risikotransformation an: Das geringe Risiko, hohe Zahlungen im Fall einer schweren Erkrankung leisten zu müssen, wird transformiert in eine laufende, sichere Beitragszahlung an die Krankenversicherung.[4]

Da Versicherungen in vielen Bereichen des Wirtschaftslebens erfolgreich auf privater Basis betrieben werden, ist eine ökonomische Rechtfertigung für gesetzliche Krankenversicherungen somit schwer zu erkennen. Hier zeigt sich somit ein erhebliches Problem einer Bürgerversicherung für den Krankheits-

---

3. Diese Funktion ergibt sich vor allem für den Fall der Erwerbs- und Berufsunfähigkeit. Außerdem ist die Rentenversicherung natürlich auch eine Versicherung für den Fall, dass man extrem alt wird. Hier könnte man ohne eine solche Absicherung in die Situation kommen, dass man bereits zum 90. Geburtstag alle Ersparnisse aufgezehrt hat und dann völlig mittellos dastehen würde.
4. Völlig missverstanden hat Gabor Steingart (2004, S. 115) die Funktion einer Versicherung: „Eine normale Versicherung funktioniert wie ein Staudamm, sammelt in guten Zeiten an, um in Dürrephasen abfließen zu lassen." Aber er kann eigentlich nichts dafür. Die Funktion einer Versicherung wird in den Standard-Einführungsbüchern in die Volkswirtschaftslehre nicht erklärt.

fall. Bei dieser Lösung würden die privaten Anbieter von staatlichen Versicherungen verdrängt. Der Wettbewerb als Organisationsprinzip würde so vollständig von diesem Markt verschwinden. Doch schon die heutige Situation erweist sich als wenig effizient. Dies zeigt sich vor allem an der hohen Zahl der gesetzlichen Krankenkassen (370), die teilweise sehr hohe Verwaltungskosten erfordern. Wenig überzeugend sind auch die bisher unternommenen Versuche, einen Pseudo-Wettbewerb zwischen den gesetzlichen Kassen ohne Leistungsunterschiede zu organisieren. Die damit verbundenen Probleme zeigen sich besonders deutlich beim so genannten Risikostrukturausgleich zwischen den Kassen mit „guten" und jenen mit „schlechten" Risiken.

Wenn man das Modell der Kfz-Haftpflicht auf die Krankenversicherung übertragen will, muss man allerdings berücksichtigen, dass es Menschen mit starken gesundheitlichen Einschränkungen schwer fallen würde, überhaupt einen Versicherungsschutz zu erhalten. Hierfür würde sich das in der aktuellen Reformdiskussion entwickelte Modell des *Risikopools* eignen. Dabei handelt es sich um eine „solidarische Finanzierung aufwändiger Leistungsfälle". Der Staat oder die Gesamtheit aller Versicherungen müssten also bei Versicherten, die ein überdurchschnittlich hohes Risiko darstellen, alle über einen bestimmten Betrag hinausgehenden Zahlungen übernehmen.

Kommen wir zur *Arbeitslosenversicherung*. Auch hier muss man sich die Grundsatzfrage stellen: Könnte diese Art der Absicherung nicht auch von privaten Unternehmen angeboten werden? Dazu müssen wir noch etwas tiefer in die Funktionsweise von Versicherungen eindringen. Am Beispiel der Krankenversicherung konnten wir sehen, dass eine Versicherung davon lebt, dass sie viele individuelle Risiken in einen großen Topf wirft und sie damit kalkulierbar macht. Das Ganze funktioniert aber nur, wenn die einzelnen Risiken unabhängig sind. Konkret: Die Wahrscheinlichkeit, dass Herr Müller an Krebs erkrankt, hat keinen Einfluss auf die Wahrscheinlichkeit, dass Herr Maier ebenfalls von dieser Krankheit erfasst wird. Die Risiken sind also *unverbunden*. Bei der Arbeitslosigkeit ist das anders. Je mehr Menschen ihren Job verlieren und deshalb weniger Geld für den Konsum haben, desto größer wird die Wahrscheinlichkeit, dass auch andere Arbeitnehmer ihren Job verlieren. Technisch gesprochen handelt es sich also um *verbundene Risiken*. Private Arbeitslosenversicherungen könnten also im Fall einer Rezession schnell in eine Situation geraten, in der sie ihren Zahlungsverpflichtungen nicht mehr nachkommen können. Viele Menschen stünden dann ohne jede Unterstützung da. Bei einer staatlichen Versicherung kann der Staat in solchen Situationen einspringen und über direkte Zuschüsse die Finanzierungslücken decken. Die ungewöhnlich lang anhaltende wirtschaftliche Stagnation in Deutschland und die unerwartet hohe Arbeitslosigkeit sind ein deutlicher Beleg dafür, dass es für private Anbieter in der Vergangenheit kaum möglich gewesen wäre, angemessene Prämien zu kalkulieren.

20.6 Wie hoch muss der Umfang der Versicherungspflicht sein?

Aus der Tatsache, dass Menschen tendenziell unzureichend für Alter und Krankheit vorsorgen, lässt sich noch nicht ableiten, dass der Staat den Menschen eine allumfassende Vorsorge für diese Risiken vorschreiben muss. Doch wie hoch soll der Pflichtumfang sein?

Bei der *Krankenversicherung* könnte man sich wohl darauf einigen, dass die Leistungen auf jeden Fall alle lebenserhaltenden Maßnahmen umfassen müssen. Aber damit wäre man schon in der schwierigen Diskussion, welche Diagnoseverfahren und Therapien hierfür wirklich notwendig sind. Ich will mich deshalb auf diese Frage nicht weiter einlassen.

Etwas leichter lässt sich die Trennungslinie bei der *Rentenversicherung* ziehen. Eine klare Untergrenze des Versicherungsumfangs besteht im Niveau der Sozialhilfe. Auf diese Weise würde verhindert, dass ältere Menschen dem Staat zur Last fallen, obwohl sie in ihrer Erwerbsphase in der Lage gewesen wären, selbst für ihre Alterssicherung Sorge zu tragen. Ebenso eindeutig kann man feststellen, dass es auf der Basis des Subsidiaritätsprinzips keinerlei Rechtfertigung dafür gibt, dass der Staat Menschen zu einem Versicherungsumfang verpflichtet, der weit über dem Durchschnittseinkommen liegt. Auf diese Weise greift der Staat in unzulässiger Weise in die Sparpläne seiner Bürger ein. Bei der derzeitigen monatlichen Beitragsbemessungsgrenze von 5.100 Euro und einem Beitragssatz von 19,5% zahlt ein Arbeitnehmer jährlich 11.934 Euro in die Gesetzliche Rentenversicherung ein. Würde man von ihm lediglich eine Versicherung in Höhe des Durchschnittseinkommens eines Angestellten von 3.627 Euro fordern, blieben ihm jährlich 3.447 Euro übrig, die er nach seinen eigenen Vorstellungen für die Alterssicherung einsetzen könnte. Da jedoch die laufenden Beitragszahlungen vollständig zur Finanzierung der Rentenleistungen benötigt werden, ist der Spielraum für eine Reduzierung der Beitragsbemessungsgrenze sehr gering. Zugleich wäre es falsch, die Rente auf eine Mindestrente zu beschränken, die nur eine Grundsicherung bietet. Wie in Kapitel 15 beschrieben wurde, hat das Umlagesystem große Vorteile, die von keiner anderen Form der Alterssicherung geboten werden können.

Bei der *Arbeitslosenversicherung* könnte man ähnlich argumentieren wie bei der Rentenversicherung. Es müsste also zumindest das Existenzminimum in Höhe der Sozialhilfe abgedeckt werden. Umgekehrt wäre es nicht unbedingt erforderlich, das laufende Einkommen bis zu einem Betrag von 5.100 Euro abzusichern. Auf der anderen Seite haben sich die meisten Menschen in ihrem Lebensstil weitgehend an das vorhandene Einkommen angepasst, was bei einem Verlust des Arbeitsplatzes mit erheblichen Anpassungsproblemen verbunden ist. So sinkt das Einkommen eines Ledigen, der 5.100 Euro brutto und 2.415 Euro netto verdient, heute im Fall der Arbeitslosigkeit auf 1.449 Euro. Bei einer Absicherung, die sich am Durchschnittseinkommen orientiert, beliefe sich das Arbeitslosengeld mit 1.134 Euro auf nur noch 46 % des bisherigen Nettoeinkommens. Ein Arbeitsloser könnte so sehr schnell in große finanzielle Schwierigkeiten geraten.

Im Ganzen betrachtet lassen sich also mit dem Subsidiaritätsprinzip ganz gut die Grundfragen für die Organisation Sozialer Versicherungssysteme bestimmen und man kann damit zumindest in Teilbereichen auch wichtige Antworten finden.

20.7 Das Äquivalenzprinzip als Richtschnur für transparente, glaubwürdige und politisch unabhängige Soziale Sicherungssysteme

Die Umverteilung zwischen leistungsfähigen und wirtschaftlich schwächeren Menschen stellt ein wesentliches Merkmal einer Sozialen Marktwirtschaft dar. Doch wie soll man diese Umverteilung organisieren? Viele Menschen sind heute davon überzeugt, dass diese Aufgabe zu einem wesentlichen Teil von den Sozialen Versicherungssystemen zu leisten ist. So wird von den Anhängern der Bürgerversicherung gefordert, dass es in der Gesetzlichen Krankenversicherung auch in Zukunft ein „Solidarprinzip" geben muss, wonach die wirtschaftlich starken Mitglieder höhere Beiträge zahlen müssen als die weniger leistungsfähigen.

Mit dem „Äquivalenzprinzip" würde ein neuer Weg beschritten. Die Kranken-, Renten- und Arbeitslosenversicherung würden weitgehend von Umverteilungsaufgaben entlastet. Diese würden dann ausschließlich über das Steuersystem vorgenommen. Eine solche Lösung hätte den großen Vorteil, dass die Umverteilung sehr viel zielgerichteter und transparenter erfolgen würde als dies heute der Fall ist. Bei der verdeckten Umverteilung durch die Sozialen Versicherungssysteme weiß eigentlich niemand so genau, ob er eigentlich per Saldo zu den Melkkühen oder den Profiteuren des Sozialstaates gehört. Wenn man die Umverteilung von den Sozialen Versicherungssystemen auf das Steuersystem verlagern will, muss man sich allerdings der Tatsache bewusst sein, dass dies nicht zum Nulltarif zu haben ist. Wer sich wie die CDU für das Äquivalenzprinzip in den Sozialen Versicherungssystemen stark macht, kann nicht gleichzeitig massive Steuersenkungen fordern, die vor allem die hohen Einkommen entlasten.

Schauen wir uns zunächst einmal an, wie es derzeit in der Renten-, Kranken- und Arbeitslosenversicherung mit dem Prinzip der Äquivalenz von Beitragszahlungen und späteren Versicherungsleistungen beschaffen ist.

20.8   Versicherungsfremde Leistungen als Schwachpunkt bei der Rentenversicherung

Bei der *Gesetzlichen Rentenversicherung* sieht es mit der Äquivalenz auf den ersten Blick gar nicht schlecht aus. Den einkommensabhängigen Beiträgen stehen später auch entsprechend gestaffelte Leistungen gegenüber: Wenn Herr Müller während seines Arbeitslebens durchgängig doppelt so viel verdient hat wie Herr Maier (und wenn beide genau so lange arbeiten und das Einkommen von Herrn Müller nie über der Beitragsbemessungsgrenze lag), wird Herr Müller eine Rente beziehen, die auch doppelt so hoch ist wie die von Herrn Maier.

Allerdings werden von der Rentenversicherung auch viele Zahlungen vorgenommen, für die keine entsprechenden Beträge geleistet wurden. Zu diesen *„versicherungsfremden Leistungen"* zählen insbesondere:

- Anrechnung von Kindererziehungszeiten,
- Rentenzahlungen an Aussiedler,
- Vorruhestandsrenten, die bis 1997 ohne Abschläge in Anspruch genommen werden konnten,
- niedrig entlohnte Erwerbszeiten vor 1992.

Nicht mit dem Äquivalenzprinzip vereinbar sind zudem die Transfers von West-Deutschland in die neuen Bundesländer, die sich im Jahr 2003 auf 13, 6 Mrd. Euro belaufen, sowie die Leistungen an Witwen und Waisen in Höhe von 6,8 Mrd. Euro.

Insgesamt beliefen sich die durch Beiträge nicht gedeckten Rentenleistungen im Jahr 2003 auf 77,4 Mrd. Euro. Dem stehen Bundeszuschüsse in Höhe von 57,8 Mrd. Euro gegenüber, so dass ein Defizit von 19,6 Mrd. Euro verbleibt. Würde dieser Fehlbetrag, wie es nach dem Äquivalenzprinzip angemessen wäre, voll durch Bundeszuschüsse gedeckt, wäre eine Senkung des Beitragssatzes von 19,5% auf 17,2% möglich.

Die mangelnde Äquivalenz des Rentensystems geht einher mit einer äußerst geringen Transparenz. Die hier verwendeten Zahlen wurden von der Bundesregierung erstmals im August 2004 publiziert.[5] Davor war es für die Versicherten wie auch für die allgemeine Öffentlichkeit nicht möglich, sich einen Eindruck von diesen verdeckten Transfers zu verschaffen.

---

5. Bundesregierung (2004)

20.9 Krankenversicherung: Durchlöchertes Solidarprinzip

Während bei der Rentenversicherung im Grundsatz noch das Äquivalenzprinzip zu erkennen ist, basiert die Gesetzliche Krankenversicherung ganz bewusst auf einem alternativen Grundpfeiler. Ihre derzeitigen Regelungen sind geprägt vom so genannten *„Solidarprinzip"*. Danach werden die Beiträge vom Einkommen bestimmt, die Leistungen sind jedoch (mit Ausnahme des Krankengelds) für alle Versicherten gleich. Auf diese Weise sollen die Stärkeren zur Unterstützung der Schwächeren herangezogen werden. Da zudem für Ehefrauen und Kinder keine Beiträge bezahlt werden müssen und auch keine Risikoprämien für einen schlechteren Gesundheitszustand gefordert werden, findet in der Gesetzlichen Krankenversicherung eine ganze Fülle von Umverteilungsprozessen statt. Belastet werden ledige Versicherte vor allem mit hohem Einkommen und gutem Gesundheitszustand. Bei einem Beitragssatz von 14% beginnt für ledige junge Arbeitnehmer diese Umverteilung schon bei einem monatlichen Einkommen von mehr als 1.500 Euro. Begünstigt werden

- ledige Versicherte mit einem sehr geringen Einkommen,

- Ehepaare, bei denen nur ein Partner versicherungspflichtige Einnahmen erzielt,

- Eltern mit hohem Einkommen und hoher Kinderzahl sowie

- Ledige wie Verheiratete mit einem schlechten Gesundheitszustand.

Häufig wird der Vorzug des Solidarprinzips darin gesehen, dass ein gut Verdienender mehr für die Krankenkasse bezahlt als ein Versicherter mit einem geringen Einkommen. Dies ist bei den heute geltenden Regelungen jedoch keinesfalls gewährleistet, da das Solidarprinzip bei der Versicherungspflichtgrenze eines Monatseinkommens von 3.825 Euro endet. Somit sind es letztlich gerade nicht die „Starken", die durch das Solidarprinzip zur Kasse gebeten werden, sondern allenfalls die „Halbstarken". Wer wirklich gut verdient, geht zu einer privaten Krankenversicherung. So kann es dann durchaus sein, dass heute ein lediger junger Topmanager, der 750.000 Euro im Jahr verdient, mit rund 250 Euro im Monat weniger für seine Krankenversicherung bezahlt als seine Sekretärin, die bei einem Monatsgehalt von 3.000 Euro 420 Euro an die Gesetzliche Krankenkasse abgeben muss.

Dass Selbständige, Beamte und Arbeitnehmer mit hohen Einkommen überhaupt nicht vom Solidarprinzip erfasst werden, ist ein ganz offenkundiges Defizit der Gesetzlichen Krankenversicherung in ihrer heutigen Form. Für eine dringend benötigte Reform gibt es zwei Alternativen:

■ Man hält an der Vorstellung fest, dass die Umverteilung eine wichtige Funktion einer gesetzlichen Krankenversicherung ist. Dann bleibt keine andere Möglichkeit, als alle Bürger in dieses Umverteilungssystem hineinzuzwingen. Dies erfordert zugleich, dass die privaten Krankenversicherungen aus der Grundsicherung ausscheiden. Ihre Aufgabe bestünde dann in einem erweiterten Spektrum von Zusatzversicherungen. Für die so angestrebte umfassende Zwangsmitgliedschaft in der Gesetzlichen Krankenversicherung wurde sehr geschickt das wohlklingende Etikett der *„Bürgerversicherung"* entwickelt.

■ Stattdessen könnte man die Gesetzliche Krankenversicherung konsequent nach dem Äquivalenzprinzip organisieren. Dies führt auf das Modell der *Gesundheitsprämien*, das sehr viel weniger geschickt unter der Bezeichnung der *„Kopfprämien"* in die Debatte eingeführt wurde. Danach sollen die Beträge für alle Versicherten unabhängig von ihrem Einkommen anfallen. Für Ehefrauen müssten eigenständige Beiträge geleistet werden. Die Beiträge für Kinder müssten durch Steuern finanziert werden. Bei Frauen mit Kindern wäre daran zu denken, dass für jedes Kind ein Teil ihrer Beiträge ebenfalls über Steuern bezahlt wird. Um die gesellschaftlich notwendige Umverteilung weiterhin zu gewährleisten, sind für dieses Modell höhere Steuern erforderlich. Mit diesen werden die direkten Zahlungen für die Krankenversicherung der Kinder finanziert sowie die notwendigen steuerlichen Entlastungen für Arbeitnehmer und Rentner mit geringen Einkommen.

Im Vergleich zum gegenwärtigen, völlig durchlöcherten Solidarprinzip stellen beide Alternativen eine klare Verbesserung dar. Vor dem Hintergrund der hier formulierten Prinzipien erscheinen die Gesundheitsprämien der Bürgerversicherung eindeutig als überlegen. Aus der Perspektive des Subsidiaritätsprinzips hat die Bürgerversicherung den großen Nachteil, dass sie zu einer rein staatlich organisierten Krankenversicherung führt, für die es aus der Sicht des Subsidiaritätsprinzips keinerlei Notwendigkeit gibt. Im Grunde geht es der Bürgerversicherung nicht darum, eine bessere Versicherung für Beamte oder Selbstständige zu schaffen; sie will allein an deren relativ hohe Einkommen herankommen, um so die Umverteilung im Rahmen des Solidarprinzips zu verbessern. Doch wenn es allein um eine effizientere Distribution von den Starken zu den Schwachen geht, ist das Steuersystem hierfür wesentlich besser geeignet. Das eigentliche Ziel der Bürgerversicherung kann daher mit Modell der Gesundheitsprämien sehr viel besser erreicht werden. Aus der Sicht des Subsidiaritätsprinzips könnte man bei Gesundheitsprämien auf die Gesetzlichen Krankenkassen verzichten. Es genügt, dass der Staat den erforderlichen Versicherungsschutz definiert und dass jeder Anbieter verpflichtet ist, neue Versicherte ohne eine Gesundheitsprüfung zum vorgegebenen Prämiensatz aufzunehmen. Damit würde erstmals ein echter Wettbewerb in der Krankenversicherung möglich.

20.10 Fast die Hälfte des Beitrags zur Arbeitslosenversicherung sind verdeckte Steuern

Auf den ersten Blick könnte man glauben, dass die Arbeitslosenversicherung weitgehend nach dem Äquivalenzprinzip konstruiert ist. So wird schließlich das Arbeitslosengeld in Abhängigkeit von dem zuvor erzielten Nettoeinkommen ermittelt. Doch schon das ist keinesfalls gewährleistet. Nehmen wir einen ledigen Arbeitnehmer, der 4.000 Euro brutto verdient. Im Fall der Arbeitslosigkeit bekommt er 60% seines Nettogehalts, das sind dann noch 1.223 Euro. Ein verheirateter Alleinverdiener mit demselben Bruttoeinkommen erhält 67% seines Nettogehalts, womit er bei 1.676 Euro im Monat liegt. Obwohl beide denselben Beitrag zur Arbeitslosenversicherung bezahlen, liegen die Leistungen für den Verheirateten um mehr als 400 Euro monatlich höher. Ähnlich wie in der Krankenversicherung findet hier also wiederum eine Umverteilung von den Ledigen zu den Verheirateten statt, wobei diese nicht einmal Kinder haben müssen, um in den Genuss einer solchen Subvention zu gelangen. Bei einer konsequenten Anwendung des Äquivalenzprinzips müssten allein verdienende Verheiratete also einen deutlich höheren Beitrag zur Arbeitslosenversicherung zahlen als Ledige.

Aber damit ist es noch lange nicht genug. Schauen wir uns an, wofür die Bundesanstalt für Arbeit die 47 Mrd. Euro ausgab, die bei ihr im Jahr 2003 als Beitragseinnahmen landeten. Für die Arbeitslosenunterstützung benötigte sie lediglich 30 Milliarden. Wo bleibt der ganze Rest? Er wurde weitgehend für die berufliche Förderung verwendet. Diese Mittel, die vor allem für schwer vermittelbare Arbeitslose eingesetzt werden, haben aber nichts mehr mit der ursprünglichen Aufgabe einer *Versicherung* für den Fall der Arbeitslosigkeit zu tun. Vielmehr handelt es sich dabei um eine allgemeine staatliche Aufgabe, die nicht nur von den Menschen finanziert werden sollte, die das Pech haben, als abhängig Beschäftigte ihr Geld zu verdienen. Analog zur Rentenversicherung wären diese Leistungen deshalb als „versicherungsfremd" einzustufen und durch einen Bundeszuschuss zu finanzieren.

Schließlich werden mit der Arbeitslosenversicherung auch noch erhebliche West-Ost-Transfers geleistet. So nimmt die Bundesagentur für Arbeit in Ostdeutschland 9,3 Mrd. Euro weniger ein als sie dort für das Arbeitslosengeld und die berufliche Förderung ausgibt. Wie hoch die verdeckte Besteuerung durch die Arbeitslosenversicherung ausfällt, erkennt man daran, dass ohne die West-Ost-Transfers und ohne die berufliche Förderung der Beitragssatz in West-Deutschland nicht bei 6,5%, sondern nur bei 3,5% liegen müsste. Wenn auch noch auf die verdeckte Förderung von Ehepaaren verzichtet würde, käme ein noch niedriger Beitragssatz heraus.

20.11 Wie ein westdeutscher Durchschnittsverdiener geschröpft wird

Durch die verdeckten Transfers der Sozialversicherungssysteme ergibt sich in der Summe eine erhebliche Belastung für jene Arbeitnehmer, die ledig und gesund sind, im Westen wohnen und zugleich ein durchschnittliches Einkommen erzielen.

Ein „Durchschnittsverdiener" erzielte im Jahr 2003 ein Brutto-Einkommen von 2.415 Euro. Ist er ledig, belief sich sein Netto-Einkommen auf 1.430 Euro. Unterstellt man einen leistungsäquivalenten Beitrag zur Rentenversicherung von 17,2% und zur Arbeitslosenversicherung von 3,5% sowie eine Gesundheitsprämie von 200 Euro, ergäbe sich ein Netto-Einkommen von 1.652 Euro. Damit beläuft sich die verdeckte Besteuerung eines ledigen „Durchschnittsverdieners" im Westen auf 9,2% seines Bruttoeinkommens.

20.12 Ohne Äquivalenz gibt es keine Transparenz und ohne Transparenz fehlt es den Sozialen Sicherungssystemen an Glaubwürdigkeit

Es wird heute oft beklagt, dass unser Steuersystem völlig intransparent sei und deshalb dringend reformiert werden müsse. Es dürfte bei der Lektüre der vorangehenden Abschnitte deutlich geworden sein, dass die Intransparenz der Sozialen Sicherungssysteme mindest ebenso hoch ist. Diese mangelnde Durchschaubarkeit dürfte politisch durchaus erwünscht gewesen sein. Wie in Kapitel 5 beschrieben war es so der Regierung Kohl möglich, eine verdeckte Besteuerung des Faktors Arbeit vorzunehmen, die bei dem deutlich transparenteren System der Besteuerung völlig undenkbar gewesen wäre.

Die entscheidende Ursache für die fehlende Transparenz liegt darin begründet, dass die Sozialen Versicherungssysteme bis heute als Instrument der Einkommensumverteilung angesehen werden. Doch es ist gerade das Schutzschild eines vermeintlichen Solidarprinzips, das es der Politik erlaubt, die Kosten der deutschen Vereinigung und andere politisch motivierte Maßnahmen einseitig den Zwangsmitgliedern der Renten-, Kranken- und Arbeitslosenversicherung aufzubürden. In einem nach dem Prinzip von Leistung und Gegenleistung ausgestalteten System wäre demgegenüber die politische Einflussnahme von vornherein eng begrenzt. Wenn eine Regierung dann zusätzliche Leistungen an bestimmte Gruppen verteilen möchte, kann sie dies nur, wenn sie dafür die Finanzierung durch steuerfinanzierte Mittel bereitstellt.

Die durch die Verletzung des Äquivalenzprinzips entstandene Intransparenz ist auch eine wesentliche Ursache für die geringe Glaubwürdigkeit der Sozialen Sicherung, insbesondere des Rentensystems. Meinungsumfragen zufolge halten gerade noch sieben Prozent der Bürger die Renten für gesichert, 89 Prozent sind der Meinung, dass die Rente nicht mehr sicher sei.[6] Diese – wie in Kapitel 15 dargestellt – in dieser Form nicht berechtigten Ängste führen dazu, dass viele Menschen große Anstrengungen unternehmen, sich der gesetzlichen Rentenversicherung zu entziehen. Sie betrachten ihren Rentenbeitrag nicht als ein Investment, das ihnen eine höhere Alterssicherung erbringt, sondern für eine bloße Steuer, die es so gut es geht zu vermeiden gilt. Solche Ausweichprozesse zerstören nicht nur die Finanzierungsbasis des Systems, sie führen auch dazu, dass viele Menschen im Alter über keine ausreichende Absicherung verfügen werden.

20.13 Fixpunkte für eine Reform der Sozialen Sicherungssysteme

Mit Hilfe der hier entwickelten Prinzipien lassen sich somit eine Reihe wichtiger ordnungspolitischer Leitlinien für die Reform der sozialen Sicherungssysteme gewinnen:

- Die *Versicherungspflicht* darf nicht mehr allein am abhängigen Vollzeit-Beschäftigungsverhältnis anknüpfen. Sie muss vielmehr so umfassend wie möglich sein. Während die bisherigen Regelungen noch ganz vom Modell des Fabrikarbeiters geprägt sind, das 1881 für Bismarcks Sozialpolitik Pate gestanden hatte, wird jetzt ein Ansatz benötigt, der in erster Linie dem Typus des „Dienstleisters" gerecht wird, bei dem die Trennungslinie zwischen selbstständiger und abhängiger Beschäftigung kaum noch sinnvoll zu definieren ist. Idealerweise würde die Versicherungspflicht für jeden erwachsenen Bürger gelten und somit ganz vom Beschäftigungsverhältnis gelöst werden. Aus der Perspektive der Versicherungs*pflicht* ist der Ansatz einer Bürgerversicherung durchaus angebracht. Konkret würde das eine eigenständige Versicherungspflicht in der Gesetzlichen Rentenversicherung für jeden Bürger und jede Bürgerin bedeuten. Die Arbeitslosenversicherung müsste in eine allgemeine Existenzversicherung umgewandelt werden, bei der auch Selbstständige eine Absicherung gegen finanzielle Schieflagen erhalten würden.

- Für die *Organisation* der Versicherungssysteme wären differenzierte Lösungen zu wählen: Während die Rentenversicherung weiterhin in der Form des staatlich organisierten Umlagesystems betrieben werden sollte, könnten die Leistungen der Krankenversicherung vollständig durch private Versicherer erbracht werden. Die Arbeitslosenversicherung müsste weiterhin vom Staat organisiert werden.

---

6. Forsa-Umfrage im Auftrag des „Stern" vom November 2003.

■ Der *Umfang* der Leistungen sollte in der Rentenversicherung auf jeden Fall das Existenzminimum abdecken, er müsste aber nicht notwendigerweise über das Durchschnittseinkommen hinausgehen. In der Krankenversicherung ist eine solche Abgrenzung sehr schwer zu treffen, der Mindestumfang müsste jedoch alle lebenserhaltenden Maßnahmen umfassen.

■ Die in einer Sozialen Marktwirtschaft zweifellos notwendige *Umverteilungspolitik* würde nur noch über das Steuersystem vorgenommen. Die Krankenversicherung würde also nach dem Modell der „Gesundheitsprämie" organisiert. Das Prinzip von Leistung und Gegenleistung bedeutet auch, dass verheiratete Frauen *ohne* Kinder einer eigenständigen Versicherungspflicht unterliegen und damit den kostenlosen Versicherungsschutz in der Kranken- und der Rentenversicherung (Hinterbliebenenrente) verlieren würden. Frauen mit Kindern würden für jedes Kind einen bestimmten Anteil des Versicherungsschutzes in der Kranken- und Rentenversicherung erwerben. Denkbar wäre ein Drittel für jedes Kind bei einer Obergrenze von drei Kindern. Leistungen in der Form der Kindererziehung würden damit den Beitragszahlungen gleichgestellt. Die für Familien mit Kindern bei der Kranken- und Rentenversicherung entstehenden Zahlungen wären über das Steuersystem abzudecken.

Es ist offensichtlich, dass sich ein in dieser Weise konzipiertes System der Sozialen Sicherung positiv auf die Situation am Arbeitsmarkt auswirken würde. Die Abgabenbelastung könnte massiv gesenkt werden, insbesondere durch

■ eine konsequente Steuerfinanzierung aller nicht durch Beiträge abgedeckten Leistungen,

■ die Einbeziehung von Selbstständigen in eine Existenzversicherung,

■ einen effizienten Wettbewerb zwischen den Krankenkassen, und

■ zusätzliche Kranken- und Rentenversicherungsbeiträge von verheirateten, kinderlosen Frauen.

20.14 Anhang: Auswirkungen des Modells der Gesundheitsprämie[7]

Bei einem Übergang zu Gesundheitsprämien würden die Lohnnebenkosten schlagartig von über 42% auf nur noch 28% sinken. Da den Arbeitnehmern der bisherige Arbeitgeberbeitrag zur Krankenversicherung ausbezahlt würde, blieben die Lohnkosten zwar absolut konstant, aber die Belastung einer *zusätzlichen* Arbeitsstunde mit Sozialabgaben würde drastisch vermindert. Da die Lohnnebenkosten bei Kopfprämien mit 28% kaum höher wären als die 25% für Mini-Jobs, könnte auf diese Subvention der Teilzeitarbeit ganz

---

7. Die Darstellung bezieht auf das von der Rürup-Kommission vorgestellte Modell. Die Papiere der Kommission findet man unter *www.soziale-sicherungssysteme.de*

verzichtet werden. Für die Arbeitnehmer würde so der in Kapitel 6 beschriebene Anreiz entfallen, die von den Arbeitslosen dringend gesuchten Vollzeit-Arbeitsplätze mehr und mehr in Teilzeit-Jobs aufzusplitten.

Die Gewerkschaften tun sich mit diesem Modell sicherlich schwer, da es einen Verzicht auf die paritätische Finanzierung der Gesundheitskosten bedeutet. Aber es gibt nichts umsonst. Die letzten Jahre haben gezeigt, dass steigende Arbeitgeberbeiträge durch geringere reguläre Lohnerhöhungen erkauft werden müssen. Zudem stärken die Gesundheitsprämien die Tarifautonomie, da es dem Staat dann nicht mehr möglich ist, die Löhne indirekt durch Leistungskürzungen bei der Gesetzlichen Krankenversicherung abzusenken (Kapitel 17).

Ein wesentlicher Nachteil der Gesundheitsprämien wird darin gesehen, dass sie die sozial Schwachen belasten und die „Besserverdienenden" entlasten. Dabei ist jedoch zu sehen, dass derzeit Arbeitnehmer mit Einkommen knapp unterhalb der Beitragspflichtgrenze der Krankenversicherung in unangemessen hohem Maße belastet sind. Wer heute 3.800 Euro brutto verdient, zahlt dafür einen Krankenkassenbeitrag von 520 Euro (Arbeitgeber- und Arbeitnehmerbeitrag). Als Lediger könnte man die Krankenversicherung aber schon für rund 210 Euro bekommen.[8] Die verdeckte Besteuerung beläuft sich also auf 310 Euro. Außerdem muss der Arbeitnehmer auf seinen Arbeitnehmerbeitrag auch noch die Lohnsteuer bezahlen. Unterstellt man, dass vom Arbeitnehmerbeitrag nur 105 Euro für die Versicherung erforderlich sind, muss also auf die verdeckte Steuer von 155 Euro (260 Euro minus 105 Euro) noch Lohnsteuer in Höhe von 69 Euro geleistet werden. Insgesamt beläuft sich die verdeckte Besteuerung also auf 379 Euro oder fast 10% des Bruttoeinkommens.

Die mit den Gesundheitsprämien verbundene Entlastung der „Besserverdienenden" wird jedoch dadurch gemindert, dass die auszuzahlenden Arbeitgeberbeiträge der Steuer- und Abgabenpflicht unterliegen, womit die Entlastungseffekte netto deutlich geringer ausfallen. In unserem Beispiel steigt das Bruttoeinkommen auf 4.060 Euro. Außerdem erhöht sich die Steuerbelastung insgesamt: Zum einen muss eine Finanzierung für die kostenlose Versicherung von Kindern und Müttern gefunden werden. Zum anderen sieht das Modell der Gesundheitsprämien vor, dass niemand mehr als 13,3% seines Einkommens[9] für die Gesundheitsprämien aufwänden soll. Die Differenz muss ebenfalls steuerfinanziert werden. Als Lösung wurde von der Rürup-Kommission eine Anhebung des Solidaritätszuschlags zur Einkommensteuer von derzeit 5,5% auf 10% erwogen.[10] Für unseren Arbeitnehmer

---

8. Dieser Betrag wird von der Rürup-Kommission als Beitrag für das Modell der Gesundheitsprämie angesetzt. (*www.soziale-sicherungssysteme.de/index.html*).
9. Dieser Prozentsatz entspricht dem Tarif 1 der Rürup-Kommission.
10. Rürup-Kommission (2003; S. 31)

mit jetzt 4.060 Euro brutto würde dies eine zusätzliche Erhöhung seiner Lohnsteuer-Zahlung bedeuten. In der Tabelle 20.1 kann man konkret die mit der Gesundheitsprämie verbundenen Mehrzahlungen für Lohnsteuer, Renten-, Arbeitslosen- und Pflegeversicherung sowie die Entlastung durch die Gesundheitsprämie ablesen. Insgesamt wird der Arbeitnehmer um rund 100 Euro im Monat entlastet. Umgekehrt wird ein verheiratetes kinderloses Paar mit einem Alleinverdiener mehr belastet als bisher. Dies ergibt sich daraus, dass die Versicherung der Ehefrau nun nicht mehr zum Nulltarif erfolgt.

Tabelle 20.1

Netto-Einkommen eines ledigen Arbeitnehmers und eines Ehepaars (Alleinverdiener) mit 3.800 Euro Brutto-Einkommen beim jetzigen System und beim Modell der Gesundheitsprämie

	ledig		verheiratet	
	bisheriges System	Modell der Gesundheitsprämie	bisheriges System	Modell der Gesundheitsprämie
Brutto-Einkommen	*3.800,00*	*4.059,82*	*3.800,00*	*4.059,82*
Lohnsteuer	882,00	987,91	497,83	571,66
Kirchensteuer	70,56	79,03	39,82	45,73
Solidaritätszuschlag	48,51	98,79	27,38	57,17
Arbeitnehmerbeitrag Krankenversicherung	259,82		259,82	
Gesundheitsprämie		210,00		420,00
Pflegeversicherung	29,64	29,64	29,64	29,64
Rentenversicherung	370,50	395,83	370,50	395,83
Arbeitslosenversicherung	123,50	131,95	123,50	131,95
Netto-Einkommen	*2.015,47*	*2.126,67*	*2.451,51*	*2.407,84*

20.15 Bei der Bürgerversicherung sinken die Lohnnebenkosten nur wenig

Die unsystematischen Verteilungswirkungen des derzeitigen Systems der gesetzlichen Krankenversicherung ließen sich alternativ auch durch das Modell der Bürgerversicherung erreichen. Hier würde eine allgemeine Versicherungspflicht geschaffen, bei der die Beiträge jedoch weiterhin einkommensabhängig erhoben werden. Die Grenze soll bei einem Einkommen von 5.100 Euro liegen. Bei diesem Reformansatz bliebe es jedoch auf absehbare Zeit bei einer hohen Grenzbelastung der Arbeit. Die Rürup-Kommission geht davon aus, dass der Beitragsatz auch langfristig von derzeit 14,4% auf lediglich 12,4% zurückgeht. Da für dieses Modell zudem eine völlige Umgestaltung der Krankenversicherung von Beamten, Selbstständigen und bisher privatversicherten Arbeitnehmern erforderlich wäre, sind die Realisierungschancen erheblich geringer als bei den Kopfprämien.

Für viele hat die Bürgerversicherung den Vorzug, dass sie die Schwachen entlastet und die Starken belastet. In der Tat sinken die Beiträge für die bisher Versicherungspflichtigen. Gleichzeitig müssen alle „Gutverdienenden" mehr bezahlen, da die Beitragsgrenze jetzt bei 5.100 Euro liegt und da außerdem jetzt auch Selbstständige und Beamte in diesen Umverteilungsmechanismus einbezogen werden.

Bei der Gesundheitsprämie werden ebenfalls die Bezieher hoher Einkommen zusätzlich zur Kasse gebeten, da sie den höheren Solidaritätszuschlag bezahlen müssen. Es kommt jedoch – wie gezeigt – zu einer Entlastung von Arbeitnehmern unterhalb der bisherigen Beitragsbemessungsgrenze von 3.825 Euro. Außerdem werden alleinstehende Arbeitnehmer mit niedrigen Einkommen zusätzlich belastet (Tabelle 20.2). Dies ergibt sich daraus, dass sie jetzt für den ausgezahlten Arbeitgeberbeitrag Lohnsteuer und Sozialabgaben bezahlen müssen. Für geringverdienende Ehepaare geht das Netto-Einkommen nur leicht zurück. Die Gesundheitsprämie wird auf 13,3% des Einkommens begrenzt, sie ist also geringer als der bisherige Beitrag zur Krankenversicherung. Die Versteuerung des ausgezahlten Arbeitgeberbeitrags fällt hier kaum ins Gewicht.

Tabelle 20.2

Netto-Einkommen eines ledigen Arbeitnehmers und eines Ehepaars (Alleinverdiener) mit 1.250 Euro Brutto-Einkommen beim jetzigen System und beim Modell der Gesundheitsprämie

	ledig		verheiratet	
	bisheriges System	Modell der Gesundheitsprämie	bisheriges System	Modell der Gesundheitsprämie
Brutto-Einkommen	1.250,00	1.343,00	1.250,00	1.343,00
Lohnsteuer	61,58	83,25	0,00	0,00
Kirchensteuer	4,92	6,66	0,00	0,00
Solidaritätszuschlag		8,33	0,00	0,00
Arbeitnehmerbeitrag Krankenversicherung	93,13		93,13	
Gesundheitsprämie		178,62		178,62
Pflegeversicherung	10,63	11,42	10,63	11,42
Rentenversicherung	121,88	130,94	121,88	130,94
Arbeitslosenversicherung	40,63	43,65	40,63	43,65
Netto-Einkommen	917,23	880,14	983,73	978,37

Hier ließe sich jedoch leicht Abhilfe schaffen, wenn man die Subvention von Geringqualifizierten durch die 400-Euro-Jobs in eine prozentuale Förderung umwandelt. Sie könnte z.B. vorsehen, dass für Einkommen bis unter 1.400 Euro ein Betrag von 25% von den Sozialabgaben freigestellt wird, was Arbeitgeber und Arbeitnehmer gleichermaßen entlasten würde. Damit diese Subvention nicht zu teuer wird, müsste dieser Freibetrag von 1.400 bis unter 1.500 Euro auf 20% reduziert werden, von 1.500 bis unter 1.600 Euro auf 15% usw., so dass er bei einem Einkommen über 1.800 wieder auf 0% zurückgeführt wäre. Auf diese Weise käme es auch bei der Gesundheitsprämie für Geringverdiener zu einer Entlastung (Tabelle 20.3).

Tabelle 20.3

Netto-Einkommen eines ledigen Arbeitnehmers und eines Ehepaars (Alleinverdiener) mit 1.250 Euro Brutto-Einkommen beim jetzigen System und beim Modell der Gesundheitsprämie und bei einer Entlastung der Sozialabgaben um 25%

	ledig		verheiratet	
	bisheriges System	Modell der Gesundheitsprämie	bisheriges System	Modell der Gesundheitsprämie
Brutto	*1.250,00*	*1.343,00*	*1.250,00*	*1.343,00*
Lohnsteuer	61,58	83,25	0,00	0,00
Kirchensteuer	4,92	6,66	0,00	0,00
Solidaritätszuschlag		8,33	0,00	0,00
Arbeitnehmerbeitrag Krankenversicherung	93,13		93,13	
Gesundheitsprämie		178,62		178,62
Pflegeversicherung	10,63	8,57	10,63	8,57
Rentenversicherung	121,88	98,21	121,88	98,21
Arbeitslosenversicherung	40,63	32,74	40,63	32,74
Netto	*917,23*	*926,64*	*983,73*	*1.024,87*

Im Vergleich zur Förderung von Geringqualifizierten im Rahmen der 400/ 800-Euro-Jobs hat dieses Modell den großen Vorteil, dass es auch für Vollzeit-Beschäftigte gilt. Der derzeit bestehende Anreiz, einen regulären Arbeitsplatz in drei oder vier Mini-Jobs aufzusplitten, um in den Genuss verbilligter Sozialabgaben zu kommen, würde entfallen.

21

Deutschland braucht eine Renaissance des makroökonomischen Denkens

Was macht ein Arzt mit einem Patienten, der mit einem Herzinfarkt eingeliefert wird? Wird er ihm erst einmal einen Vortrag darüber halten, wie wichtig eine gesunde Ernährung ist und dass mit dem Rauchen Schluss sein muss? Wird er ihn am besten gleich auf ein Trimmrad setzen, um seine körperliche Fitness zu steigern? Nein, all das hat Zeit; worauf es ankommt, ist eine möglichst rasche Beseitigung der entstandenen Verstopfung eines Herzkranzgefäßes, um so den Kreislauf insgesamt wieder zu stabilisieren.

21.1 Deutschland leidet unter einer gravierenden Schwäche der Binnennachfrage

Deutschland befindet sich seit längerem in der Situation einer gravierenden Schwäche der Binnennachfrage. Wie das Schaubild 21.1 verdeutlicht, war die Dynamik schon in den neunziger Jahren sehr schwach, doch seit dem Jahr 2000 geht es nur noch nach unten. Dass Deutschland seither überhaupt noch über die Runden gekommen ist, hat es allein der sehr robusten Exportnachfrage zu verdanken. Auch hieran zeigt sich, wie unbegründet die Klagen mancher Ökonomen über die scheinbar schlechte Wettbewerbsfähigkeit sind. Die besonders schwache Binnendynamik der letzten Jahre lässt sich auch kaum mit „strukturellen" Problemen erklären, da diese schließlich schon während des vergangenen Jahrzehnts bestanden, und wir ja – wie in den vorhergehenden Kapiteln ausführlich beschrieben – schon eine ganze Reihe „fundamentaler Reformen" erfahren haben.

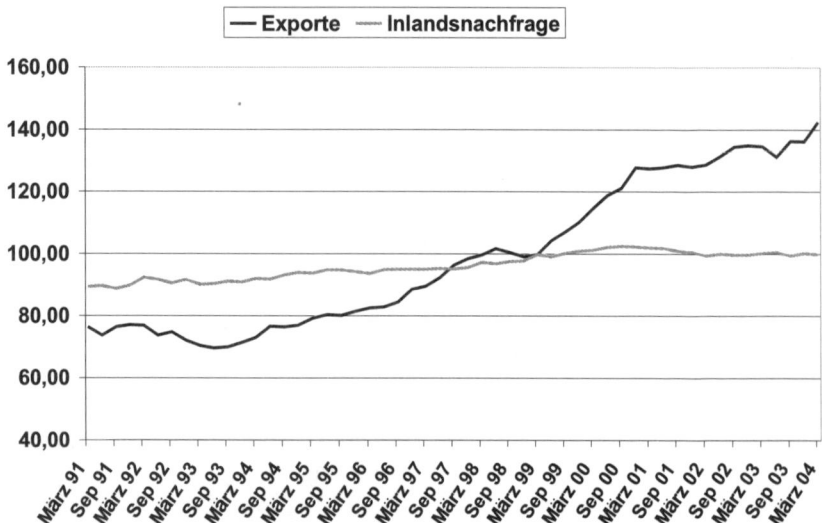

Schaubild 21.1: Reale Binnennachfrage und reale Exporte in Deutschland (1. Quartal 1999 = 100)
Quelle: Zeitreihendatenbank der Deutschen Bundesbank

Bei einer so gravierenden Nachfrageschwäche wäre es dringend erforderlich gewesen, eine Wirtschaftspolitik zu betreiben, die in erster Linie für eine Stabilisierung des ökonomischen Kreislaufs sorgt. Doch was im Fall des Herzinfarkts von jedem Mediziner sofort unternommen würde, erscheint den meisten deutschen Ökonomen völlig fremd. Was soll man sich um die Nachfrage scheren, wenn man wie Hans-Werner Sinn (2003, S. 102) der Überzeugung ist, dass Deutschland wirklich nicht mehr Nachfrage braucht.

21.2 Reformpolitik hat die Nachfrageseite weitgehend ausgeblendet

Ganz im Banne dieser Überlegung wurde bei der Wirtschaftspolitik der letzten Jahre überhaupt nicht mehr an die Nachfrageseite gedacht. Es wurde fröhlich reformiert, im festen Glauben, dass es nur auf die Kosten ankomme und dass die gesamtwirtschaftliche Nachfrage dann ganz von selbst anspringen würde. Sehen wir uns die wichtigsten Entscheidungen noch einmal unter diesem zentralen Aspekt an:

■ Für die im Jahr 2003 beschlossene *Gesundheitsreform* haben wir in Kapitel 17 gezeigt, dass sie im Grunde wie eine Lohnsenkung wirkt, wodurch die gesamtwirtschaftliche Nachfrage geschwächt wird.

■ Für die *Riester-Rente* wurde in Kapitel 15 deutlich, dass sie entweder eine überwiegende Verschwendung von Steuergeldern darstellt oder aber die private Ersparnis zu Lasten des Konsums und damit der gesamtwirtschaftlichen Nachfrage erhöht.

■ Unmittelbare negative Effekte auf die private Nachfrage werden auch von der im Jahr 2005 wirksam werdenden Einführung des *Arbeitslosengelds 2* und der damit in vielen Fällen einhergehenden Absenkung der Zahlungen an Arbeitslose, insbesondere in Ostdeutschland, ausgehen.

■ Auch das Aussetzen von *Rentenanpassungen* im Jahr 2004 und die stärkere Beteiligung der Rentner an der Kranken- und Pflegeversicherung vermindern die Kaufkraft.

■ Zu höherem Sparen und damit weniger Konsum führen zudem auch all jene Maßnahmen, mit denen die ökonomische *Unsicherheit* für die einzelnen Haushalte erhöht wird. Dazu zählen die Reduzierung des *Kündigungsschutzes* und die bereits erwähnten Einschränkungen für den Bezug von Arbeitslosengeld. In die gleiche Richtung wirkt es, wenn der Staat völlig willkürlich mit der Anpassung von Rentenzahlungen verfährt und ständig neue Absenkungen des Rentenniveaus für das Jahr 2030 verkündet. Im Ganzen gilt dabei: Jede Absenkung der kollektiven Absicherung zwingt die Menschen dazu, eine intensivere individuelle Absicherung zu betreiben. Und das geht in der Regel nur in der Weise, das der Einzelne mehr spart und dabei insbesondere längerfristige Investitionen, wie den Kauf eines Hauses oder einer Wohnung, unterlässt.

■ Gefährlich für die Binnennachfrage sind auch alle Bestrebungen, die *Tarifautonomie* zu reduzieren oder gar ganz abzuschaffen. Wenn jeder Betrieb seine Löhne individuell mit der Belegschaft aushandelt, besteht bei hoher Arbeitslosigkeit die Gefahr eines allgemeinen Lohnunterbietungs-Wettbewerbs. Und wie in Kapitel 17 verdeutlicht wurde, haben Lohnsenkungen die japanische Volkswirtschaft geradewegs in die Deflation getrieben.

■ Als große zusätzliche Belastung für die gesamtwirtschaftliche Nachfrage kommt die seit Jahren betriebene völlig unkoordinierte *Sparpolitik* von Bund und Ländern hinzu. Wie wenig die Finanzpolitiker in Bund und Ländern die gesamtwirtschaftlichen Effekte ihrer Politik bedacht haben, kann man daran erkennen, dass in Deutschland seit 2002 im Vergleich zu den übrigen OECD-Ländern restriktiv angelegte Finanzpolitik betrieben wurde. Als Messgröße für den Restriktionsgrad der Finanzpolitik wird dabei die Veränderung des konjunkturbereinigten („strukturellen") Defizits verwendet. Gleichzeitig ist auch der Realzins, d.h. der kurzfristige Zins abzüglich der Inflationsrate, im Durchschnitt der Jahre 2003/2004 in Deutschland höher als in den meisten Ländern. Wie das Schaubild 21.2. verdeutlicht, war die deutsche Wirtschaft vergleichsweise restriktiven makroökonomischen Bedingungen ausgesetzt.

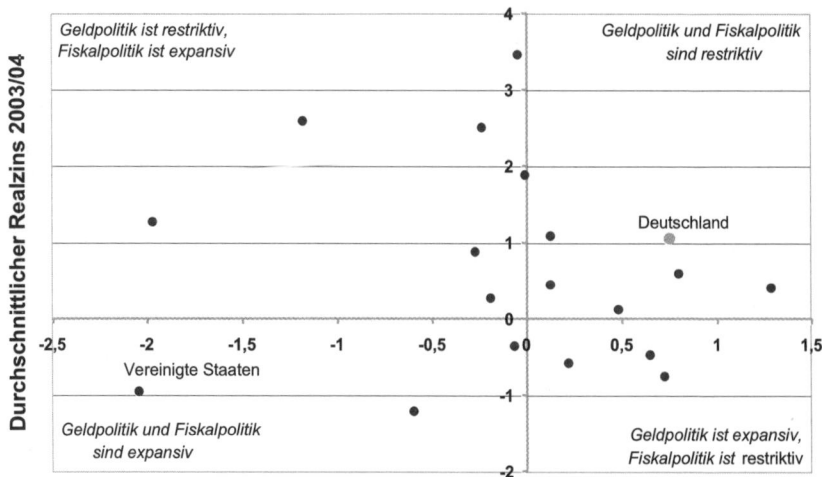

Schaubild 21.2: Makroökonomische Bedingungen in den wichtigsten OECD-Ländern (durchschnittlicher kurzfristiger Realzins im Durchschnitt der Jahre 2003/04 und Veränderung des strukturellen Defizits von 2002 auf 2004)
Quelle: OECD, Economic Outlook

Aber wie reagiert die Politik darauf, dass dieser Ansatz ganz offensichtlich nicht funktioniert hat? Anstatt einmal grundsätzlich über die Problematik eines solchen Vorgehens nachzudenken, wird nun die Lösung darin gesehen, dass man die Dosis noch verstärkt. Besonders drastisch ging hier der bayerische Ministerpräsident Edmund Stoiber vor, dem nach der triumphal gewonnenen Landtagswahl nichts Besseres einfiel als eine Reduzierung der Staatsausgaben um 10% im Jahr 2004 zu verkünden. Es klingt gut, wenn Stoiber in seiner Regierungserklärung vom 6. November 2003 propagiert:

„Wir wollen, dass Bayern der wirtschaftliche Motor in Deutschland bleibt."

Aber hat er sich einmal gefragt, wie dieser Motor laufen kann, wenn es ihm an Benzin fehlt?

21.3 Es geht auch anders: Keynesianische Politik in den Vereinigten Staaten

Diese Vernachlässigung der gesamtwirtschaftlichen Nachfrage steht in einem deutlichen Kontrast zur Wirtschaftspolitik der Vereinigten Staaten wie auch des Vereinigten Königreichs. Wie in Kapitel 7 angesprochen wurde, verfolgte Alan Greenspan schon in den neunziger Jahren eine deutlich expansivere Geldpolitik als die Bundesbank. Dies beflügelte die Wirtschaft enorm, ohne dass es deshalb in den Vereinigten Staaten zur Inflation gekommen wäre. Die makroökonomische Ausrichtung der amerikanischen Wirtschaftspolitik war in diesem Jahrzehnt noch sehr viel ausgeprägter. Dies wird in Schaubild 21.2 deutlich, wo die Vereinigten Staaten, durch eine Kombination von expansiver Geld- *und* Fiskalpolitik herausstechen. Sehen wir uns dazu auch einmal die Entwicklung des realen Bruttoinlandsprodukts in den Vereinigten Staaten, in Euroland und in Deutschland an (Schaubild 21.3). Auf das dynamische Jahr 2000 kam es in allen drei Wirtschaftsräumen zu einem deutlichen Rückgang der gesamtwirtschaftlichen Nachfrage, der in den Vereinigten Staaten besonders ausgeprägt war. Doch während sich die US-Wirtschaft in den Folgejahren schnell von diesem Einbruch erholte, kam es in Euroland und vor allem in Deutschland zu einer anhaltenden Wachstumsschwäche.

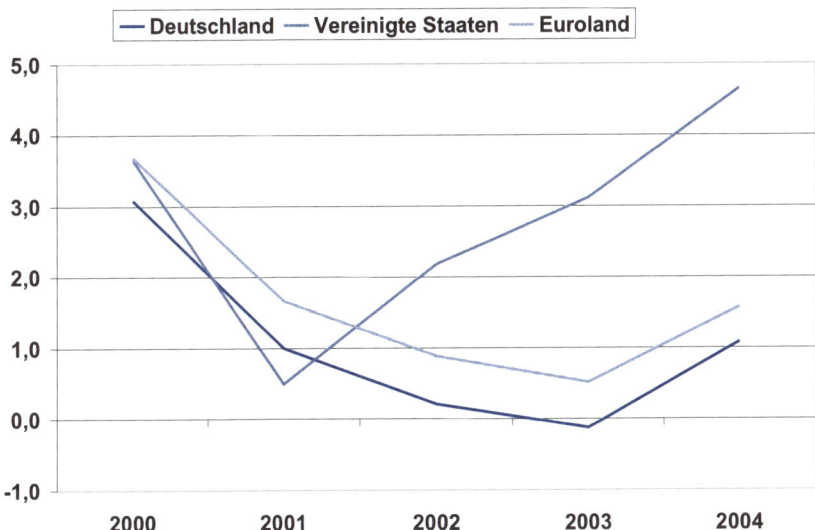

Schaubild 21.3: Wachstumsraten des reales Bruttoinlandsprodukts in den Vereinigten Staaten, Deutschland und Euroland (Veränderung gegenüber Vorjahr in Prozent)
Quelle: OECD, Economic Outlook

Wie lässt sich dieses Auseinanderklaffen erklären? Liegt es daran, dass der Arbeitsmarkt in den Vereinigten Staaten flexibler ist, dass dort die Steuern nicht so hoch sind und der Staatseinfluss geringer ist als bei uns? Das wäre so ganz nach dem Weltbild der Angebotstheoretiker. Doch sehen wir uns die makroökonomischen Daten in den letzten Jahren einmal etwas genauer an. Beginnen wir mit der Fiskalpolitik, die man am besten anhand des um konjunkturelle Einflüsse bereinigten Staatsdefizits („strukturelles Defizit") beurteilen kann (Schaubild 21.4). Für die Vereinigten Staaten erkennen wir ein für die keynesianische Politik typisches „Deficit spending": Im Jahr 2000 konnte die amerikanische Fiskalpolitik noch einen Überschuss in Höhe von 1% des Bruttoinlandsprodukts aufweisen. Durch Steuersenkungen und steigende Staatsausgaben schmolz dieser dahin wie Schnee in der Frühlingssonne und es baute sich bis 2004 ein Defizit in Höhe von 5% des Bruttoinlandsprodukts auf. Im Vergleich dazu blieb das strukturelle Defizit in Euroland nahezu unverändert, auch in Deutschland waren die fiskalpolitischen Impulse nur sehr gering. Hier zeigt sich, wie sehr der Stabilitäts- und Wachstumspakt und die damit verbundene Fixierung der europäischen Länder auf die Haushaltskonsolidierung einer konjunkturgerechten Fiskalpolitik im Wege stand. Während die Vereinigten Staaten aktiv auf die wirtschaftlichen Schocks der Jahre 2000/2001 (Ölpreisanstieg, Börsencrash, 11. September) reagiert haben, leisteten sich die Mitgliedsländer der Währungsunion eine völlig passive Haltung. Die Haushaltskonsolidierung erschien wichtiger als die Stabilisierung der gesamtwirtschaftlichen Nachfrage.

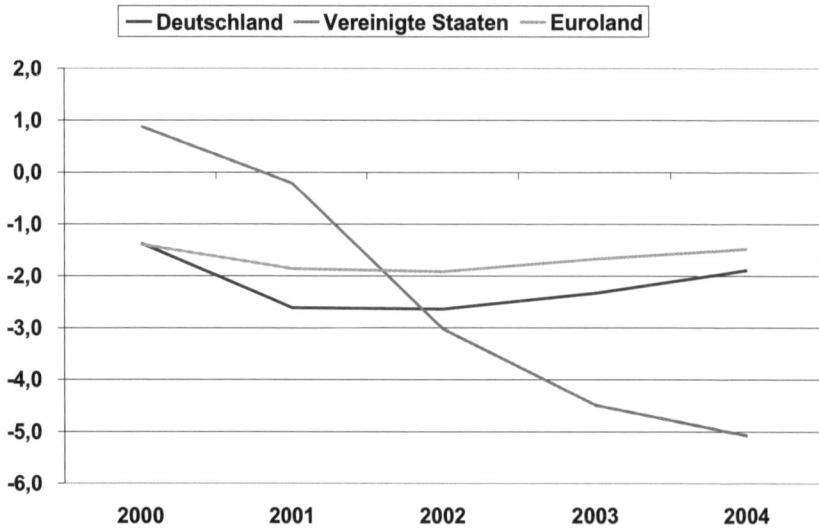

Schaubild 21.4: Strukturelles Defizit in den Vereinigten Staaten, in Deutschland und Euroland (in Prozent des Bruttoinlandsprodukts)
Quelle: OECD, Economic Outlook

Bei dieser Ladehemmung der Fiskalpolitik hätte Euroland nun dringend einer Unterstützung durch die Zinspolitik der Europäischen Zentralbank bedurft. Wie das Schaubild 21.5 verdeutlicht, war sich die EZB dieser Verantwortung durchaus bewusst. Im Vergleich zur amerikanischen Notenbank ließ sie sich jedoch bei ihren Entscheidungen sehr viel Zeit und hielt sich auch bei der Dosierung zurück. Offensichtlich konnten sich die europäischen Notenbanker immer erst dann zu einer Zinssenkung durchringen, wenn sie es schwarz auf weiß hatten, dass der Aufschwung wieder einmal ausbleiben würde. Ein vorausschauendes Handeln und eine gewisse Risikobereitschaft, wie sie bei den Entscheidungen der amerikanischen Notenbank zu erkennen sind, sind bei der EZB nicht ohne weiteres zu erkennen. Bei dieser Betrachtungsweise wird auch die besondere Problematik der deutschen Wirtschaftsentwicklung deutlich. Während die EZB für den gesamten Euroraum identische kurzfristige Zinsen festlegt, sind die um die Inflationsrate bereinigten Realzinsen in Deutschland um rund einen Prozentpunkt höher als im Durchschnitt der Mitgliedsländer der Währungsunion. Rechnet man Deutschland aus diesem Durchschnitt heraus, betrug der Abstand in den Jahren 2002 und 2003 sogar 1,7 Prozentpunkte.

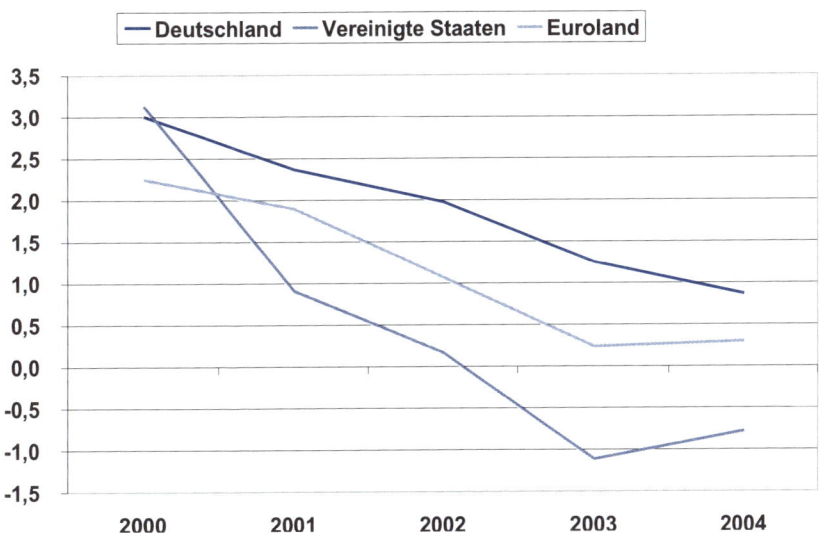

Schaubild 21.5: Realzinsen in den Vereinigten Staaten, Deutschland und Euroland (in %)
Quelle: OECD, Economic Outlook

Schließlich konnte die amerikanische Wirtschaft auch von der Wechselkursentwicklung profitieren, während Euroland und Deutschland zunehmend unter dem Druck des erstarkenden Euro zu leiden hatten (Schaubild 21.6). Dabei handelt es sich zwar um eine Korrektur der davor eingetretenen Überreaktion der Devisenmärkte; doch sie kam zur Unzeit und verschärfte so die Wachstumsschwäche in Euroland und natürlich auch in Deutschland.

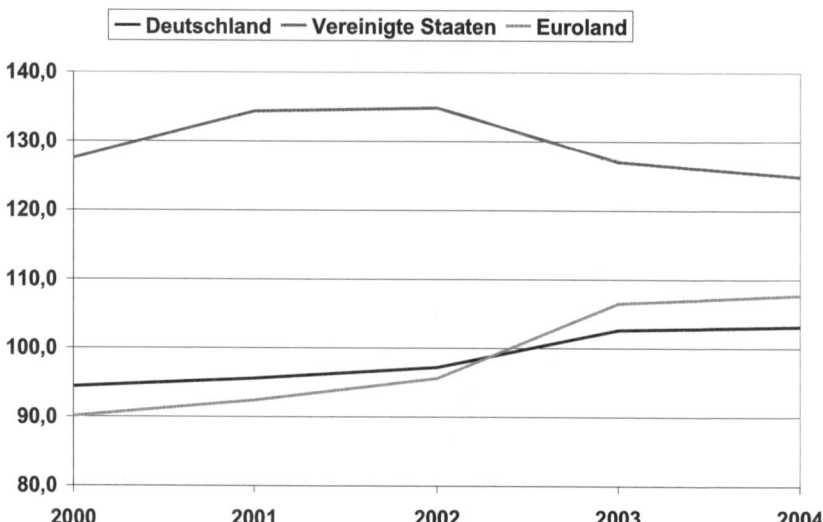

Schaubild 21.6: Effektive Wechselkursentwicklung in den Vereinigten Staaten, Deutschland und Euroland (1995 = 100)
Quelle: OECD, Economic Outlook

21.4   Die große Inkonsistenz der europäischen Wirtschaftspolitik

Es gibt also keinen Zweifel, dass man mit einer beherzt angewendeten keynesianischen Politik durchaus die gesamtwirtschaftliche Nachfrage steuern kann. Es ist deshalb schlichtweg falsch, wenn an den Stammtischen immer wieder behauptet wird, die staatliche Nachfragepolitik habe sich als unwirksam erwiesen. Dies zeigt sich übrigens nicht nur an diesem aktuellen Vergleich, sondern auch an der wirtschaftlichen Entwicklung in Deutschland seit 1970. In den Jahren 1974/75 erlebten wir die letzte Rezession, in der ein aktives „Deficit Spending" betrieben wurde. Das Defizit wurde massiv ausgeweitet und die Konjunktur sprang daraufhin unmittelbar wieder an. Nach einem Rückgang des realen Bruttoinlandsprodukts um 1% im Jahr 1975 kam es 1976 bereits wieder zu einer Zuwachsrate von 5%. Davon kann man heute nur noch träumen.

Natürlich zeigen die damaligen Erfahrungen wie auch die aktuelle Situation in den Vereinigten Staaten, dass man mit dieser Therapie vorsichtig umgehen muss, da man auf diese Weise leicht in eine sehr hohe Staatsverschuldung gerät. Und so kann man sich durchaus fragen, ob es für die USA sinnvoll ist, so hohe Defizite zu fahren, wenn man eine Wachstumsrate des Bruttoinlandsprodukts von über 3% erwartet.

Aber auch die europäische Wirtschaftspolitik ist nicht über alle Zweifel erhaben. Da schreibt die EZB in ihrem Monatsbericht vom März 2004 auf Seite 5:

„Was das außenwirtschaftliche Umfeld anbelangt, so bestätigen alle aktuellen Hinweise, dass das Wachstum der Weltwirtschaft im Jahr 2004 robust ausfallen und sich breit fundiert auf verschiedene Weltregionen erstrecken wird. Das dürfte die Exporte des Euroraums stützen; es wird erwartet, dass sie in diesem und im kommenden Jahr insgesamt deutlich zunehmen."

Haben sich die europäischen Währungshüter einmal gefragt, wie dieses robuste Wachstum der Weltwirtschaft entstanden ist? Neben der sehr expansiven Politik der USA wäre hier vor allem auch an die japanische Fiskalpolitik zu denken, die im Jahr 2004 ein Haushaltsdefizit von 7% aufweist, wobei die Notenbankzinsen seit Jahren bei Null liegen. Hat man sich in Frankfurt einmal überlegt, wie es um die Weltwirtschaft derzeit bestellt wäre, wenn sich Japan und die USA wie Euroland verhielten? Würde es Herr Trichet wirklich begrüßen, wenn in diesen beiden Ländern die Zinsen 2% und die Neuverschuldung unter der 3%-Grenze des Stabilitätspaktes beklagen würden?

Die makroökonomische Politik in Euroland wurde so in den letzten Jahren ihrer globalen Verantwortung nur unzureichend gerecht. Indem sich Euroland vom Rest der Welt aus seiner Stagnation ziehen lässt, ist es zugleich mitverantwortlich für das hohe Defizit in der amerikanischen Leistungsbilanz. In dieser Größe spiegelt sich – neben dem Wechselkurs – die sehr kräftige Binnendynamik der Vereinigten Staaten bei einer gleichzeitig blutarmen Entwicklung der Inlandsnachfrage von Euroland.

Nicht mit Ruhm bekleckert hat sich die EZB auch mit ihrer *Wechselkurspolitik* der letzten Jahre. Am 11. Juli 2003 erklärte Bundeskanzler Schröder in einem Gespräch mit der Financial Times Deutschland:

„Ich gehe davon aus, dass die klugen Menschen in der Europäischen Zentralbank jeden Tag diskutieren, ob sie im Rahmen des Dollar-Euro-Wechselkurses genug tun, um die Wettbewerbsfähigkeit der europäischen Exporte zu erhalten."

Damals lag der Dollar-Kurs des Euro noch bei 1,13 Dollar. Doch was tat die EZB? Anstatt die Aufwärtsbewegung des Euro zumindest abzumildern, bauten die an der Europäischen Währungsunion beteiligten Notenbanken ihre Dollarreserven im Jahr 2003 um rund 25 Mrd. Dollar ab. Sie verhielten sich also wie profitorientierte Anleger, die ihr Vermögen vor einem Wertverlust des Dollar schützen wollen. Dass es auch anders geht, verdeutlicht die japanische Währungspolitik. Hier sorgte der für den Devisenmarkt verantwortliche Finanzminister mit Dollarankäufen in Höhe von 180 Mrd. dafür, dass es nur zu einer geringen Aufwertung des Yen kam. Auf diese Weise verteuerte sich der Euro im Jahr 2003 um 7,5% gegenüber dem Yen.

21.5 Wir brauchen wieder mehr Keynesianer in Deutschland

Der Vergleich mit den Vereinigten Staaten zeigt, dass das Aussterben der Keynesianer ein spezifisch deutsches und teilweise auch europäisches Problem darstellt.

Was unterscheidet die „Keynesianer" von anderen Ökonomen? In Kapitel 10 haben wir uns bereits ausführlicher mit den Schwierigkeiten des Denkens in gesamtwirtschaftlichen Kategorien befasst. Die Kernaussage war: Wer über eine Volkswirtschaft nachdenkt, darf dies nicht *nur* aus der Sicht eines einzelnen privaten Haushalts, eines einzelnen Unternehmens oder auch eines bayerischen Ministerpräsidenten tun. Richtiges volkswirtschaftliches Denken besteht immer darin, dass man die Rückwirkungen einzelwirtschaftlicher Handlungen auf die wirtschaftliche Lage anderer Akteure und damit der Volkswirtschaft insgesamt betrachtet. Genau das war das zentrale Anliegen von Keynes und den meisten seiner Schüler. Leider ist ein solches Denken nicht nur in der Politik, sondern auch an den meisten volkswirtschaftlichen Lehrstühlen verloren gegangen. Es gibt zwar im Studium der Volkswirtschaftslehre das Fach „Makroökonomie", in dem diese globale Betrachtungsweise vermittelt werden soll, doch werden dort in der Regel so hoffnungslos veraltete Lehrsätze verwendet, dass die meisten Studenten kaum auf die Idee kommen würden, dabei auch etwas fürs Leben zu lernen.

Der Verlust des gesamtwirtschaftlichen Denkens und die Abkehr von Keynes sind dafür verantwortlich, dass in Deutschland heute die meisten deutschen Ökonomen und Politiker die gesamtwirtschaftliche Nachfrage überhaupt nicht mehr beachten und sich stattdessen ganz auf die Angebotsbedingungen konzentrieren. Dahinter steckt eine Theorie aus dem 19. Jahrhundert, die von dem französischen Nationalökonom Jean Baptiste Say (1767-1832) entwickelt wurde. Das nach ihm benannte „Say'sche Gesetz" geht davon aus, dass sich das Angebot seine Nachfrage von selbst schaffe. Leider hat sich die Welt seither verändert. Insbesondere gibt es heute – anders als vor zweihundert Jahren – eine breite Mittelschicht, die eigene Ersparnisse bildet, ohne diese selbst investiv zu verwenden. Wenn in der Zeit von Say gespart wurde, waren das reiche Händler und Unternehmer, die ihre Mittel direkt für Investitionen verwendeten. Wenn heute ein privater Haushalt spart, landet das Geld zunächst einmal auf der Bank, ohne dass die Unternehmen davon direkt profitieren.

Wie wenig die Realität, in der sich Unternehmen heute befinden, mit der Welt des „Say'schen Gesetzes" zu tun hat, kann man auch in der modernen Unternehmensführung erkennen. Die herausragende Bedeutung der Nachfrageseite spiegelt sich in allen gängigen Managementkonzepten wider. Im Mittelpunkt des „Lean Management" wie auch des „Total Quality Management" steht der Kunde mit seinen Wünschen und Ansprüchen.[1]

21.6 Der Stabilitäts- und Wachstumspakt hat versagt

Wo müsste man beginnen, wenn man gesamtwirtschaftlichen Zusammenhängen wieder ein größeres Gewicht in der Wirtschaftspolitik einräumen wollte? Im Vergleich mit den Vereinigten Staaten zeigt sich vor allem, dass die Finanzpolitik in Euroland ihrer makroökonomischen Verantwortung nicht gerecht geworden ist. Eine Ursache hierfür ist der bereits in Kapitel 8 diskutierte Stabilitäts- und Wachstumspakt. Dieses Regelwerk hat dazu geführt, dass man sich in Europa ausschließlich mit der Höhe der *nationalen* Haushaltsdefizite befasst hat, ohne darüber nachzudenken, wie die Fiskalpolitik in diesem Währungsraum *insgesamt* ausgerichtet ist.

Wie sehr der Pakt das Denken verwirrt hat, zeigt sich an der Diskussion über das deutsche und das französische Haushaltsdefizit im Jahr 2003. Beide Länder sollten nach dem Willen der Kommission für ein „übermäßiges Defizit" sanktioniert werden, was jedoch durch die Mehrheit des Rates der Wirtschafts- und Finanzminister am 25. November 2003 abgelehnt wurde. Wenn man sich noch einmal Schaubild 21.4 ansieht, erkennt man, dass das strukturelle Defizit von Euroland im Jahr 2003 geringer war als im Jahr 2002. Die Fiskalpolitik war also leicht restriktiv angelegt. Wäre es nach den Vorstellungen der Kommission gegangen, hätten Frankreich und Deutschland im Jahr 2003 stärker sparen müssen. Damit wäre die Grundlinie der Finanzpolitik in Euroland aber noch restriktiver geworden. Bei der ohnehin sehr labilen gesamtwirtschaftlichen Entwicklung wäre dies alles andere als hilfreich gewesen. Es wäre daher ziemlich widersinnig gewesen, Frankreich und Deutschland dafür zu bestrafen, dass sie in Euroland eine noch prozyklischere Fiskalpolitik verhindert haben.

Wie in Kapitel 8 dargestellt wurde, wurde der Pakt gleichsam über Nacht zusammengezimmert, um die Währungsunion vor inflationären Gefahren zu schützen. Heute wissen wir, dass die damaligen Ängste völlig unbegründet waren. Trotzdem sollen sich die nationalen Fiskalpolitiken weiterhin am

---

1. Zu den Inhalten der genannten Managementkonzepte und deren Kundenorientierung siehe Roland Bogaschewsky und Roland Rollberg (1998) „Prozessorientiertes Management".

starren Regelwerk des Paktes orientieren, obwohl dieses jeglicher theoretischer Grundlage entbehrt.

Besonders erstaunlich dabei ist, dass gerade die Europäische Zentralbank auf die Einhaltung dieser Regel drängt, obwohl sie es für ihren eigenen Bereich der Geldpolitik strikt ablehnt, auch nur sehr schwache Formen einer Regelbindung ins Auge zu fassen. So schreibt die EZB in ihrem Monatsbericht Oktober 2001 (S. 55):

> *„Einfache Regeln sind nicht geeignet, sämtliche von den Zentralbanken zu berücksichtigende relevante Informationen mit einzubeziehen und eine angemessene Richtschnur für die Stabilisierung der Wirtschaft in allen denkbaren Situationen zu bieten."*

Doch für die Fiskalpolitik scheinen diese Bedenken nicht zu gelten. Hier gibt es für die EZB keinen Zweifel:

> *„Das Nichtbefolgen der im Stabilitäts- und Wachstumspakt vorgesehenen Regeln und Verfahren droht die Glaubwürdigkeit des institutionellen Rahmens und das Vertrauen in solide öffentliche Finanzen der Mitgliedstaaten des Euro-Währungsgebiets zu beeinträchtigen."* [2]

21.7 Ein fiskalisches Regelwerk, das auf drei Säulen beruht

Diese Inkonsistenz zeigt, dass es dringend geboten ist, den fiskalpolitischen Rahmen der Europäischen Währungsunion grundlegend zu überdenken. Anstelle des eindimensional angelegten Stabilitäts- und Wachstumspaktes wäre an folgendes 3-Säulen-Modell zu denken:

■ **1. Säule: Wie die Erfahrung der letzten Jahre gezeigt hat, kann man in einer Währungsunion mit 12 und in Zukunft noch mehr Mitgliedsländern nicht davon ausgehen, dass die national ausgerichteten finanzpolitischen Entscheidungen für den *Währungsraum insgesamt* zu einem angemessenen fiskalischen Impuls führen. Hierin besteht ein grundlegender Unterschied zu einem Nationalstaat mit einer autonomen Notenbank, der in der Regel nur ein bedeutsamer finanzpolitischer Entscheidungsträger gegenübersteht. Im Mittelpunkt der finanzpolitischen Planungen von Euroland muss daher die Frage stehen, wie sich die von den einzelnen Ländern geplanten Haushalte *in der Summe* auf die wirtschaftliche Lage in Euroland auswirken werden. Auf diese Weise lässt sich dann frühzeitig erkennen, ob sich als Gesamtimpuls der Fiskalpolitik ein *prozyklischer Kurs* ergibt, bei dem entweder**

---

2. Erklärung des EZB-Rats zu den Schlussfolgerungen des ECOFIN-Rats bezüglich der Korrektur übermäßiger Defizite in Frankreich und Deutschland vom 25. November 2003

in einen Abschwung hineingespart oder in einem Aufschwung die Verschuldung ausgeweitet würde. Für solche Fälle werden gemeinsame Koordinationsmechanismen benötigt, um eine Anpassung der Haushaltspolitik in den Ländern zu erreichen, die für eine derart kontraproduktive Politik verantwortlich sind.[3]

■ *2. Säule*: Das Anliegen des Paktes, eine inflationäre Politik auf der nationalen Ebene zu verhindern, ist durchaus berechtigt. Anders als im Nationalstaat mit einer nationalen Notenbank, kann die EZB einzelne Länder mit einer überzogenen Fiskalpolitik nicht unmittelbar durch eine restriktive Zinspolitik sanktionieren. Aber es reichte aus, Sanktionsverfahren nur auf jene Länder anzuwenden, die auch tatsächlich an einem zu hohen Preisauftrieb leiden. Konkret könnte man daran denken, dass nur Länder auf die Anklagebank kommen, deren Inflationsrate um mehr als einen Prozentpunkt über dem Inflationsziel der EZB liegt, das „etwas unter 2%" beträgt. In diesem Fall wäre zu prüfen, ob die Inflation tatsächlich auf eine exzessive Fiskalpolitik zurückzuführen ist. Indizien hierfür wären eine Überauslastung der Kapazitäten und ein zunehmendes strukturelles Defizit (oder der Rückgang eines strukturellen Überschusses).

■ *3. Säule*: Schließlich kann man in einer Währungsunion auch die Gefahr nicht ausschließen, dass ein einzelnes Mitgliedsland eine Fiskalpolitik verfolgt, die mittel- und langfristig in einem Staatsbankrott mündet. Der EG-Vertrag stellt zwar in Artikel 103 ausdrücklich fest, dass es in einem solchen Fall zu keiner Schuldenübernahme durch die anderen Mitgliedsstaaten oder die Gemeinschaft kommt, aber Papier ist bekanntlich geduldig. Man benötigt also auch hier ein Regelwerk, das eine solche Entwicklung frühzeitig verhindert. Hier stellt sich jedoch das in Kapitel 8 angesprochene Problem, dass niemand so genau weiß, wo der Grenzwert für die Relation der Staatsverschuldung zum Bruttoinlandsprodukt liegt. Wie schon erwähnt, käme es bei im Durchschnitt ausgeglichenen Staatshaushalten dazu, dass der Schuldenstand nicht weiter steigt. Da jedoch das nominelle Bruttoinlandsprodukt weiter zunimmt, würde die Relation des Schuldenstands zum Bruttoinlandsprodukt langfristig gegen Null tendieren. Hierfür gibt es keine Notwendigkeit. Die 60%-Grenze, die im Vertrag von Maastricht festgelegt wurde, ist nicht minder willkürlich. Sie hat jedoch den Vorzug, dass sie den heute auf den europäischen Finanzmärkten vorherrschenden Strukturen einigermaßen entspricht. So gesehen könnte man für die dritte Säule eigentlich ganz gut mit den im *Vertrag* von Maastricht vorgesehenen Regeln und Sanktionen leben und auf die durch den *Pakt* vorgenommene Verschärfung ersatzlos verzichten.

Es wird nicht einfach sein, ein solch komplexes Regelwerk zu implementieren und es dann in der Praxis auch durchzusetzen. Aber man darf sich keine Illusionen machen. Der Stabilitäts- und Wachstumspakt in seiner bisherigen Form ist ohnehin dem Untergang geweiht. Daran würden auch systemimma-

---

3. Ein derartiger Vorschlag wurde vom früheren französischen Finanzminister Dominique Strauss-Kahn auf dem Treffen der Wirtschafts- und Finanzminister in Dresden im April 1999 unterbreitet.

nente Reformen nur wenig ändern. Wenn wir in zwei oder drei Jahren nicht
ohne jede Regel für die nationalen Fiskalpolitiken dastehen wollen, müssen
wir uns deshalb schon jetzt intensiv darüber Gedanken machen, wie ein
sinnvolleres Regelwerk konzipiert werden kann.

21.8 Deutschland: Stetiger Ausgabenpfad anstelle unrealistischer Defizitziele

Die Erfahrung der letzten Jahre hat gezeigt, wie kontraproduktiv es ist, wenn
sich die Finanzpolitik einseitig am Ziel der Konsolidierung orientiert, ohne
dabei die gesamtwirtschaftliche Entwicklung zu berücksichtigen. Durch das
enge Korsett des Vertrags von Maastricht blieb dem Finanzminister in den
letzten Jahren jedoch keine Alternative. Eine Neukonzeption des Stabilitäts-
und Wachstumspakts würde es daher auch der deutschen Finanzpolitik
erlauben, eine erfolgversprechendere Strategie einzuschlagen. Vom Deutschen Institut für Wirtschaftsforschung wird der Politik seit längerem emp-
fohlen, sich nicht an – ohnehin unrealistischen – Defizitzielen, sondern an
Zielpfaden für die Ausgaben zu orientieren. Die Finanzminister von Bund
und Ländern würden dann mittelfristige Expansionspfade für jene Ausga-
benblöcke festlegen, die von ihrer Politik unmittelbar kontrolliert werden,
d.h. in erster Linie die Personal- und Investitionsausgaben. Da die deutsche
Staatsquote im europäischen Vergleich keinen Korrekturbedarf nach unten
erkennen lässt (siehe Kapitel 3), könnte man an einen Wachstumspfad von
2,5 - 3% denken, was einem konservativ geschätzten Anstieg des nominellen
Sozialprodukts entspricht. Um eine gewisse Konsolidierung zu erreichen,
könnte temporär eine Rate von 1,5 - 2% ins Auge gefasst werden. Auch das
wäre noch erheblich mehr als der Durchschnitt der Jahre 2003-2005, der
durch einen jährlichen *Rückgang* der öffentlichen Investitionen von 5,9%
und der Personalausgaben um 0,3% gekennzeichnet ist. Ein solches mittelfristiges Finanzprogramm sollte von Bund und Ländern gemeinsam getragen
werden. Wie auf der europäischen Ebene bedarf es deshalb auch innerhalb
Deutschlands einer sehr viel besseren Koordinierung der Finanzpolitiken.
Die bisherig Familienvater-Politik der Länderfinanzminister, die keinerlei
gesamtwirtschaftliche Verantwortung mehr erkennen lässt, steht in einem
eklatanten Widerspruch zum Grundgesetz, das in Artikel 109 (2) Bund und
Länder verpflichtet, „bei ihrer Haushaltswirtschaft den Erfordernissen des
gesamtwirtschaftlichen Gleichgewichts Rechnung zu tragen."

22

Die Chancen, aber auch die Risiken der Globalisierung erkennen

Es wird heute viel davon gesprochen, dass wir uns als Gesellschaft den Herausforderungen der Globalisierung stellen müssen. Bundeskanzler Schröder formulierte dies auf dem SPD-Parteitag am 17. November 2003 wie folgt:

> *„Staaten konkurrieren, ob sie wollen oder nicht, auch um Investitionen eines global agierenden Kapitals. Für eine Hightechnation wie Deutschland ist das gewiss eine riesige Chance; aber diese Chance werden wir nur nutzen können, wenn wir den Mut zur Veränderung haben."*

22.1 Durch die Globalisierung können wir die Vorteile der Arbeitsteilung am besten nutzen

Doch welche Veränderungen sind es, die die Globalisierung von uns fordert, und welche Chancen bietet sie uns? Für Ökonomen gilt es seit jeher als ausgemachte Sache, dass der internationale Handel für alle beteiligten Länder vorteilhaft ist. Die Ursache hierfür liegt in den enormen Vorteilen aus der Arbeitsteilung, die von Adam Smith, dem Stammvater der Volkswirtschaftslehre, in seinem berühmten Werk „Wohlfahrt der Nationen" schon im Jahr 1776 klar herausgearbeitet wurden:

> *„Die Arbeitsteilung dürfte die produktiven Kräfte der Arbeit mehr als alles andere fördern und verbessern."* [1]

Und Adam Smith erkannte auch, dass die Arbeitsteilung ihre Vorteile nur dann voll entfalten kann, wenn es Handel gibt:

> *„Auf Einzelhöfen und in kleinen Dörfern, die verstreut in einer so verlassenen Gegend wie dem schottischen Hochland liegen, muss jeder Bauer zugleich sein eigener Metzger, Bäcker und Brauer sein. Man darf kaum erwarten unter solchen Umständen selbst Schmiede, Zimmerleute und Maurer in einem Umkreis von weniger als zwanzig Meilen anzutreffen."* [2]

---

1. Adam Smith (1974), S. 9
2. Adam Smith (1974), S. 19

Die mit der Arbeitsteilung verbundene Steigerung des Wohlstands ist also nur dann möglich, wenn es den Menschen über die Grenzen des eigenen Dorfes, der eigenen Region und des eigenen Landes hinaus möglich ist, miteinander Waren und Dienstleistungen auszutauschen.

Das Schlagwort der Globalisierung steht also in einem positiven Sinn dafür, dass Handel heute mehr denn je auf einer weltweiten Basis möglich ist, so dass die Vorteile der Arbeitsteilung in optimaler Weise genutzt werden können. Die Tabelle 22.1 verdeutlicht, wie der internationale Warenaustausch in den letzten 200 Jahren an Bedeutung gewonnen hat; in Deutschland betrug 1870 der Anteil der Exporte am Bruttoinlandsprodukt 9,5%, heute liegt diese Relation mit 37% fast viermal so hoch. Man erkennt an diesen Daten auch, wie schnell die Länder in Asien ihre Ausfuhren erhöhen konnten und wie es umgekehrt den Ländern in Lateinamerika seit 1870 nicht gelungen ist, sich besser in die Weltwirtschaft zu integrieren – im Gegenteil: Argentinien und Brasilien waren vor 130 Jahren stärker auf den Export orientiert als heute.

Tabelle 22.1

Anteile der Exporte am Bruttoinlandsprodukt (in %)
Quelle: Findlay und O'Rourke (2001)

Land	1820	1870	1913	1929	1950	1998
Frankreich	1,3	4,9	7,8	8,6	7,6	28,7
Deutschland	na	9,5	16,1	12,8	6,2	38,9
Niederlande	na	17,4	17,3	17,2	12,2	61,2
Großbritannien	3,1	12,2	17,5	13,3	11,3	25,0
Westeuropa gesamt	na	10,0	16,3	13,3	9,4	na
Spanien	1,1	3,8	8,1	5,0	3,0	23,5
Rußland	na	na	2,9	1,6	1,3	10,6
Kanada	na	12,0	12,2	15,8	13,0	na
USA	2,0	2,5	3,7	3,6	3,0	10,1
Argentinien	na	9,4	6,8	6,1	2,4	7,0
Brasilien	na	12,2	9,8	6,9	3,9	5,4
Mexico	na	3,9	9,1	12,5	3,0	10,7
Latein Amerika gesamt	na	9,0	9,5	9,7	6,2	na
China	na	0,7	1,7	1,8	2,6	4,9
Indien	na	2,6	4,6	3,7	2,9	2,4
Japan	na	0,2	2,4	3,5	2,2	13,4
Korea	0,0	0,0	1,2	4,5	0,7	36,3
Taiwan	0,0	0,0	2,5	5,2	2,5	na
Thailand	na	2,2	6,8	6,6	7,0	13,1
Asien gesamt	na	1,3	2,6	2,8	2,3	na
Welt	1,0	4,6	7,9	9,0	5,5	17,2

Man muss es nicht ausdrücklich erwähnen, dass die wachsende Außenhandelsöffnung der letzten 200 Jahre für die davon betroffenen Länder mit einem enormen Anstieg ihres Wohlstands einhergegangen ist. Adam Smith hatte also Recht, dass eine zunehmende Arbeitsteilung auch mit einem besseren Lebensstandard für die Menschen verbunden ist. So ist das reale Pro-Kopf-Einkommen in Deutschland heute rund 28-mal höher als im Jahr 1870.

Wenn man unter Globalisierung also eine zunehmende internationale Arbeitsteilung versteht, so muss man sich davor im Grunde nicht fürchten. Im Gegenteil: Durch die Spezialisierung der einzelnen Länder auf Produkte, die sie im Vergleich zum Rest der Welt mit den relativ geringsten Kosten herstellen, geht es allen besser.

22.2 Doch nicht alle profitieren von der Globalisierung

Aber ganz so unproblematisch ist das Ganze nun doch nicht. Denn wenn ein Land *insgesamt* von der Globalisierung profitiert, bedeutet das noch nicht, dass davon *alle* Bürger gleichermaßen reicher werden. Dieser Zusammenhang wird in der Volkswirtschaftslehre in einem Theorem beschrieben, das bei den Studenten wegen seiner Komplexität zu Recht gefürchtet ist und deshalb wohl auch von den meisten nach ihrem Diplom ganz schnell wieder verdrängt wird. Es handelt sich dabei um eine Theorie, die von den Ökonomen *Heckscher* und *Ohlin* in der ersten Hälfte des 20. Jahrhunderts entwickelt wurde. Auf die Situation in Deutschland angewendet, besagt diese Theorie, dass die Globalisierung für die Arbeitnehmer mit einer schlechten Ausbildung eher nachteilig ist, während sie für Hochqualifizierte mit Einkommensvorteilen verbunden ist. Dabei sind die Gewinne der Qualifizierten größer als die Einbußen der Unqualifizierten.

Warum ist das so? Nehmen wir China und Deutschland als Beispiele. In Deutschland gibt es im Vergleich zu China relativ viele qualifizierte und relativ wenig unqualifizierte Arbeitnehmer. In China ist das genau umgekehrt. Durch den Handel mit China importieren wir nun indirekt die in den chinesischen Gütern steckende unqualifizierte Arbeit. Damit wird in Deutschland mehr unqualifizierte Arbeit verfügbar und auf diese Weise sinkt auch ihr Preis. Umgekehrt ist in China qualifizierte Arbeit relativ knapp. Die Chinesen erhalten diese durch die deutschen Güter, in denen viel qualifizierte Arbeit steckt. Indem wir also mit unseren Exporten qualifizierte Arbeit ins Ausland schicken, wird sie bei uns knapper, ihr Preis steigt.

Sie sehen, das Theorem gilt nicht zu Unrecht als kompliziert. Aber man kann es auch so formulieren: Es macht für die Löhne der unqualifizierten Arbeitnehmer in Deutschland eigentlich keinen Unterschied, ob wir direkt eine Zuwanderung von Chinesen mit einer relativ geringen Ausbildung und geringen Lohnforderungen zulassen oder aber chinesische Güter importieren, in denen diese Arbeit enthalten ist.

Die Globalisierung führt also in den Ländern mit einem hohen Entwicklungstand tendenziell dazu, dass der Abstand zwischen den Einkommen von qualifizierten und unqualifizierten Arbeitnehmern zunimmt. Besonders deutlich kann man das in Großbritannien und in den Vereinigten Staaten sehen, wo sich die Löhne weitgehend frei entwickeln können. Berechnungen der OECD (Employment Outlook, 2003, S. 44) zeigen, dass dort die traditionell hohe Einkommensungleichheit in den achtziger und großen Teilen der neunziger Jahren noch weiter zugenommen hat. Demgegenüber ist es in Deutschland und Frankreich zu keiner nennenswerten Veränderung in den Lohnstrukturen gekommen. Dies hat natürlich etwas mit dem Einfluss der Gewerkschaften zu tun, die stark daran interessiert sind, das Aufkommen von „MacJobs" mit geringer Entlohnung und fehlender sozialer Absicherung zu verhindern.

So gesehen ist es nicht überraschend, dass bei uns heute die Arbeitslosenquote von Unqualifizierten um ein Vielfaches höher liegt als von Menschen mit einer guten Berufsausbildung oder mit Fachhochschul- oder Hochschulabschluss (Schaubild 22.1).

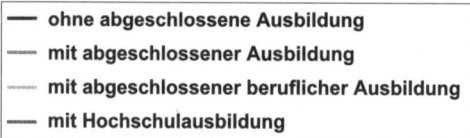

— ohne abgeschlossene Ausbildung

-- mit abgeschlossener Ausbildung

··· mit abgeschlossener beruflicher Ausbildung

— mit Hochschulausbildung

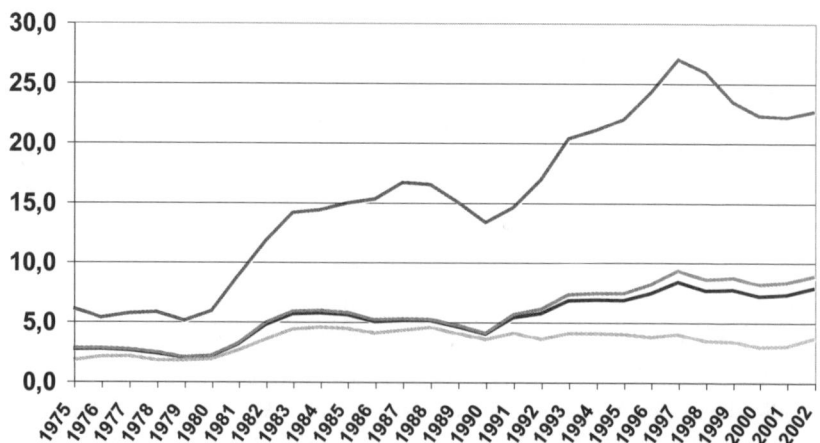

Schaubild 22.1: Qualifikationsspezifische Arbeitslosenquoten von 1975 bis 2002 (in Prozent)
Quelle: IAB, Daten bis 1990 für West-Deutschland, ab 1991 für Deutschland

Welche Konsequenz soll man daraus ziehen? Für Hans-Werner Sinn ist die Lösung eindeutig: Bei den Geringqualifizierten werde „sicherlich eine Lohnsenkung um ein Drittel benötigt" (S. 94). Was würde das konkret bedeuten? Nehmen wir den Öffentlichen Dienst. In der untersten Besoldungsgruppe (BAT X) des Bundesangestelltentarifs erhält eine junge Frau heute ein Bruttogehalt von 1.500 Euro, davon verbleiben ihr netto 1.030 Euro. Nach den Vorstellungen von Herrn Sinn würde der Bruttolohn auf 1.000 Euro sinken, womit netto rund 770 Euro herauskämen.

Wenn das die einzig mögliche Antwort auf die Globalisierung darstellt, ist es schwer zu erkennen, worin die „riesige Chance" besteht, die uns von Kanzler Schröder eingangs versprochen wurde. Kann es für Deutschland wünschenswert sein, dass die Globalisierung zu einer Zwei-Klassengesellschaft führt? Auf der Sonnenseite steht nur, wer über eine hohe Ausbildung oder über reiche Eltern verfügt. Im Schatten der Globalisierung müssen jene Menschen, die es in ihrem Leben nur zu einer geringen Qualifikation gebracht haben, mit Einkommen zurechtkommen, die knapp über dem Existenzminimum liegen.

Hans-Werner Sinn schreibt zutreffend:

„Deutschland muss dringend Wege finden, die Kräfte der Globalisierung und der fortschreitenden europäischen Integration so zu beherrschen und einzusetzen, dass sie keinen Schaden einrichten und möglichst sogar nützliche Auswirkungen haben." (S. 83)

Doch die von ihm selbst als Lösung propagierte Lohnsenkung um ein Drittel für Geringqualifizierte wäre für die deutsche Gesellschaft überaus gefährlich. Menschen, die sich zu Recht als Opfer der Globalisierung empfinden, sind anfällig für radikale politische Kräfte. Doch wie lassen sich dann die „Kräfte der Globalisierung" beherrschen?

22.3　Die Globalisierung erfordert mehr und nicht weniger Umverteilung

Die Lösung kann nur darin bestehen, sich der Globalisierung zu stellen und die „riesigen Chancen" zu nutzen. Es wäre fatal, wenn sich ein Land wie Deutschland von der weltwirtschaftlichen Arbeitsteilung abschotten wollte. Die wichtigste Antwort auf die Globalisierung sind daher möglichst hohe Investitionen in die Bildung, damit sich in den nächsten Jahrzehnten möglichst wenig Menschen in der Situation eines Geringqualifizierten befinden. Doch hier zeigt sich ein großes Defizit in Deutschland. Der Anteil der Studenten an der Altersgruppe im studierfähigen Alter ist in Deutschland erschreckend gering (Schaubild 22.2). Dies belegt einmal mehr, wie wichtig es ist, dass ausreichend Mittel für die Bildung bereitgestellt werden.

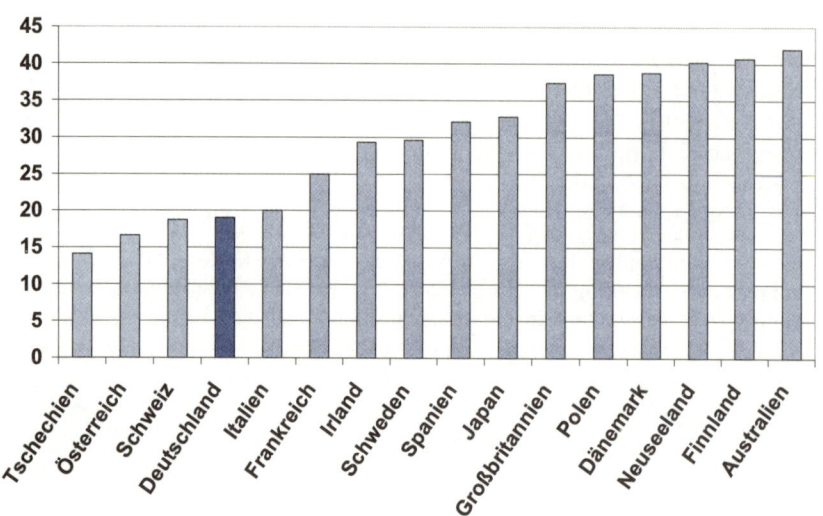

Schaubild 22.2: Anteil der Studenten an der Altersgruppe im studierfähigen Alter (in Prozent)
Quelle: Education at a Glance (2003)

Doch auch bei einem optimalen Bildungssystem wird es Menschen geben, die nur relativ einfache Tätigkeiten verrichten können. Wenn sie nicht zu den Verlierern der Globalisierung gehören sollen, muss ihnen der Staat in den nächsten Jahren nicht weniger, sondern mehr als bisher unter die Arme greifen.

Konkret erfordert die Globalisierung prinzipiell ein Mehr an Umverteilung zwischen den Starken und den Schwachen. Es ist deshalb völlig deplatziert, wenn heute alle Parteien an nichts anders denken als an Steuersenkungen. Warum soll ein Single, der heute 200.000 Euro brutto verdient und dafür 6.652 Euro Steuern im Monat bezahlt, jeden Monat um 1.322 Euro entlastet werden, wie das im Steuerkonzept von Friedrich Merz vorgesehen ist?

Lesen wir, was die CDU dazu sagt:[3]

> *„Eine grundlegende Reform des Einkommensteuerrechts wird dabei neben der radikalen Vereinfachung des Systems vor allem dafür sorgen, dass die Bürger, die ein ausreichendes Einkommen haben, um für sich selbst und ihre Familien zu sorgen, die finanziellen Spielräume zurückgewinnen, die ihnen auch die notwendige Vorsorge für die Risiken des Lebens ermöglicht, ohne auf die Hilfe des Staates angewiesen zu sein. Denn so entspricht es unserem christlichen Menschenbild: Die Freiheit des Menschen kommt auch in der Verantwortung für sich selbst zum Ausdruck. Deshalb darf der Staat nicht besteuern, was die Menschen für die Sicherung ihres existenznotwendigen Bedarfs selbst benötigen."*

3. Beschluss B 1 des 17. Parteitages der CDU Deutschlands 2003. Ein modernes Einkommensteuerrecht für Deutschland.

Was bedeutet das für unseren Single mit einem Bruttoeinkommen von 200.000 Euro? Will die CDU damit sagen, dass er mit monatlichen Netto-einkommen von heute 8.157 Euro nicht über die Spielräume verfügt, um die notwendige Vorsorge für die Risiken seines Lebens zu treffen? Will sie damit sagen, dass der Single heute seinen existenznotwendigen Bedarf nicht decken kann?

Natürlich spricht nichts dagegen, das Steuerrecht zu vereinfachen, aber das muss nicht bedeuten, dass Spitzenverdiener über die in der Steuerreform 2000 vorgesehenen Senkungen hinaus entlastet werden. Im Gegenteil, wenn es stimmt, dass die Globalisierung „riesige Chancen" bietet, dann müssten jene, die davon besonders profitieren, in der Lage sein, einen größeren Anteil zur Finanzierung von sozialer Sicherheit und Stabilität in Deutschland zu leisten.

Doch wie steht es mit dem Argument, dass sich hohe Steuersätze in einer globalisierten Welt nicht mehr durchsetzen lassen? Schaubild 14.3 zeigt, dass die meisten hoch entwickelten europäischen Länder einen höheren Spitzen-steuersatz bei der Einkommensteuer als Deutschland aufweisen. Die Vorstel-lung, dass die Globalisierung einheitliche Steuersätze erfordert, ist genauso abwegig wie der Gedanke, dass es bei Wettbewerb zwischen Hotels zu einheit-lichen Zimmerpreisen kommen werde. Für Länder, die eine Infrastruktur mit einer 4- oder 5-Sterne-Qualität bieten können, wird es auch in Zukunft mög-lich sein, hohe Steuersätze zu fordern. Allerdings müssen sie dabei darauf achten, dass die Menschen und Unternehmen, die diese Infrastruktur nutzen, dafür auch zur Zahlung herangezogen werden. Dies ist in einer globalisierten Welt nicht immer ganz einfach.

22.4 Das Modell der „Alternativen Mindeststeuer" (AMS)

Einen interessanten Ansatz hierfür bietet das Modell der „*Alternative Mini-mum Tax*", das in den Vereinigten Staaten seit Jahrzehnten praktiziert wird, für Deutschland bisher jedoch nur von Jarass und Obermair (2002) vorge-schlagen wurde. Die Grundidee dieser Steuer besteht genau darin, dass jeder Privatmann und jedes Unternehmen, das die öffentlichen Güter eines Landes in Anspruch nimmt, dafür zumindest einen gewissen Betrag an Steuern bezahlen muss. Die Begründung des gemeinsamen Komitees von US-Kon-gress und US-Senat für diese Steuer klingt sehr plausibel:

> *„Kein Steuerzahler mit einem erheblichen Einkommen sollte zukünftig alle Steuerzahlungen vermeiden können, indem er Steuervergünstigungen, Steuerbefreiungen und Investitionszulagen nutzt. Obwohl derartige Vergünstigungen Anreize für wichtige Ziele darstellen, werden sie kontraproduktiv, wenn einzelne Steuerzahler dadurch alle Steuern vermeiden können, weil dadurch die Akzeptanz des gesamten Steuersystems beeinträchtigt wird und damit letztlich auch die Vergünstigungen in Misskredit geraten."* [4]

Im Grundsatz funktioniert die Steuer so, dass ein Steuerpflichtiger von seinem Einkommen nur jene Aufwendungen abziehen darf, die ganz direkt mit der Einkommenserzielung verbunden sind. Bei einem Selbstständigen würde das zum Beispiel bedeuten, dass er seine Einkünfte aus selbstständiger Tätigkeit nicht mehr mit Verlusten aus Vermietung und Verpachtung verrechnen darf. Auf das in dieser Weise ermittelte Einkommen wird dann ein Steuersatz gelegt, der deutlich geringer ist als der reguläre Steuersatz: Der Spitzensteuersatz der AMS liegt mit 28% deutlich unter dem der regulären Steuer von 35%. Zudem wird ein Freibetrag von 40.250 Dollar für Ledige und 58.000 Dollar für Verheiratete eingeräumt. Auf diese Weise wird also neben der regulären Steuerschuld auch eine Steuerschuld gemäß der AMS ermittelt. Die AMS tritt immer dann auf den Plan, wenn sie höher ist als die regulär ermittelte Steuerschuld.

Im Vergleich zu den in Deutschland bereits bestehenden Beschränkungen des Verlustausgleichs (z.B. § 2(3) EStG und § 2b EStG) zeichnet sich das AMS-Modell durch einen umfassenderen und systematischeren Ansatz aus. Insbesondere würde es dafür sorgen, dass sich im Inland erfolgreich tätige Unternehmen nicht mehr vollständig der Steuerpflicht entziehen können. Da die AMS in den Vereinigten Staaten gut funktioniert, wäre es zu wünschen, dass dieses Modell auch für Deutschland intensiver als bisher diskutiert wird.

---

4.   Zitiert nach Jarass und Obermaier (2002, S. 115).

23
Ein Programm für Wachstum und Beschäftigung

Zuerst die schlechte Nachricht: Deutschland gleicht heute in mancher Hinsicht einem Patienten, der über viele Jahre hinweg von nicht besonders qualifizierten Ärzten, ja manchmal sogar Wunderheilern, behandelt wurde. Da die Diagnosen falsch sind, ist es nicht überraschend, dass die Therapien nicht anschlagen. Die gute Nachricht lautet: Der Patient verfügt jedoch nach wie vor über eine solide physische Konstitution und eine stabile seelische Verfassung. Er hat also durchaus Chancen, wieder zu Kräften zu kommen, wenn er in die Hände von Medizinern kommt, die ihr Fach verstehen. Allerdings wird der Heilungsprozess ein gewisses Maß an Geduld erfordern, doch damit ist dem Patienten mehr gedient als wenn er ständig mit neuen, oft kaum erprobten Therapien konfrontiert wird. Ein „dynamischer Durchbruch nach vorne", wie er Ludwig Erhard als Problemlösung für eine Marktwirtschaft vorschwebte, ist machbar.

23.1 Fehldiagnosen und Prinzipien für eine bessere Wirtschaftspolitik

Anders als es die Talkshow-Weisheit lehrt, gibt es ein gewichtiges Erkenntnisproblem bei der Diagnose des Patienten „Deutschland". In Teil I haben wir fünf gravierende Fehldiagnosen identifiziert:

■ **Fehldiagnose 1:** Wir leben über unsere Verhältnisse. Richtig ist: Die deutsche Volkswirtschaft gibt seit 2002 deutlich weniger aus als sie einnimmt. Sie lebt also *unter* ihren Verhältnissen. Es gibt daher keinen Anlass, unsere Probleme generell durch ein allgemeines Sich-Beschränken und Sparen lösen zu wollen. Um im Bild der Medizin zu bleiben: Der Patient leidet nicht an einem zu hohen, sondern einem zu niedrigen Blutdruck. Es wäre deshalb fatal, ihn mit blutdrucksenkenden Mitteln zu behandeln.

■ **Fehldiagnose 2:** Der Umfang der Staatstätigkeit ist zu hoch. Richtig ist: Viele europäische Länder waren in den letzten Jahren mit noch höheren Staatsquoten wirtschaftlich sehr erfolgreich. Ein allgemeiner Rückzug des Staates aus dem Wirtschaftsleben ist daher weder eine hinreichende noch eine notwendige Bedingung für mehr Wachstum und Beschäftigung.

■ **Fehldiagnose 3:** Die Abgabenbelastung in Deutschland hat einen Punkt erreicht, an dem deutliche Einschränkungen staatlicher Leistungen unvermeidlich sind. Richtig ist: Die deutsche Abgabenquote liegt unter dem Durchschnitt der alten EU-Länder. Die deutsche Steuerquote ist im internationalen Vergleich sogar als extrem niedrig anzusehen.

■ **Fehldiagnose 4:** Der Standort Deutschland leidet unter einer schlechten internationalen Wettbewerbsfähigkeit. Richtig ist: Die internationale Wettbewerbsfähigkeit der deutschen Unternehmen ist derzeit als gut bis sehr gut einzuschätzen. Es trifft deshalb auch nicht zu, dass Deutschland als Produktionsstandort international gemieden wird.

■ **Fehldiagnose 5:** Die hohe Arbeitslosigkeit ist auf eine mangelnde Flexibilität am deutschen Arbeitsmarkt zurückzuführen. Richtig ist: Der deutsche Arbeitsmarkt lässt im internationalen Vergleich kein besonderes Flexibilitätsproblem erkennen. Die OECD verweist zudem darauf, dass der Einfluss von Arbeitsmarktregulierungen auf die Beschäftigung sehr gering ist.[1]

Mit diesen Fehldiagnosen entfällt die Basis für die meisten Therapien, die bisher weithin als „Rettung" für Deutschland vorgeschlagen werden:

■ **Sparen als wichtigste Therapie für fast alle unsere Probleme,**

■ **weniger Staat, am besten ein Staatsquote von unter 40%,**

■ **Steuersenkungen bis wir das Niveau von Lettland erreicht haben,**

■ **Lohnkürzungen direkt oder durch eine längere Arbeitszeit, wobei für die Geringqualifizierten sogar eine Verminderung um ein Drittel gefordert wird,**

■ **Abschaffen aller Regulierungen am Arbeitsmarkt, insbesondere des Kündigungsschutzes.**

Das heißt nun beileibe nicht, dass in Deutschland alles so bleiben soll, wie es ist. In diesem Buch sind viele gravierende Probleme identifiziert worden, die dringend einer Lösung bedürfen. Bevor die Vorschläge im Einzelnen präsentiert werden, sollen die in Kapitel 19 formulierten fundamentalen Prinzipien für eine bessere Wirtschaftspolitik noch einmal in Kurzform präsentiert werden:

■ **Prinzip 1:** Deutschland braucht eine bessere Selbsteinschätzung, um sich aus seiner kollektiven Depression zu befreien. Wirtschaft besteht nun einmal zu 50% aus Psychologie. Unternehmensführer, Verbandsfunktionäre und Journalisten sollten sich deshalb mehr als bisher fragen, ob es nicht

---

1. OECD (2004), S. 80

besser ist, die Stärken Deutschlands herauszustellen, als weiterhin zu jammern. Heinrich von Pierer hat dies sehr gut auf den Punkt gebracht:

„Stärken Deutschlands hervorzukehren, heißt nicht, Verbesserungsbedarf zu leugnen. Aber wir haben auch keinen Anlass, das eigene Licht unter den Scheffel zu stellen und sollten uns nicht unter Wert präsentieren." [2]

Anstelle eines Reformaktionismus, der die Menschen jeden Tag mit neuen Streich- und Kürzungsvorschlägen verunsichert, benötigt die deutsche Wirtschaftspolitik jetzt eine mittelfristige – und für die Rentenpolitik sogar eine langfristige – Ausrichtung. Die Bürger müssen wissen, wohin die Reise geht und sie müssen sich darauf verlassen können, dass das Reiseziel auch eingehalten wird. Das Leitmotiv hierfür stammt von Walter Eucken, einem der Gründerväter unserer Sozialen Marktwirtschaft. Es lautet: *„Konstanz der Wirtschaftspolitik"*. Deutschland braucht Reformen, aber es gibt keinen Grund zur Hektik und schon gar keine Notwendigkeit für eine „Kulturrevolution", bei der man Gefahr liefe, das Kind mit dem Badewasser auszuschütten. Dies zeigt auch eine neue Harvard-Studie von Hausmann, Pritchett und Rodrik (2004), die sich mit den Ursachen von Phasen mit starkem Wachstum auseinandersetzt. Sie kommt zu dem überraschenden Ergebnis, dass Wirtschaftsreformen in der Regel nicht zu mehr wirtschaftlicher Dynamik führen.[3] Geduld wird vor allem für die Neuen Länder benötigt.

■ **Prinzip 2:** Eng verbunden mit dem Postulat nach einer größeren Konstanz in der Wirtschaftspolitik ist das Prinzip der *„Ordnungspolitik"*, das vor allem von Ludwig Erhard propagiert wurde. Obwohl *„Ordnungspolitik"* in jeder wirtschaftspolitischen Sonntagsrede beschworen wird, ist davon in den Programmen unserer Parteien kaum etwas zu erkennen. Das Prinzip, um das es dabei geht, besagt, dass sich die Wirtschaftspolitiker stets der enormen Interdependenzen der Teilordnungen einer Sozialen Marktwirtschaft bewusst sein müssen. Konkret: Es macht wenig Sinn, einzelne Bereiche der Sozialen Sicherungssysteme isoliert zu renovieren, wenn der Bauplan für die Generalüberholung noch fehlt. Diese Aufgabe ist nicht leicht, da sie ein Denken in volkswirtschaftlichen Zusammenhängen erfordert, das heute ein sehr knappes Gut ist. Deshalb braucht man hierfür nicht nur Lehrer und Juristen, sondern vor allem Volkswirte.

■ **Prinzip 3:** Auch für das dritte Prinzip kann man Ludwig Erhard in Anspruch nehmen. Es lautet: Die Angebotsbedingungen sind zwar wichtig, aber die Wirtschaftspolitik darf die Nachfragedynamik nicht aus den Augen verlieren. Ludwig Erhard hat das so formuliert:

---

2. Heinrich von Pierer (2004)
3. Ricardo Hausmann, Lant Pritchett und Dani Rodrik (2004)

> *„Der Zustand einer in Permanenz optimal ausgelasteten Wirtschaft, die zugleich auch die Wachstumskräfte lebendig halten und im Fortschritt bleiben will, setzt allerdings eine dynamische und im Grunde konsumfreudige Bevölkerung voraus. Erst dieser von mir oft angeschnittene Wille zum Verbrauch gestattet es, dass sich die Produktion ohne Störungen fortentwickeln kann und dass das Streben nach Rationalisierung und Leistungsverbesserung lebendig bleibt."* [4]

Natürlich geht diese Grundeinsicht auf die Arbeiten von John Maynard Keynes zurück. Sie besagt, dass es für neue Investitionen und damit für zusätzliche Arbeitsplätze vor allem darauf ankommt, dass die Unternehmen über ausreichend große Auftragsbestände verfügen. Sie besagt, dass Sparen der privaten Haushalte schlecht für die Unternehmensgewinne ist. Sie besagt auch, dass man sich nicht darauf verlassen sollte, dass sich das Angebot – nach Münchhausen-Manier – seine Nachfrage einfach von selbst schafft.

■ **Prinzip 4:** Das vierte Grundprinzip ist allgemeiner Natur. Es resultiert aus der Einsicht, dass in der Regel alle Volkswirtschaften von der Globalisierung profitieren können. Dabei darf man jedoch nicht übersehen, dass eine zunehmende weltweite Arbeitsteilung zu sehr ungleichen Entwicklungen innerhalb eines Landes führen kann. Wenn die Globalisierung für alle Schichten einer Gesellschaft von Vorteil sein soll, darf man in Zukunft nicht ständig nach neuen Steuersenkungen rufen. Vielmehr muss man sich darauf einstellen, dass tendenziell eine stärkere staatliche Umverteilung erforderlich sein wird: Es kann den Leistungseliten, die von der Globalisierung besonders profitieren, zugemutet werden, höhere Abgaben zu zahlen, damit die wirtschaftliche Lage der Geringqualifizierten verbessert werden kann. Sozialabbau kann also nicht die Antwort unserer Gesellschaft auf die Herausforderung der Globalisierung sein.

23.2 Zehn konkrete Lösungsvorschläge

Aus diesen allgemeinen Prinzipien lassen sich konkrete Lösungsvorschläge ableiten, die in diesem Buch an unterschiedlichen Stellen bereits diskutiert wurden. Sie betreffen die makroökonomische Politik, die Finanzierung des Staates, die Förderung von Geringqualifizieren, die Reform der Sozialen Sicherungssysteme und dabei insbesondere der Alterssicherung. Im Schnelldurchgang lauten die wichtigsten Punkte wie folgt:

1. Die Europäische Währungsunion benötigt eine Finanzpolitik aus einem Guss. Die Fixierung auf die – völlig willkürliche gesetzte – 3%-Marke ist kein Ersatz für eine wirksame Koordinierung der 15 unabhängigen nationalen Haushaltspolitiken.

---

4. Ludwig Erhard (1964), S. 222

2. Die deutsche Finanzpolitik sollte sich nicht länger an *Defizitzielen* orientieren, die sie ohnehin nicht einhalten kann. Stattdessen empfiehlt sich ein *stetiger Expansionspfad* für jene Ausgaben, die durch den Staat direkt kontrolliert werden können.

3. Die Finanzierung der Staatstätigkeit ist durch ein gravierendes *Missverhältnis von Steuern und Sozialabgaben* gekennzeichnet. Die allgemein für notwendig gehaltene Senkung der Lohnnebenkosten erfordert deshalb keine Einschränkung sozialer Leistungen. Sie sollte primär durch höhere Steuern ausgeglichen werden.

4. Dies erlaubt es, die Sozialen Versicherungssysteme weitgehend nach dem *Prinzip von Leistung und Gegenleistung* zu organisieren. Die gesetzliche Krankenversicherung könnte durch *Gesundheitsprämien* finanziert werden, wodurch es zu einer Abkopplung der Krankenversicherung von den Lohnkosten käme.

5. Die Sozialen Sicherungssysteme müssen eine allgemeine Versicherungspflicht vorsehen, da die *Trennungslinie zwischen selbstständiger und unselbstständiger Tätigkeit* immer schwerer zu ziehen ist. Das Beispiel der Krankenversicherung zeigt, dass es dabei nicht notwendig ist, die Versicherungsleistungen vom Staat zu erstellen.

6. Die gesetzliche Altersicherung muss soweit wie möglich vor tagespolischen Einflüssen geschützt werden. Erforderlich ist eine *Rentenverfassung*, die nur mit einer 2/3-Mehrheit von Bundestag und Bundesrat geändert werden kann.

7. Es ist falsch, der demografischen Herausforderung vor allem durch eine staatliche Sparförderung zu begegnen. Die beste Lösung lautet: Wachstum, Wachstum, Wachstum. Das wird nicht durch hohe Geldersparnisse der privaten Haushalte, sondern durch private und öffentliche Investitionen in Humankapital, in Produktionsstätten und die Infrastruktur erreicht werden.

8. Die Förderung von Geringqualifizierten durch die 400/800-Euro-Jobs vernichtet die Vollzeitarbeitsplätze, die von den über 4 Millionen Arbeitslosen dringend gesucht werden. Benötigt wird eine umfassendere Förderung von Geringqualifizierten, die auch Vollzeit-Arbeitsverhältnisse umfasst.

9. Anstelle von direkten oder verdeckten Formen der Lohnsenkung wird jetzt eine stetige Lohnpolitik benötigt, die ein angemessenes Wachstum der Binnennachfrage ermöglicht. Die Lohnerhöhungen in Deutschland und den anderen Mitgliedsländern der Währungsunion sollten sich an der Produktivitätsentwicklung und dem Inflationsziel der Europäischen Notenbank von knapp 2% orientieren.

10. Der letzte Punkt ist ein Plädoyer für Geduld mit der Situation in Ostdeutschland.

Im Einzelnen lassen sich diese zehn Punkte wie folgt beschreiben.

23.3 Koordinierung der europäischen Finanzpolitik anstelle der starren Regeln des Stabilitäts- und Wachstumspaktes

Deutschland hat in den drei letzten Jahren wesentlich unter der schleppenden Wirtschaftsentwicklung des gesamten Euroraums gelitten. Diese ist auf eine zu zögerliche Geldpolitik der Europäischen Zentralbank und insbesondere auf eine viel zu passive Finanzpolitik der zwölf Teilnehmerländer der Europäischen Währungsunion zurückzuführen. Versagt hat das Regelwerk des *Stabilitäts- und Wachstumspaktes*, das zu einer eindimensionalen Sichtweise in der europäischen Budgetpolitik geführt hat. Die gesamte Diskussion drehte und dreht sich bisher allein um die Frage, ob einzelne Länder die – völlig willkürlich gesetzte – 3%-Grenze einhalten können, und wie diese möglicherweise flexibler gestaltet werden kann. Die sehr viel wichtigere Frage lautet jedoch, ob aus den zwölf unabhängig voneinander gebildeten nationalen Haushalten in der Summe eine Finanzpolitik resultiert, die zur gesamtwirtschaftlichen Situation in Euroland passt. Obwohl dieser aggregierte fiskalpolitische Impuls des Euroraums genauso wichtig ist wie die Leitzinsen der EZB, wird er in der wirtschaftspolitischen Debatte bisher kaum beachtet. Die Europäische Währungsunion wird nur dann zu einem wirklichen wirtschaftlichen und politischen Erfolg werden, wenn in Zukunft dafür gesorgt wird, dass das Zusammenspiel der nationalen Fiskalpolitiken funktioniert und im Dienst einer Politik steht, die gleichermaßen für Stabilität *und* Wachstum sorgt. Anstelle starrer Regeln braucht Euroland deshalb dringend eine wirkungsvolle Koordinierung der nationalen Fiskalpolitiken. Dies ist zugleich eine wichtige Voraussetzung dafür, dass Euroland in den nächsten Jahren wieder zu den dynamischen Regionen der Weltwirtschaft aufschließen kann.

23.4 Ausgabenorientierung und stärkere Koordinierung der Finanzpolitik von Bund und Ländern

Die Erfahrung der letzten Jahre hat gezeigt, wie kontraproduktiv es ist, wenn sich die Finanzpolitik einseitig am Ziel der Konsolidierung orientiert, ohne dabei die gesamtwirtschaftliche Entwicklung zu berücksichtigen. Die Finanzminister von Bund und Ländern sollten daher ihre Politik nicht länger an – ohnehin unrealistischen – Defizitzielen ausrichten. Stattdessen sollte ein mittelfristiger Expansionspfad für jene Ausgabenfelder festgelegt werden, die von der Politik unmittelbar kontrolliert werden. Konkret sollten die Personal- und Investitionsausgaben für einen Zeitraum von fünf Jahren mit einer Rate von 1,5 bis 2% erhöht werden Dies wäre deutlich mehr als der Durchschnitt der Jahre 2003-2005, der durch einen jährlichen Rückgang der öffentlichen Investitionen um 5,9% und der Personalausgaben um 0,3% gekennzeichnet ist. Da jedoch das nominelle Bruttoinlandsprodukt im Trend stärker als 2,5% wachsen wird, wäre so auf mittlere Sicht gleichwohl eine Konsolidierung der öffentlichen Haushalte gesichert. Ein solches mittelfristiges Finanzprogramm sollte von Bund und Ländern gemeinsam getragen werden. Wie auf der europäischen Ebene bedarf es auch innerhalb Deutschlands einer sehr viel besseren Koordinierung der Finanzpolitiken. Die bisherige Familienvater-Politik der Länderfinanzminister, die keinerlei gesamtwirtschaftliche Verantwortung mehr erkennen lässt, steht in einem eklatanten Widerspruch zum Grundgesetz, dass in Artikel 109 (2) Bund und Länder verpflichtet, „bei ihrer Haushaltswirtschaft den Erfordernissen des gesamtwirtschaftlichen Gleichgewichts Rechnung zu tragen."

23.5 Geringere Lohnnebenkosten durch höhere Steuern bei einer insgesamt unveränderten Staatsquote

Der Vergleich mit anderen europäischen Ländern zeigt, dass der Anteil der deutschen Staatsausgaben am Bruttoinlandsprodukt nicht als eine Ursache der Wachstumsschwäche anzusehen ist. Es gibt also überhaupt keinen Grund, die Staatsquote von derzeit knapp 49% auf Werte von unter 40% zu reduzieren. Ein großes Problem sind jedoch die Lohnnebenkosten, die sich in der sehr hohen deutschen Sozialabgabenquote widerspiegeln. In einer Situation mit hoher Arbeitslosigkeit ist es nicht zu vertreten, dass sich der deutsche Staat wie kein anderes Land durch Abgaben auf den Faktor Arbeit finanziert. Die dringend gebotene Reduktion der Lohnnebenkosten erfordert jedoch keinesfalls einen weiteren Sozialabbau. Bei der im internationalen Vergleich sehr niedrigen deutschen Steuerquote ist vielmehr an eine Umfinanzierung zu denken. Es wäre nicht nur gerechter, sondern auch ökonomisch effizienter, wenn allgemeine Staatsaufgaben in Zukunft verstärkt über Steuern finanziert würden. Eine solche Umfinanzierung des Sozialstaates würde es ermöglichen, die Sozialen Versicherungssysteme weitgehend nach dem Prinzip von Leistung und Gegenleistung auszugestalten. Dies würde die Transparenz und damit auch die Glaubwürdigkeit und gesellschaftliche Akzeptanz dieser Systeme erheblich erhöhen. Zugleich könnte damit die politische Einflussnahme erheblich reduziert werden.

Die durch Sozialversicherungssysteme bisher geleistete verdeckte Besteuerung wäre in erster Linie über eine höhere Einkommensteuer zu finanzieren. In den meisten hoch entwickelten EU-Ländern liegt der Spitzensteuersatz der Einkommensteuer bei 50% und darüber. Ergänzend ist an die Wiedereinführung der Vermögensteuer zu denken. Hierbei sind die Vorschläge von Jarass und Obermair (2002) zu erwähnen, die eine auf die Einkommensteuerschuld anrechenbare Vermögensteuer vorsehen. Zu prüfen ist auch eine höhere Erbschaftssteuer für Vermögensübertragungen an Kinder, bei der Deutschland im internationalen Vergleich zu den Niedrigsteuerländern zählt.[5] Schließlich deutet das – trotz relativ hoher Steuersätze – im internationalen Vergleich geringe Aufkommen an Körperschaftsteuern darauf hin, dass es für deutsche Unternehmen relativ einfach ist, ihre Bemessungsgrundlage zu verkürzen. Besonders attraktiv ist hierbei die Umwandlung von Eigenkapital in Fremdkapital: Während Erträge steuerpflichtig sind, können Zinsen als Aufwand geltend gemacht werden. Diese Variante wird vor allem dann genutzt, wenn die Holding eines Konzerns in einem Land firmiert, in dem für Zinsen nur geringe Steuern bezahlt werden müssen. Nicht vertretbar ist es auch, wenn Unternehmen die Finanzierungskosten für Erwerb von Auslandstöchtern steuerlich geltend machen können, obwohl deren Erträge nur zu einem sehr geringen Teil der deutschen Besteuerung unterliegen werden. Jarass und Obermair (2002, S. 109) stellen zu Recht fest, dass auf diese Weise der deutsche Lohnsteuerzahler den Export von Arbeitsplätzen in Niedrigsteuerländer finanziert. Eine interessante Lösung, um in Zukunft eine Mindestbesteuerung von Unternehmen wie von gut verdienenden Privaten zu gewährleisten, bietet die *„Alternative Minimum Tax"*, die in den Vereinigten Staaten seit den achtziger Jahren erfolgreich praktiziert wird.

23.6 Solidarität mit den sozial Schwachen durch ein System der Gesundheitsprämien finanziert über einem höheren Solidaritätszuschlag

Das wichtigste Anwendungsbeispiel für eine gerechtere und effizientere Finanzierung allgemeiner Staatsaufgaben ist die Reform der *Gesetzlichen Krankenversicherung*. Das derzeitige System leidet darunter, dass seine Finanzierung extrem ungerecht ist, da es Bezieher höherer Einkommen aus der Verpflichtung zur Solidarität mit weniger leistungsfähigen Versicherten entlässt. Das Modell der *Gesundheitsprämie* bietet hierfür die aus ökonomischer Sicht optimale Lösung. Es ermöglicht eine Abkopplung der Krankenversicherungsbeiträge von den Lohnkosten und damit eine unmittelbare Reduktion der

---

5. Siehe dazu den Monatsbericht des BMF von Juni 2004, S. 47

Lohnnebenkosten um gut 14 Prozentpunkte. Die für eine solidarische Finanzierung der Gesundheitsfürsorge erforderlichen Mittel müssen dann aus allgemeinen Steuermitteln aufgebracht werden. Das bisher auf Arbeitnehmer mit Einkommen unterhalb der Versicherungspflichtgrenze beschränkte „Solidarprinzip" wird so erstmals seinem Anspruch in vollem Umfang gerecht. Die Alternative der *Bürgerversicherung*, bei der alle Bürger in ein gesetzliches Krankenversicherungssystem mit einkommensabhängigen Beiträgen gezwungen werden, könnte ebenfalls für ein umfassendes Solidarprinzip sorgen. Doch wenn es vor allem darum geht, auch die Bezieher höherer Einkommen zu einem Finanzierungsbeitrag für die Gesundheitsfürsorge heranzuziehen, ist dies über eine etwas höhere Einkommensteuer schon rein technisch sehr viel leichter zu erreichen als durch die komplette Abschaffung der privaten Krankenversicherungen. Wenig konsequent erscheint zudem, dass im Modell der Bürgerversicherung die Versicherungsbeiträge nach Maßgabe ausgewählter Einkunftsarten ermittelt werden sollen. Warum sind Einkünfte aus Zinsen versicherungspflichtig, Einkünfte aus der Land- und Forstwirtschaft jedoch nicht? Aus ordnungspolitischer Sicht gibt es ohnehin keinen Grund für eine rein staatlich organisierte Krankenversicherung, die auch rein rechtlich sehr schwer zu verwirklichen sein dürfte.

23.7 Soziale Versicherungssysteme müssen in Zukunft für alle Bürger gelten

Ein gravierender Konstruktionsfehler unserer Sozialen Versicherungssysteme besteht in ihrer Beschränkung auf abhängig Beschäftigte. Die hierfür entscheidende Trennungslinie zwischen abhängiger Beschäftigung und anderen Erwerbsformen ist schon jetzt fragwürdig und sie wird in Zukunft immer schwerer zu ziehen sein. Zusammen mit der heute bestehenden verdeckten Besteuerung der besser verdienenden Versicherten wird so ein starker Anreiz zur Flucht aus den Versicherungssystemen ausgelöst, der letztlich ihre Finanzierungsbasis gefährdet. Für die dauerhafte Stabilität dieser Systeme wird es also – neben einer stärkeren Äquivalenz von Leistung und Gegenleistung – darauf ankommen, dass sie für alle Bürger verpflichtend sind. Damit bestünde auch für einen Selbstständigen oder einen Privatier die Pflicht zur Mitgliedschaft in allen staatlich vorgeschriebenen Versicherungssystemen. Die Arbeitslosenversicherung müsste dazu in eine allgemeine Existenzversicherung umgewandelt werden. Eine Befreiung von der Existenzversicherung könnte dann ins Auge gefasst werden, wenn im Rahmen einer wieder eingeführten Vermögensteuer ein angemessen hohes Vermögen nachgewiesen wird. Entfallen müssten auch die gesonderten Versicherungssysteme für Beamte in Form der Beihilfe und Beamtenpensionen.

23.8 Ein von der Politik unabhängiges Rentensystem durch das Modell einer „Rentenverfassung"

Für die meisten Menschen stellt die gesetzliche Rente den wichtigsten Bestandteil ihrer Alterssicherung dar. Wie bei keinem anderen Bereich der Sozialen Sicherung kommt es bei der Gesetzlichen Rentenversicherung auf Kontinuität und Vorhersehbarkeit an. Ein Arbeitnehmer, der in zehn Jahren „in Rente geht", hat kaum noch die Möglichkeiten, durch sein Sparverhalten auf Einschränkungen bei den Rentenleistungen zu reagieren. Die Erfahrung der letzten Jahre zeigt, dass Rentengesetze eine extrem kurze Halbwertzeit besitzen. Und so ist es schon unwahrscheinlich, dass die in dieser Legislaturperiode beschlossenen Gesetze auch nur die nächste überleben werden. Und es ist so gut wie ausgeschlossen, dass ein heute Aktiver in zwanzig oder dreißig Jahren einmal Leistungen beziehen wird, die auf der Grundlage der aktuellen Regelungen bestimmt werden. Niemand wird sich dann noch an eine Ministerin Ulla Schmidt erinnern, auf deren Zusagen sich die heute Aktiven bei ihren Plänen für die Altersvorsorge orientieren. Die Rentenpolitik nach „Guthsherrenart" ist eine wesentliche Ursache für die geringe Glaubwürdigkeit des Rentensystems. Eine weitgehend nach dem Prinzip von Leistung und Gegenleistung bestimmte Rentenversicherung eröffnete die Möglichkeit einer „Rentenverfassung", in der alle wesentlichen Bestimmungen fixiert und nur noch mit einer 2/3-Mehrheit von Bundestag und Bundesrat geändert werden können. Auf diese Weise würde ein hohes Maß an Verlässlichkeit geschaffen, das die Glaubwürdigkeit der Rentenversicherung erhöht und somit der Gefahr eines „Angstsparens" entgegenwirkt.

23.9 Für eine alternde Gesellschaft ist Humankapital sehr viel wichtiger als Sparkapital

Deutschland sieht sich in den nächsten Jahrzehnten einer erheblichen Überalterung gegenüber. Die Wirtschaftspolitik versucht, diesem Problem durch eine Doppelstrategie zu begegnen. Zum einen wurde das System, das in der Vergangenheit durch ein vorgegebenes Rentenniveau und daran angepasste Beitragssätze bestimmt war, gleichsam auf den Kopf gestellt: Für die Zukunft werden die Beitragssätze festgeschrieben, so dass sich die Leistungen daran anpassen müssen. Zugleich wurde durch die Riester-Rente, die betriebliche Altersvorsorge und die nachgelagerte Besteuerung eine enorme staatliche Förderung des Geldsparens ins Leben gerufen. Solche Subventionen sind nicht nur sehr teuer und mit der Gefahr starker Mitnahmeeffekte behaftet, sie wirken sich auch aus konjunktureller Sicht nachteilig auf den privaten Verbrauch, die Unternehmensgewinne und damit auch Investitionen und Wachstum aus. Es wäre deshalb sinnvoll, alle Formen des staatlichen geförderten Alterssparens in der Summe auf einen Betrag von 4% des jährlichen Durchschnittseinkommens zu begrenzen oder sie auf die Bezieher von niedrigeren Einkommen zu beschränken. Die auf diese Weise frei werdenden Mittel sollten in die Förderung der Bildung eingesetzt werden und dabei vorrangig in den Sektoren, in denen Deutschland derzeit besonders wenig investiert, d.h. dem Vorschul- und dem Hochschulbereich.

23.10 Vollzeitarbeitsplätze für Geringqualifizierte fördern

Es ist offensichtlich, dass sich der Globalisierungsprozess zu Lasten der Geringqualifizierten in den hoch entwickelten Ländern auswirkt. In den Gütern, die wir aus China importieren, steckt die billige Arbeit der dort tätigen Menschen und drückt bei uns auf das Lohnniveau der Arbeitnehmer mit geringer Qualifikation. Wenn sich Deutschland nicht noch mehr in eine Zweiklassen-Gesellschaft entwickeln soll, muss die Umverteilung zu Gunsten der Geringqualifizierten zunehmen. Sozialabbau ist also die falsche Reaktion auf die Herausforderung der Globalisierung.

Bisher beschränkt sich die Förderung von *Geringqualifizierten* auf Teilzeitarbeitsverhältnisse im Rahmen der 400/800-Euro-Jobs. Bei gleichem Netto-Lohn ist dadurch ein Vollzeitarbeitsplatz um über 50% teurer als die gleiche Arbeitsleistung im Rahmen von Teilzeitarbeit. Dadurch wird für die Arbeitgeber ein großer Anreiz geschaffen, einen Vollzeit-Arbeitsplatz in drei oder vier Teilzeitarbeitsplätze aufzuteilen. Die Erfolgsmeldungen der Mini-Job-Zentrale und der gleichzeitige drastische Rückgang von sozialversicherungspflichtigen Arbeitsplätzen sind ein deutliches Alarmzeichen, dass hier ein gefährlicher Verdrängungsprozess stattfindet. Die Opfer sind all jene Arbeitslosen, die eine Vollzeitarbeit suchen, aber wenig qualifiziert sind. Die bisherige unsystematische Förderung sollte entweder vollständig beseitigt werden oder aber auf Vollzeitjobs mit geringen Einkommen ausgeweitet werden. Denkbar wäre eine Verschiebung der bisherigen 400-Euro-Grenze auf 1.200 Euro. Die Schwelle, von der ab die volle Sozialabgabenbelastung zu leisten ist, könnte von 800 Euro auf 1.600 Euro erhöht werden. Für die weitgehende Freistellung der so geförderten Jobs von der Einkommensteuer gibt es keine Rechtfertigung. Sie wäre auch für die bisherigen 400/800-Euro-Jobs ersatzlos abzuschaffen. Bei der Ausweitung dieser Regelung auf Vollzeitarbeit-Arbeitsplätze wäre eine uneingeschränkte soziale Absicherung für die Arbeitnehmer erforderlich. Diese ist für den Staat jedoch kaum mit Mehrkosten verbunden, da aus einem Arbeitsverhältnis mit 1.200 Euro kaum ein Rentenanspruch entstehen wird, der über dem Sozialhilfeniveau liegt.

Eine Ausweitung der Förderung von Geringqualifizierten auf Vollzeit-Jobs würde somit zwei Fliegen mit einer Klappe schlagen: Der Wettbewerbsnachteil für Arbeitslose, die einen regulären Arbeitsplatz suchen, würde entfallen. Zugleich könnten die Netto-Löhne im Niedriglohn-Bereich steigen, ohne die Lohnkosten der Unternehmen zu erhöhen.

23.11 Produktivitätsorientierte Lohnpolitik statt Lohnzurückhaltung

Die deutschen Unternehmen setzen den mit Abstand größten Teil ihrer Produktion als Konsumgüter bei den inländischen privaten Haushalten ab. Sie müssen deshalb ein starkes Interesse daran haben, dass sich die Kaufkraft ihrer Abnehmer dynamisch entwickelt. Als Richtschnur für die Lohnpolitik gilt traditionell die Produktivitätsentwicklung zuzüglich eines Ausgleichs für die Inflationsrate. In den vergangenen Jahren haben sich die Tarifpartner an der relativ niedrigen deutschen Inflationsrate orientiert. Dies führte dazu, dass die um die Inflationsrate bereinigten Zinsen in Deutschland systematisch höher liegen als in den anderen Mitgliedsländern der Währungsunion. Bei dem starken Einfluss der Lohnabschlüsse auf die Inflationsrate erscheint es deshalb sinnvoll, dass sich die deutschen Tarifabschlüsse nicht mehr an der inländischen deutschen Preisentwicklung, sondern an der Zielinflationsrate der Europäischen Zentralbank ausrichten.

Es wäre gefährlich, die aktuelle Arbeitsmarktlage zum Anlass für Lohnkürzungen, in welcher Art auch immer, zu nehmen. Deutschland leidet seit fünf Jahren an einer gravierenden Schwäche der Binnennachfrage, wobei sich am Immobilienmarkt durchaus schon Anzeichen für eine Deflation erkennen lassen. Das Beispiel Japan wie auch die Politik Brünings sind ein deutliches Mahnzeichen: Große Volkswirtschaften geraten durch massive Lohnsenkungen nur noch tiefer in die Krise. Oder plakativer formuliert: Wenn der Bauer will, dass ihm seine Kuh anständig Milch gibt, muss er dafür sorgen, dass sie auch genug zu fressen bekommt.

23.12 Geduld mit Ostdeutschland

Der Westen sollte sich darauf einstellen, dass für lange Zeit größere Transfers in die Neuen Länder erforderlich sind, und die Politik sollte davon Abstand nehmen, die Arbeitslosigkeit im Osten durch ständige Reformen für ganz Deutschland vermindern zu wollen. Die Beschäftigungsprobleme in den Neuen Bundesländern resultieren einerseits aus gravierenden Fehlern bei der Vereinigung und sie sind – wie das Beispiel von Polen und der Slowakei verdeutlicht – andererseits auch das unvermeidliche Resultat eines extrem schwierigen Transformationsprozesses. Niemand hat heute ein Patentrezept für die Neuen Bundesländer zu bieten. Die Subventionen für Investoren sind nach wie vor sehr hoch, die Lohnkosten liegen deutlich niedriger als im Westen und der Einfluss der Gewerkschaften ist gering. Bei einer solchen sehr spezifischen Erkrankung einer Region ist es wenig sinnvoll, als Therapie die *gesamte* deutsche Wirtschafts- und Sozialordnung auf den Kopf zu stellen.

23.13 Es gibt keinen „Stein der Weisen", aber eine realistische Chance, dass in Deutschland wieder mehr „Wohlstand für alle" möglich sein wird

Bei alledem sollte man keine überzogenen Erwartungen hegen. Wie schon erwähnt, gibt es in der Ökonomie keinen „Stein der Weisen", mit dem man ein zweites deutsches Wirtschaftswunder hervorzaubern könnte. Insgesamt gesehen würde Deutschland allein schon davon profitieren, wenn uns in den nächsten Jahren weitere Steuersenkungen, Einschränkungen bei den sozialen Sicherungssystemen, Kürzungen von staatlichen Investitionen und Lohnsenkungen erspart blieben. Verbunden mit dem hier beschriebenen 10-Punkte-Programm hat unser Land eine realistische Chance, wieder – wie in den neunziger Jahren – einen Wachstumspfad des Bruttoinlandsprodukts von rund 2% zu erreichen. Gemessen an der Dynamik des Wirtschaftswunders der fünfziger Jahre oder den Wachstumsraten mancher asiatischer Staaten klingt das bescheiden. Doch man sollte die Effekte des exponentiellen Wachstums nicht unterschätzen. Wenn ein Land über 35 Jahre mit 2% jährlich wächst, hat sich der Wohlstand seiner Bevölkerung verdoppelt. Bei einem Wachstum von 1,5% erreichen wir die Verdopplung immerhin in rund einem halben Jahrhundert.

Vielen Menschen fällt es schwer, sich eine solche Entwicklung vorzustellen:

■ **Haben wir nicht schon jetzt einen sehr hohen Lebensstandard?**

■ **Woher sollen denn die zusätzlichen Güter kommen, die zu einer solchen Verdopplung des Lebensstandards führen würden?**

■ **Wie wirkt sich ein anhaltendes Wirtschaftswachstum auf die Umwelt aus?**

Wachstumsskeptiker sind häufig Menschen mit einem relativ guten Einkommen. Sie können sich ein angenehmes Leben leisten und fragen sich dabei zu Recht, ob eine Verdopplung ihres Wohlstands tatsächlich anzustreben ist. Dabei übersehen sie jedoch leicht, dass heute eine sehr ungleiche Einkommens- und Vermögensverteilung in Deutschland besteht. Wenn man die Haushalte nach ihrem Einkommen in fünf Gruppen unterteilt, entfallen auf die drei untersten Gruppen, d.h. also 60% der Haushalte, nur 38% der Einkommen. Will man in den nächsten Jahrzehnten die Lage der Menschen mit geringen Einkommen verbessern, ohne dabei das Geld von den „Wohlhabenden" zu nehmen, bleibt nur die Lösung des Wirtschaftswachstums. Auch hier ist Ludwig Erhard im Original lesenswert:

> *„Es ist sehr viel leichter, jedem Einzelnen aus einem größer werdenden Kuchen ein größeres Stück zu gewähren als einen Gewinn aus der Auseinandersetzung um die Verteilung eines kleinen Kuchens ziehen zu wollen, weil auf solche Weise jeder Vorteil mit einem Nachteil bezahlt werden muss."* [6]

Wachstumsskeptiker sind manchmal auch Menschen mit geringer Phantasie. Wie soll denn eine solche Verdopplung des Lebensstandards technisch verwirklicht werden? Versetzen wir uns dazu einmal ins Jahr 1970. Hätte man damals die Menschen gefragt, welche Wachstumspotenziale sie erwarten, wer hätte da an die enormen Fortschritte in der Kommunikations- und Informationstechnologie gedacht, die sich in den letzten 35 Jahren vollzogen haben. Der Durchschnittsbürger und auch die meisten Intellektuellen sind überfordert, wenn es darum geht, sich die Welt von morgen vorzustellen. Vorausgedacht und damit auch gestaltet wird die Zukunft von der sehr kleinen Zahl der wirklich innovativen und kreativen Menschen. Ihnen die notwendigen Freiräume zu geben, muss ein wichtiges Ziel der Forschungspolitik sein.

Viele Wachstumsskeptiker sorgen sich zu Recht um die Auswirkungen des Wachstums auf die Umwelt. Die Entwicklung der letzten Jahrzehnte hat gezeigt, dass die meisten Gesellschaften in dem Maße umweltbewusster geworden sind, in dem sich auch ihr materieller Wohlstand erhöht hat. Oder umgekehrt: Wenn es in Deutschland zu einem großen Heer schlecht bezahlter und sozial wenig abgesicherter Arbeiter käme, wäre dies für das Ziel einer

---

6. Ludwig Erhard (1964), S. 10

nachhaltigen Umweltentwicklung sicherlich nicht förderlich. In den Worten von Ludwig Erhard:

> *„Kein Einwand kann mich davon abbringen, daran zu glauben, dass Armut das sicherste Mittel ist, um den Menschen in den kleinen materiellen Sorgen des Alltags verkümmern zu lassen. Vielleicht mögen Genies sich über solche Drangsale erheben; im Allgemeinen aber werden die Menschen durch materielle Kümmernisse immer unfreier und bleiben gerade dadurch materiellem Sinnen und Trachten verhaftet."* [7]

Natürlich ist die Volkswirtschaft keine exakte Wissenschaft wie die Physik oder die Chemie. Niemand kann deshalb mit Gewissheit sagen, dass das hier beschriebene Programm tatsächlich zu dem führt, was Ludwig Erhard als „Wohlstand für alle" bezeichnet hat. Aber immerhin bietet eine solche Strategie eine realistische Chance, dass Deutschland wieder auf einen stabilen Wachstumspfad zurückfindet. Weder die Globalisierung noch die Demografie sind hierfür ein echtes Hindernis. Entscheidend ist, dass wir den Mut finden, auf eine offensive Lösung zu setzen. Die Marktwirtschaft funktioniert wie ein Fahrrad. Sie „dreht" umso stabiler, je kräftiger in die Pedale getreten wird.

Wenn dieser „dynamische Durchbruch nach vorne" scheitern sollte, können wir immer noch die „Wende zum Weniger" beschreiten. Eine „Rettung", die sich durch einen massiven Sozialabbau und einen deutlich niedrigeren Lebensstandard auszeichnet, wäre auch noch in vier oder fünf Jahren möglich. Oder wie es im Märchen von den Bremer Stadtmusikanten heißt:

> *„Komm mit", sagte der Esel zum Hahn (der am nächsten Tag im Suppentopf landen sollte), „etwas Besseres als den Tod findest du überall."*

---

7. Ludwig Erhard (1964), S. 227

A
Literaturverzeichnis

Akerlof, George, Andrew Rose, Janet Yellen, and Helga Hessenius (1991): East Germany in from the Cold: The Economic Aftermath of Currency Union, Brookings Paper on Economic Activity 1991:1, pp. 1-105.

Bericht der Abteilungsleiter (Steuer) der obersten Finanzbehörden des Bundes und der Länder (2004): Grundlegende Reform des Steuerrechts, Bewertung der verschiedenen Steuerreformkonzeptionen, vom 16. Februar 2004.

Die deutschen Bischöfe (2003). Kommission für gesellschaftliche und soziale Fragen Nr. 28: Das Soziale neu denken. Für eine langfristig angelegte Reformpolitik, 12. Dezember 2003, Internet: *www.eo-bamberg/eob/opencms/pdf/dbk/KO_28.pdf.*

Bundesministerium der Finanzen (2004): Monatsbericht, Juni 2004.

Bundesregierung (2004): Bericht der Bundesregierung zur Entwicklung der nicht beitragsgedeckten Leistungen und der Bundesleistungen an die Rentenversicherung (Beschluss des Haushaltsausschusses vom 5. November 2003; A-DRS. 1005).

Bofinger, Peter (2002): Dammbruch bei den Sozialen Sicherungssystemen, in: DIE WELT vom 29. August 2002.

Bofinger, Peter (2002): Die Effekte des Konzepts sind fraglich, in: DIE WELT vom 5. Juli 2002.

Bofinger, Peter, Stephan Collignon und Martin Lipp (1993): Währungsunion oder Währungschaos, Gabler Verlag, Wiesbaden.

Bofinger, Peter, Carsten Hefeker und Kai Pfleger (1998): Stabilitätskultur in Europa, Dt. Sparkassenverlag, Stuttgart.

Bofinger, Peter (2000): A framework for stabilizing the euro/yen/dollar triplet, in: North American Journal ofEconomics and Finance, Heft 11, Jg. 2000, S. 137-151.

Bogaschewsky, Roland und Roland Rollberg (1998): Prozessorientiertes Management", Springer, Berlin.

CDU (2003), Beschluß B 1 des 17. Parteitages der CDU Deutschlands 2003. Ein modernes Einkommensteuerrecht für Deutschland.

Deutsche Bundesbank (2004): Monatsbericht, Juni 2004.

Diez, Georg (2003): Die Ästhetik des Sparens, in Frankfurter Allgemeine Sonntagszeitung vom 6. Juli 2003.

Erhard, Ludwig (1964): Wohlstand für Alle, Econ Verlag GmbH, Düsseldorf und Wien.

Eucken, Walter (1952): Grundsätze der Wirtschaftspolitik, Mohr, Tübingen.

Europäische Kommission (2004): Structures of the taxation systems in the European Union. Data 1995-2002.

EZB (2003): Erklärung des EZB-Rats zu den Schlussfolgerungen des ECOFIN-Rats bezügl. der Korrektur übermäßiger Defizite in Frankreich und Deutschland vom 25. November 2003.

Findlay, Ronald and Kevin H.O.Rourke (2002): Commodity market integration, October 2001. Revised version of a paper presented at the NBER conference on Globalization in Historical Perspective, Santa Barbara, may 2002. Internet: *www.nber.org/books/global/findlay-orourke10-15-01.pdf*.

Hartz-Kommission (2002): Moderne Dienstleistungen am Arbeitsmarkt, Internet: *http://www.bmwa.bund.de/Redaktion/Inhalte/Downloads/br-moderne-dienstleistungen-am-arbeitsmarkt,property=pdf.pdf*.

Hausmann, Ricardo, Lant Pritchett und Dani Rodik (2004): Growth Accelerations, NBER Working Paper Series, Working Paper 10566, 2004, Internet: *www.nber.org/papers/w10566*.

Henkel, Hans-Olaf (2002): Die Ethik des Erfolgs. Spielregeln für die globalisierte Gesellschaft, 4. Aufl., Econ Verlag, München.

Herzog, Roman (1997): Aufbruch ins 21. Jahrhundert. „Berliner Rede" vom 26. April 1997, in: Bissinger, Manfred (Hg.): Stimmen gegen den Stillstand. Hoffmann und Campe, 1997.

Herzog, Roman, Themenheft Nr. 4: Chancen für Alle, Initiative Neue Soziale Marktwirtschaft.

Jarass, Lorenz und Gustav M.Obermair (2004): Geheimnisse der Unternehmenssteuern. Steigende Dividenden, sinkendes Steueraufkommen; eine Analyse der DAX30-Geschäftsberichte 1996 – 2002 unter Berücksichtigung der volkswirtschaftlichen Gesamtrechnung. Metropolis-Verlag, Marburg.

Keynes, John Maynard (1935): The general theory of employment interest and money. Harcourt, Brace, New York.

Lehmann, Kardinal Karl (2002): Notwendiger Wandel der Sozialen Marktwirtschaft? Reflexionen aus der Sicht der katholischen Kirche. Ludwig Erhard Lecture. Herausgegeben von der Initative Neue Soziale Marktwirtschaft.

Luther, Hans (1964): Vor dem Abgrund. 1930 – 1933; Reichsbankpräsident in Krisenzeiten. Propyläen-Verlag, Berlin.

Miegel, Meinhard (2003): Die deformierte Gesellschaft. Wie die Deutschen ihre Wirklichkeit verdrängen. 11. Aufl., Propyläen-Verlag, Berlin und München.

Nell-Breuning, Oswald (1985): Gerechtigkeit und Freiheit, Grundzüge katholische Soziallehre. Internet: *www.leuninger.de/sozial/gesch.htm.*

OECD (2004): Employment Outlook, Paris.

Pierer, Heinrich von (2004): Wir sollten die starken Seiten sehen, in: Welt am Sonntag vom 29. August 2004.

Rau, Johannes (2004): Berliner Rede vom 01.07.2004, Internet: *www.bundespräsidnet.de/top/documente/Rede/ix_41073.htm.*

Rürup, Bert (2003): Arbeitsbienen und Drohnen; Interview mit der Berliner Zeitung vom 9. August 2003.

Rürup-Kommission (2003), Internet: *www.soziale-sicherungssysteme.de.*

Sachverständigenrat zur Begutachtung der gesamtwirtschaftlichen Entwicklung (2000): Chancen auf einen höheren Wachstumspfad. Jahresgutachten 2000/01. Metzler-Poeschel, Stuttgart.

Sachverständigenrat zur Begutachtung der gesamtwirtschaftlichen Entwicklung (2001): Für Stetigkeit – gegen Aktionismus. Jahresgutachten 2001/02. Metzler-Poeschel, Stuttgart.

Sachverständigenrat zur Begutachtung der gesamtwirtschaftlichen Entwicklung (2003): Staatsfinanzen konsolidieren – Steuersystem reformieren. Jahresgutachten 2003/04. Metzler-Poeschel, Stuttgart.

Schief, Sebastian (2004): Jahresarbeitszeiten als Standortindikator? Hintergründe zur fragwürdigen Nutzung internationaler Vergleiche, 2004, Internet: *http://iat-info.iatge.de.*

Schmidt, Helmut (1996): Die Bundesbank – kein Staat im Staate (Offener Brief an den Präsidenten der Deutschen Bundesbank Helmut Tietmeyer), in: DIE ZEIT, Ausgabe Nr. 46 vom 8. November 1996.

Schröder, Gerhardt und Tony Blair (1999): Schröder-Blair-Papier vom 8. Juni 1999, Internet: *www.blaetter.de/kommenta/dok30799.htm.*

Schwarze, J. und J.R. Fricke (2000): Old Age Pension Systems and Income Distribution Among the Elderly: Germany and the United States, In: Hauser, R. und I. Becker (Ed.): The Personal Distribution of Income.

Siegel, Theodor, Peter Bareis, Norbert Herzig, Dieter Schneider, Franz W.Wagner und Ekkehard Wenger (2000): Verteidigt das Anrechnungsverfahren gegen unbedachte Reformen!, in: Betriebsberater, 55. Jg. 2000, S. 1269-1270.

Sinn, Hans-Werner, Christian Holzner, Wolfgang Meister, Wolfgang Ochel und Martin Werding (2002): Aktivierende Sozialhilfe. Ein Weg zu mehr Beschäftigung und Wachstum, Sonderausgabe ifo Schnelldienst, 55. Jg., 19.-20 KW, 14. Mai 2002.

Sinn, Hans-Werner (2003): Ist Deutschland noch zu retten? .Econ, München

Smith, Adam (1974): Der Wohlstand der Nationen. Eine Untersuchung seiner Natur und seiner Ursachen, Beck, München.

Statistisches Bundesamt (2004): Input-Output-Rechnung, Importabhängigkeit der deutschen Exporte 1991, 1995, 200 und 2002.

Statistisches Bundesamt (2004): Leben und Arbeiten in Deutschland, Wiesbaden.

Steingart, Gabor (2004): Deutschland – Der Abstieg eines Superstars, Piper.

Stern, Klaus, Paul Münch und Karl-Heinrich Hansmeyer (1967): Gesetz zur Förderung der Stabiltät und des Wachstums der Wirtschaft. 2. Aufl., Verlag W. Kohlhammer, Stuttgart, Berlin, Köln, Mainz.

Stutzer, Alosi und Bruno S. Frey: Reported Subjecitve Well-Being: A Challange for Economic theory and Economic Policy, erscheint in: Schmollers Jahrbuch.

Wagner, Franz W. (2004): Steuervereinfachung – mit ökonomischem Sachverstand gegen populistische Versimpelung, in: ifo Schnelldienst Nr. 1, 2004, S. 4-7.

B

Schaubildverzeichnis

C

Personenverzeichnis

D

Sachregister